商业管理中的
人工智能和机器学习

[印度] 桑迪普·库马尔·潘达
Sandeep Kumar Panda

[印度] 瓦伊巴夫·米什拉
Vaibhav Mishra

[印度] R. 巴拉穆拉里
R. Balamurali

[印度] 艾哈迈德·A. 埃尔恩加
Ahmed A. Elngar

编

董良和

译

中国科学技术出版社
·北京·

Artificial Intelligence and Machine Learning in Business Management Concepts, Challenges, and Case Studies by Sandeep Kumar Panda, Vaibhav Mishra, R. Balamurali, Ahmed A. Elngar, ISBN:9780367645564

All rights reserved.

Copyright © 2022 Taylor & Francis Group, LLC. Authorized translation from the English language edition published by CRC Press, a member of the Taylor & Francis Group, LLC.

Simplified Chinese translation copyright © 2024 by China Science and Technology Press Co., Ltd.

本书封面贴有 Taylor & Francis 公司防伪标签，无标签者不得销售。

北京市版权局著作权合同登记　图字：01-2024-0981。

图书在版编目（CIP）数据

商业管理中的人工智能和机器学习 /（印）桑迪普·库马尔·潘达（Sandeep Kumar Panda）等编；董良和译.— 北京：中国科学技术出版社，2024.7

书名原文：Artificial Intelligence and Machine Learning in Business Management

ISBN 978-7-5236-0515-8

Ⅰ.①商… Ⅱ.①桑… ②董… Ⅲ.①人工智能－应用－商业管理②机器学习－应用－商业管理 Ⅳ.① F712-39

中国国家版本馆 CIP 数据核字（2024）第 042106 号

策划编辑	任长玉	责任编辑	安莎莎
封面设计	北京潜龙	版式设计	蚂蚁设计
责任校对	吕传新	责任印制	李晓霖

出　　版	中国科学技术出版社
发　　行	中国科学技术出版社有限公司
地　　址	北京市海淀区中关村南大街 16 号
邮　　编	100081
发行电话	010-62173865
传　　真	010-62173081
网　　址	http://www.cspbooks.com.cn

开　　本	710mm×1000mm　1/16
字　　数	248 千字
印　　张	18
版　　次	2024 年 7 月第 1 版
印　　次	2024 年 7 月第 1 次印刷
印　　刷	大厂回族自治县彩虹印刷有限公司
书　　号	ISBN 978-7-5236-0515-8 / F·1208
定　　价	79.00 元

（凡购买本社图书，如有缺页、倒页、脱页者，本社销售中心负责调换）

序

本书重点介绍商业管理背景下的人工智能（AI）和机器学习（ML）技术。人工智能和机器学习技术的出现可能会对传统的企业管理方式产生深刻影响。本书介绍了人工智能及其与其他技术的关系。读者还将了解与此相关的各种影响及诸多挑战，如人工智能和机器学习给业务及管理等各个领域带来的影响，如运营管理、营销管理、人力资源管理、财务及战略领域等。通过阅读本书，读者将深入了解如何实施人工智能和机器学习技术，以及人工智能和机器学习对商业领袖、经理人、技术开发人员及实施人员产生的影响。

人工智能和机器学习在商业智能领域的应用日趋成熟。本书研究了许多创新使用人工智能的项目。本书采用预测建模工具包（Predictive Modelling Toolkit）规则，为如何在商业领域使用改进的人工智能工具提供了全新见解。本书还讨论了解决营销战略变化及零售、保险与医疗系统等变化的技术能力与工具。本书采纳了多学科应用人工智能的方法，为本科生、研究生、商业专业人士和相关学科提供了一项综合资源。

如今，在供应链领域，人工智能得到了很大改进，可以跟踪产品，为保险、金融等领域提供智力支持。在这方面，传统的教学方法已不能满足工业4.0革命政策的要求。因此，我们编辑了这本书，以此来缩短学术界与产业界之间的差距。

本书共分15章：

第1章为"营销中的人工智能"，讨论了人工智能如何通过应用文本挖掘等技术帮助营销人员更好地理解语音（识别）；利用编程方面的最新进展，对直接营销响应进行建模，预测流失，以更好地了解客户需求等。

第 2 章为"通过零售分析深入理解消费者"，描述了一个深刻的见解，讲述了印度零售公司，如"顾客驿站"（Shoppers Stop）及"未来集团"（Future Group）如何专门使用客户购买及其他交易数据预测客户未来购买行为，设计产品布局策略。

第 3 章为"公司对客户电子商务多代理范例"，讨论了在谈判、客户关系管理及客户导向中知识库系统（KBS）、概念案例推理（CBR）、人工神经网络（ANN）、遗传算法（GA）和智能体的商务应用。本章从计算的角度出发，讨论了代理的特点、多代理系统范式及其通信协议。最后，本章描述了信念-目的-意图（BDI）心理状态和其他认知参数的架构，如偏好、承诺，以及计算任何基于人工智能的电子商务系统中的信任所需的能力，以规范复杂代理的内部架构。

第 4 章为"人工智能和机器学习——发现经营银行业务的新方法"，阐述了人工智能和机器学习应用对金融领域尤其是银行业的影响，如人工智能如何影响客户、维护客户关系、影响业务绩效，以及人工智能将如何改变银行业的未来。人工智能是当今金融领域可以推广的前沿数字转型战略之一。

第 5 章为"分析比较利用机器学习检测信用卡欺诈"，讨论欺诈检测技术，以保护或防止持卡人遭受巨大损失。为了确定欺诈性交易，使用了各种深度学习架构，如长短期记忆（LSTM）、门控递归单元（GRU）、卷积神经网络（CNN）和多层感知器（MLP）。

第 6 章为"全民人工智能——机器学习与医疗保健：印度的挑战与展望"，将医疗保健部门作为研究机器学习应用的重点领域。机器学习的作用是帮助普通人不受任何限制地使用医疗设施。

第 7 章为"解密人工智能和机器学习在个性化护理中的能力"，讨论了机器学习支持下的人工智能，它可以在发病早期或发病前检测出患者的异常，这样一来，医生和患者就可以提前对患者的未来疾病或健康状况有所警觉，通过早期干预为患者提供早期治疗及个性化建议。本章还通过一些案例研究来说明医生和患者如何看待这些技术。

第 8 章为"人工智能与第四次工业革命"，简要介绍了治理对数据隐私、网络道德及网络安全问题所产生的威胁，强调未来需要更广泛的网络法律及政策制定。人工智能、机器学习及嵌入式技术带来的一系列变革性影响将塑造新经济及市场空间。经济体、市场、生态系统及各个组织将如何在这个不断扩大但相互关联的世界上做出反应，仍有待观察。

第 9 章为"人工智能评估帮助学生通过在线系统学习"，重点介绍了在在线学习环境中评估学生表现时所使用的人工智能技术，并提供了反馈，用来改进学习流程。为了理解这种方法，本章提出了一种基于马尔可夫决策流程（Markov Decision Process）的简单操作。

第 10 章为"调查新冠疫情期间人工智能在电子学习革命中的应用"，除发现人工智能在这场疫情中的作用外，还研究了疫情期间人工智能在电子学习中的体现方式。该研究还调查了人工智能在后疫情时代网络学习中的未来前景。

第 11 章为"使用人工智能进行员工流失管理"，描述了一个人工智能模型，该模型可以调查组织过去的信息指数，帮助人力资源管理部门预测哪个人会在不远的将来离开该组织。

第 12 章为"机器学习开启统计预测方法主导的新时代"，简要介绍了流行的实证研究，包括用于预测目的的统计和机器学习（人工智能）方法及其结果以及对未来研究范围提供建议。

第 13 章为"基于递归神经网络的外汇预测长短期记忆网络模型"，提供了不同国家的日汇率历史数据，分别使用反向传播神经网络（BPNN）、功能链接人工神经网络（FLANN）和长短期记忆网络进行比较。通过比较这三种模型的日汇率预测得出结论,长短期记忆网络模型的预测精度最高,收敛速度最快。

第 14 章为 "人工智能应用的道德伦理问题",强调了目前在不同领域正在采取的道德问题及应对方法。

第 15 章为 "从人工智能分析视角看使用视频分析提取语义数据",讨论通过四个步骤从监控捕获的视频中提取车牌号码,包括将视频转换为连续图像序列、进行图像分割、字符分割和字符识别,在每个阶段进行预处理,以提高下一步可用输入数据的质量。在这个问题日益复杂、视频分析功能日益增强的时代,这或许会成为最基本的通用解决方案,可以支持许多应用程序。

目录

第1章　营销中的人工智能　/001

第2章　通过零售分析深入理解消费者　/019

第3章　公司对客户电子商务多代理范例　/035

第4章　人工智能和机器学习——发现经营银行业务的新方法　/061

第5章　分析比较利用机器学习检测信用卡欺诈　/097

第6章　全民人工智能——机器学习与医疗保健：印度的挑战与展望　/113

第7章　解密人工智能和机器学习在个性化护理中的能力　/127

第8章　人工智能与第四次工业革命　/137

第9章　人工智能评估帮助学生通过在线系统学习　/155

第10章　调查新冠疫情期间人工智能在电子学习革命中的应用　/187

第11章　使用人工智能进行员工流失管理　/195

第12章　机器学习开启统计预测方法主导的新时代　/213

第13章　基于递归神经网络的外汇预测长短期记忆网络模型　/225

第14章　人工智能应用的道德伦理问题　/243

第15章　从人工智能分析视角看使用视频分析提取语义数据　/261

第1章

营销中的人工智能

拉希塔·卡什亚普，里希·杜萨尔

印度海得拉巴印度特许金融分析师协会（ICFAI）高等教育基金会大学（IFHE University）商学院营销与战略系

1.1　引言

20世纪50年代人工智能研究早期，科学家们便提出了诸如"机器能思考吗？"这类问题，力图研究情感智能机器化的深层次复杂问题。时至今日，亚马逊的Alexa人工智能助手、苹果的Siri智能语音助手、谷歌的谷歌助手等机器已经变得越发强大，即便如此，人工智能仍然路漫漫其修远兮。简单来讲，人工智能可以解释为机器展示出来的人类智能，可以广泛地分为人工狭义智能（例如，智能扬声器、自动驾驶汽车、农业及工厂中使用的人工智能等）和人工通用智能（可以做人类能做的任何事情的机器）。人工智能对标人类智能，要把事情做得和人类一样完美，并且像人类一样拥有推理、观察及交流的能力。虽然人工智能的能力在过去数十年突飞猛进，不断完善，但与人类智能这一基准相比，仍然相去甚远。但是，人工智能领域的最新进展却昭示其前景一片大好。

人工智能由机器学习驱动。机器学习负责训练计算机自动执行特定任务及功能。通常，这些任务内容详尽，重复度高，并且对于人类来讲往往过于复杂，无法有效完成。机器可以通过有监督学习、无监督学习及强化学习进行学习。在有监督学习中，我们向机器提供多个输入及输出集合。通过这种方法，将数据输入到算法，让机器努力识别输入及输出之间的关系。机器学习结束（换句话说，学习到最佳状态）时，学习模型就可以预测新数据点的值或者类别。比如，可以训练一个系统来区分袋鼠和考拉。向系统提供这两种动物的数十幅图像，这样一来，系统就会了解到这两种动物的特征，用以区分这两种动物，从而改进其预测结果。在无监督学习中，系统只分析数据，不要求做出任何预测。重点是学习及理解所观察数据之间存在的潜在结构特性及关联。这种学习模式可以用于检测异常值，对客户及市场进行分类及细分。在强化学习中，不提供历史数据让系统得出结论；相反，该算法采取不同的行动，并评估行动的成败，以此来进行学习。脸书（Facebook）在其平台的广告中使用强化学习模式。该系统在广告首次播放时即对其进行全频谱测试。随着时间推移，当销售额有所上升时，脸谱网的算法会分析可用数据，然后在一天中的特定时间段，在特定的地理位置，使用特定的屏幕排布，向特定的客户群显示广告。

1.2 人工智能、机器学习及数据科学

我们经常看到人工智能、机器学习及数据科学一起使用，人们认为，在当下，这类职业选择极具吸引力。数据科学可定义为一个广泛的研究领域，涉及众多数据系统及流程，这些系统及流程的目标在于维护数据集并从中获取意义。随着科技发展及互联网的普及，如今几乎所有组织都会因为日常事务而生成大量数据，如何监控、存储、组织及提取这些数据中的重要信息，便成了这些组织需要面对的难题。数据科学家使用工具、算法、应用程序及原理的各种组合，从各种随机数据集群中提取有用信息，然后利用这些信息来指导业务流程，实现组织目标。提取到的信息可用于研究不断发展的数据趋势，适用于任何业务领域，有助于做出推断来预测业务、制订行动方案。机器学习的最佳典范当数奈飞（Netflix）和亚马逊（Amazon）。奈飞根据客户的观影行为向客户推荐电影，而亚马逊根据客户过往在网站购买书籍的行为来向他们推荐书籍。在机器学习的帮助下，营销人员可以为客户提供个性化内容，向客户推荐他们可能想要购买的其他产品。

在机器学习这个研究领域，计算机能够在没有明确编程的情况下进行学

习，而数据科学要处理的是从数据中提取知识。深度学习是一个模拟人脑神经元网络的大型人工神经网络，它是机器学习的子集，使用深度神经网络进行学习。机器运用不同层级从数据中学习，而模型的深度由模型中的层数来表示。深度学习是人工智能领域使用的一个新术语。人工智能、机器学习及数据科学之间的关系如图 1.1 所示。

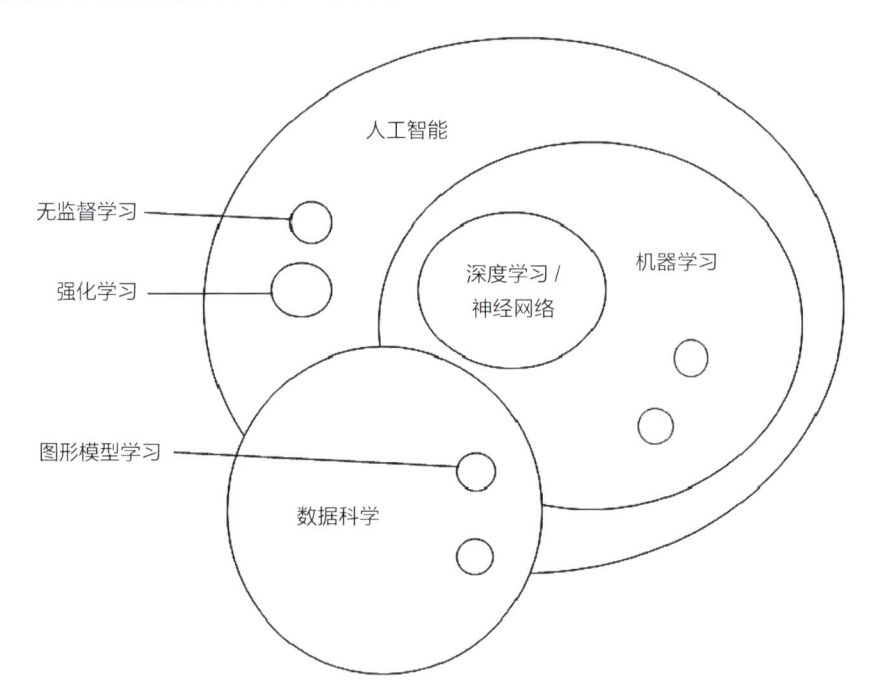

图 1.1 人工智能、机器学习及数据科学之间的关系

1.3 人工智能与市场营销

一个世纪以来，人类文明在科技、医疗、经济以及所有可能的物质层面都取得了飞跃性发展。未来几年，我们可能会看到自动驾驶汽车取代人类驾驶的汽车，医生通过机器人手术设备进行远程操作，纳米技术自清洁服装，3D 打印机促进货物的即时交付，这就意味着可以缩短制造时间，植入

式通信设备会取代移动电话，以及诸多其他技术进步。到那时，所有的广告及营销任务都可能完全由计算系统来管理。目前，营销人员要使用很多技术，但在未来几十年，人工智能和机器学习方法将把营销提升到一个新的水平。

有从业者及学者曾预计，人工智能将改变营销策略及客户行为。据Salesforce[①]进行的一项调查显示，人工智能将是未来几年营销人员采用最多的技术。在人工智能的帮助下，业务流程正越来越自动化，因此机器能够以更高的精度，通过更少的人为干预，来执行预设任务，如传输数据、向现有客户及潜在客户发送促销邮件、更新客户文件、更换遗失的自动取款机（ATM）卡片、使用自然语言处理程序读取文档提取关键点等。在人工智能的帮助下，公司可以从海量交易及客户数据中获取洞察力，这些数据不仅包括数字，还包括文本、图像、客户与客户服务提供商交谈的录音、面部表情，甚至语音。公司在日常运作中使用人工智能，可以更好地预测客户的选择，部署适当的数字营销策略或预测潜在的信用欺诈。

营销机器人是目前最流行的自动化形式之一。所谓的机器人基本上就是一款软件，可以通过编程自行执行一组特定的动作。通常，机器人的安装成本低，易于编程，易于运行。显而易见，机器人驱动的商业是现代化发展的必然，也是营销的未来。例如，现在你新买了个阅读灯，想要购买灯泡，就得访问不同的网站，浏览多个页面，填写表格，写清收货地址，提供付款信息等。但如果有了机器人，你只需要告诉它你想给阅读灯找个灯泡，它会引导你浏览不同的灯泡色度、电压等，然后为你下订单。机器人会在后台引导你解决一系列问题，更好地理解你的意图，向你提供正确的信息。人工智能

---

① Salesforce 创建于 1999 年 3 月，是一家客户关系管理（CRM）软件服务提供商，总部设于美国旧金山。Salesforce 公司没有相应的中文译名，一般译作"软件营销部队"或"软营"。——译者注

机器人既可以提供客户支持服务，也可以提供销售支持服务，全天候可用，错误率非常低，可根据需求放大或缩小其应用规模。

如下是机器人可以执行的一些功能，这些功能对任何业务都大有裨益：

（1）协助网站访问者寻找有关产品的答案。

（2）协助进行市场调研。

（3）确认潜在客户。

（4）帮助跟踪个别团队成员的工作，并让整个团队了解彼此的工作。

（5）定制个性化客户广告。

如上所述，人工智能具有一定潜力，可以降低成本，增加收入。它通过了解信息，改进营销策略（例如，产品推荐、竞争性定价、个性化促销、提高客户参与度），可以增加收入。简单的营销任务得以自动化，成本就会下降，还可以解放人力来处理更复杂的营销任务。

有一种误解认为人工智能正在取代人类的工作，但事实是企业可以利用人工智能来提高员工的能力。例如，Stitch Fix[①]是一家优秀的服装服务提供商，该公司使用人工智能机器人助力员工为客户提供更好的服务。在人工智能的帮助下，设计师通过整合客户提供的所有数据，包括客户的偏好、一贯的着装风格、手写笔记、拼趣（pinterest，一家图片社交分享网站）和同一细分市场其他客户的偏好，为客户确定最佳着装风格。吉尼·罗曼提（Ginni Rometty）（IBM原首席执行官）经常在他的媒体互动中提到，人工智能不会导致人机"冲突"，而是人机"互助"。

---

① Stitch Fix 是美国一家提供个性化造型服务的服装零售公司，类似于有你盒子（Unibox）。——译者注

1.4　在营销中使用人工智能的利弊

1.4.1　益处
1.4.1.1　个性化操作及相关消息

人工智能支持的预测分析可以帮助公司发掘正确的客户群体，分析他们的浏览历史，然后向正确的群体投放适当的广告；可以帮助公司更好地了解客户偏好，然后提出适当的建议。亚马逊和奈飞正在广泛使用这种服务，让公司紧紧地抓住客户，以免客户取消服务，此举为公司节省了数十亿美元。作为一种营销手段，人工智能可以在开发某些数据点方面给你提供很大的助力，这些数据点可以帮助你引导客户找到正确的产品。

1.4.1.2　简化营销工作

通过深度学习，人工智能可以研究消费者的行为模式，并预测哪些客户群体可能会购买哪种商品或服务；可以帮助企业更准确地定位客户群体，避免在购买可能性较小的潜在客户上浪费时间及金钱。

1.4.1.3　节约成本

据世界各地进行的各种研究调查显示，大约 85% 的品牌与客户之间的互动将发生在网络之上。在人工智能的加持下，在线广告比黄金时段的电视广告、平面广告、广告牌等其他广告媒介更便宜，更能精准地投放给正确的客户群体。

1.4.2　弊端
1.4.2.1　仍然需要人工控制

人工智能离不开人类干预，因为人工智能缺乏创造力、灵活性及想象力，而正是这种创造力、灵活性及想象力使得人类成为营销世界的中心。人类有不同的品味、偏好、经验等，它们能够让人类做出比机器更好的决策，因为机器仍旧要依赖公式、统计、命令等组成的算法来运行。

1.4.2.2 算法可能会出现差错

人工智能可能会由于不良数据而产生偏差。例如，比起其他种族、性别、肤色的人，人工智能可能会自动优选白人男性的简历，将其列入候选名单。因为以前在这些职位工作过的大多数成功人士都是白人男性。因此，人工智能据此推断白人男性比其他人更适合这些职位。

1.4.2.3 自动聊天设备及电话应答机并非万能灵药

许多人，尤其是老一辈人，不喜欢与机器交流，他们觉得与人工客户服务代理交流更为舒畅。此外，众所周知，如果我们手头遇到紧急事情，却碰到机器人来提供解决方案，那种情况会多么令人恼火。因此，企业要仔细研究其客户群及产品，再决定是否使用聊天机器人。

1.4.3 亚马逊 Go（微案例）

1994 年，杰夫·贝索斯（Jeff Bezos）创办了亚马逊，公司当初命名为 Cadabara（1994—1995 年）。最初，该公司是一个在线图书市场，但后来开始销售家具、电子产品、服装、食品、玩具、珠宝、软件等。亚马逊被认为是四大科技公司之一（与谷歌、苹果及脸谱网并驾齐驱），该公司目前专注于电子商务、人工智能、数字流媒体及云计算。2018 年，亚马逊宣布推出两日内交付服务（two-day delivery service），即亚马逊 Prime，该服务目前在全球拥有 1000 万用户。Prime Video、Amazon Music、Audible 和 Twitch 是亚马逊的子公司，亚马逊通过这些子公司可以分发下载内容，用媒体流形式传输有声书籍、视频及音乐。亚马逊通过亚马逊 Fresh、亚马逊工作室、亚马逊无线、Kindle Store 等渠道分销各种产品及服务。亚马逊已经收购约 40 家子公司，包括 Zappos、Goodreads、亚马逊机器人、IMDb、亚马逊海事、Ring、Whole Food Markets 等。

2018 年，亚马逊在西雅图开设了第一家亚马逊 Go 门店。亚马逊 Go 是

第 1 章
营销中的人工智能

一家连锁便利店，在美国有 26 家分店，计划到 2020 年在英国再开设 10 家分店。亚马逊 Go 和其他杂货店有所不同，它是一家支持"即买即走"（Just Walk Out）技术的商店，在亚马逊 Go 门店，顾客只需进入商店，拿到想要的东西就可以离店，不必排队结账。要想在亚马孙 Go 购物，顾客需要有亚马逊账户、智能手机和免费的亚马逊 Go 应用程序。顾客进入商店，需要在入口处的旋转栅门扫描智能手机应用程序中的条形码，随身携带手机，拿到他们想要的东西，即可离店。亚马逊应用了自动驾驶汽车使用的技术（人工智能、机器学习、图像识别、融合传感器阵列、深度学习、计算机视觉、关于人类购物方式的大数据等），用来在亚马逊 Go 商店创造购物体验。从顾客进入商店的那一刻起，商店各处安装的传感器和摄像机就可以帮助识别顾客，记录他们的轨迹。该技术自动检测从货架上取走或退回的产品，跟踪虚拟购物车中的产品，一旦购物完成，顾客离开商店，亚马逊就会通过顾客的亚马逊账户收取费用，并通过电子邮件向顾客发送收据。

1.4.3.1 亚马逊 Go 的技术运作

首先，通过几个传感器获取数据，用以识别顾客从过道或货架上拿到了哪些产品。传感器的类型包括重量测量器、压力检测器、产品尺寸测量器等。其次，使用几种深度学习算法来了解顾客拿走了什么产品，放回了什么产品，虚拟购物车要保留哪些产品，顾客在做出购买决策时选择了哪些产品，顾客花了多长时间来做决定，哪些产品的销售更快，在哪里放置这些产品可以方便顾客拿取。最后，在顾客离开商店时经过一个过渡点，通过后台工作的智能机器进行自动分析，为虚拟购物车中的产品生成账单。

亚马逊 Go 商店取得成功后，许多零售商对这项技术表现出兴趣。这项技术是由传感器、摄像头和软件组成的复杂的混合系统，可以跟踪店内顾客的一举一动。亚马逊 Go 技术包已在市场上销售。不管是正在装修的零售老店，还是正在建设的新店都可以安装，都可以使用"即买即走"技术，安装过程只需几周时间。该品牌更进一步创建了一个新网站，专注"即买即走"技术，涵盖与技术相关的各个方面，如销售名目、有关其新业务的最常见问题等。该网站不涵盖定价信息，但涵盖各种与软件包相关的信息，如所需硬件、软件解决方案等。亚马逊通过电话或邮件提供全天候顾客支持。

1.4.3.2　与亚马逊 Go 技术相关的问题

亚马逊 Go 使用计算机图像及传感器融合技术包来记录、分析顾客行为，并给出相应的准确结果。但是如果顾客戴着口罩呢？亚马逊 Go 能够正确识别顾客吗？

亚马逊 Go 店铺可能会增加产品数量，如果顾客拿起产品，又把它放下却未将其放回拿货的货架上，该怎么办？该产品会向客户收费吗？如果客户在商店里消费产品（例如，瓶装果汁或盒装糖果），并将空的产品包装放回货架上，该怎么办？传感器、摄像机和图像处理软件能否识别此类情况？如果一家人带着几个孩子进入商店怎么办？孩子们拿的产品该如何收费？据发现，如果同一时间店中顾客多于 20 位，软件就会崩溃。亚马逊如何处理这些问题？这项技术仍在发展，还有很长的路要走。

图 1.2 至图 1.5 展示了人们在亚马逊 Go 无人收款便利店购物的情景。

图 1.2　亚马逊 Go 无人收款便利店（a）

图 1.3 亚马逊 Go 无人收款便利店（b）

图 1.4 亚马逊 Go 无人收款便利店（c）

图 1.5 亚马逊 Go 无人收款便利店（d）

1.5 营销计划及人工智能的潜力

从本质上讲，人工智能应用非常广泛。营销人员可以借助人工智能的潜力检测及推断数据中的隐藏模式，识别机会及威胁，并实时采取行动。采用如下方法，我们可以在营销计划的不同阶段利用人工智能的潜力。

第一阶段：分析现状

这一阶段涉及宏观环境因素的分析。通过分析现状，理解业务环境，了解当前及未来的业务环境。营销人员使用优势、劣势、机遇、威胁（SWOT）分析等工具深入了解目标市场。借助人工智能的辅助功能，如社交倾听，获取有关购买模式、产品需求及客户满意度的数据驱动信息，可以评估需求、市场趋势及各种客户观点。在机器学习的帮助下，一家人工智能支持的消费者研究机构调查了在线消费者的讨论及评论情况，并建议一个品牌在分析在线论坛时不但要关注自身，还应关注其他竞争品牌。这样一来，就可以了解竞争对手的行为，有助于衡量各目标细分市场的反应。

第二阶段：了解市场及客户

这一阶段涉及微环境因素的分析，即了解消费者行为，包括影响其忠诚度、态度、购买模式、产品类别需求以及市场份额需求的因素。人工智能可以帮助营销人员处理通过社交媒体账户、移动端活动、网络搜索及联络中心互动获得的大量数据。例如，在2019年拉斯维加斯举行的消费者电子展（Consumers Electronic Show）上，神经数据实验室（Neurodata Lab）及促销机器人（Promobot，一家机器人制造商）展示了一种多模式情感检测，用于管理客户体验。该人工智能系统使用眼动、心率、声音、身体姿势及面部表情的组合来确定客户的情绪状态。罗斯银行（Rosbank）正在其呼叫中心使用这项技术，收集诸如客户音量变化、话语停顿次数、转换时间等信息，然后将其转换为客户满意度指标。

第1章 营销中的人工智能

第三阶段：细分、确定目标及定位

这一阶段涉及广泛消费群体研究的某些标准，这些标准可以让营销人员非常准确地传达信息，并根据目标客户的要求开发产品。人工智能可以帮助管理者预测客户的意图，并通过为客户量身定制的促销产品或服务获得对客户更深入的理解，以便更好地向其推荐产品。例如，营销公司 Adgorithms 有一个名为艾伯特（Albert）的平台，贡献了哈雷戴维森（Harley Davidson）摩托车2016年40%的销售额。尽管人工智能在细分和定位阶段具有某些优势，但也可能在为谁提供产品和服务方面产生歧视，进而导致无意的非法价格歧视。

第四阶段：规划方向、目标及营销支持

这一阶段包括制定短期目标、长期目标，制定未来战略及客户服务［坎贝尔（Campbell）等，2020年］。人工智能可以通过在网站、应用程序及社交媒体渠道上集成聊天机器人，帮助营销人员提升销售业绩［伍德（Wood），2011］。据 Salesforce（2019）统计，24% 的美国企业在使用人工智能辅助的客户服务；54% 的企业正在寻求方法，以便在客户服务团队中使用人工智能。他们还预测，2019年至2021年，人工智能应用在客户服务领域的使用将增长143%。在之前的研究中，该组织发现，尽管大多数客户更喜欢与人交流，而不是与聊天机器人交流，但人工智能仍然可以为代理人提供后端支持。人工智能可以根据客户的专业特征更好地为客户匹配代理人。

第五阶段：制定产品策略

这一阶段涉及产品开发及选择，涉及与产品特征、质量、设计及定制相关的决策。营销人员可以利用对目标客户及定位的理解来开发成功的产品。在这一阶段，人工智能可以协助进行产品定制、交付及物流。例如，三星（Samsung）正在接受人工智能帮助，以了解其现有及潜在客户对公司的评价。这有助于三星改进产品，适当设计营销活动。同样，耐克（Nike）也在使用人工智能支持的聚类算法（clustering algorithms），利用通过其应用程序从不同地理位置收集的数据来管理其系列产品，以确定将哪些产品一起开发展示。

第六阶段：制定定价策略

这一阶段包括了解目标客户的价格敏感性、竞争对手的价格策略，并据此决定对其产品收取多少费用，实现利润最大化。在这一阶段，人工智能可以帮助公司跟踪客户的购买趋势，并相应地实现动态定价（如峰时价格）及检测与价格相关的异常情况（如欺诈案例及定价错误）。例如，爱彼迎（Airbnb）员工使用人工智能和机器学习算法，通过分析季节变化、位置、特殊房地产属性及当地事件的数据，在设置选项中向客户展示每个日期设置的不同定价。

第七阶段：制定渠道及物流策略

这一阶段涉及制定与物流或渠道相关的策略，包括确定批发分销渠道、零售渠道和直接分销渠道。人工智能可以帮助管理者优化与预测分销、库存、店铺展示及布局。例如，就像 Browzzin 一样，Afresh 使用人工智能辅助的库存管理，Browzzin 是一款社交商务应用程序，可以将发布的图片转换为可购买的内容。通过这些类型的平台技术，客户可以在任何地方拍照，然后平台为图像中的这些物品提供销售渠道。

第八阶段：制定营销传播及影响策略

这一阶段，公司制定沟通策略，告知客户与品牌相关的产品及利益，在客户心中塑造及提升品牌形象。人工智能可以在这一阶段帮助营销人员分析客户的搜索历史及从购买点获得的实时数据，将广告定位到符合的客户。在人工智能的帮助下，品牌可以根据视频内容在视频中放置互动广告。例如，乐高（LEGO）使用交互式广告，通过训练人工智能系统，给系统注入信息，使其了解各种乐高产品。

第九阶段：规划指标及实施控制

最后一个阶段涉及监控先前开发阶段的性能指标，识别问题，采取纠正措施，提高效率。这一阶段，最重要的一个层面是识别指标中的异常，并决定如何应对这些异常。在这一阶段，人工智能可以取代人类，因为人工智能能够收集分析从实时环境销售中获得的大量数据以及可用的历史数据。人工智能还可以用于评估在线功能及广告的性能，持续向客户提供相关内容。

1.6　未来

根据 Statista（德国一家研究型数据统计公司）的一份报告，机器学习和人工智能是当今企业使用的最为有效的数字营销技术之一。2016 年，人工智能的采用率为 43%，这一比率在 2019 年提高到 88%，因为营销人员已经意识到人工智能的真正潜力，人工智能可以帮助他们为相关的营销问题创造更好的解决方案。人工智能可以改进营销手段，帮助营销人员深入了解客户的想法。以下是人工智能影响营销未来的一些方式。

1. 广告网络

随着技术的发展，电子设备的尺寸日益变小。平均来说，一个人拥有六台联网设备。大多数情况下，用户在使用这些屏幕设备时都会被互不相关、杂乱无章的广告狂轰滥炸，因为意外触屏或点击也被考虑在内。人工智能可以填补广告个性化这一空白。人工智能具有匿名分析用户数据的能力，可以更准确地定位广告，从而可以让广告的投资回报率成倍增长。谷歌已经在它的平台上使用人工智能支持个性化广告定位。

2. 邮件营销

企业可以利用人工智能进行个性化电子邮件营销，因为人工智能可以帮助他们分析客户的行为及偏好。人工智能还可以进一步帮助企业更好地与受众建立联系，进而提高企业收入。在企业初创阶段，只有人工智能能够处理及分析数千个客户接触点，有效预测一天中发送电子邮件的最佳时间。这些信息及个性化内容可以进一步推动更为有效的点击。像 Boomtrain 和 Persado 这些工具的功能强大有效，目前它们正在使用人工智能来设计更好的电子邮件营销活动。在受控机器学习算法的帮助下，还可以用于训练垃圾邮件过滤器来识别不需要的邮件。

3. 内容生成

在当前的场景中，人工智能无法在无人干预的情况下撰写文章及创建网站内容，但在一定程度上，它可以为网站生成内容，吸引访问者。用空白表单和模板输入关键字和数据后，人工智能可以在机器学习算法的帮助下生成面向客户的独特内容。通过人工智能生成的内容与专业生成的内容同样完美。《福布斯》杂志（Forbes）和《华盛顿邮报》（Washington Post）等知名媒体正在使用人工智能工具（如 Quill 和 Wordsmith）来增加点击量，为其网站生成内容。要不了多久，营销人员生成内容的方式将会永远改变。

4. 内容策划

除内容生成之外，人工智能还可以根据客户偏好组织内容，然后将定制的个性化内容呈现给访问网站的客户。亚马逊使用了这种技术，提供了"购买 xyz 的人也购买了 abc"之类的推荐。这一做法帮助亚马逊销售了更多产品。人工智能工具，如 List.ly 和 Curata 正在被很多企业使用，用来策划内容。

5. 语音搜索

据 Statista 统计，全球 42% 的人在互联网上使用语音搜索，而不是键入与他们所寻找的信息相关的关键词。亚马逊的 Alexa、微软的微软小娜（Cortana）、苹果的 Siri 和谷歌的谷歌助手使得在语音识别中的应用人工智能极为普遍。然而，还有很长的路要走，因为营销人员仍然需要找出如何在自然对话语言中识别个性化产品推荐的关键词。

6. 用户体验

在各种研究中发现，技术应用有助于改善客户体验，例如，人工智能驱动技术根据客户的位置、客户使用的屏幕类型、客户的品味及人口统计信息提供建议。这种应用可以在与品牌互动时进一步突出客户体验。相关学术研究表明，如果客户很享受网站体验，他们在网站上停留的时间就会增加，同时也会提高浏览转为购买的转化率。Uizard 和 Mockplus 是帮助企业改善客户体验的两款工具。

7. 网站设计

如今，设计网站比以往任何时候都要容易，因此资金较少的小型和新企业也有能力拥有自己的网站，让市场感受到它们的存在。将来会有更多的参与者进入市场，这样一来，更有利于客户做出选择。

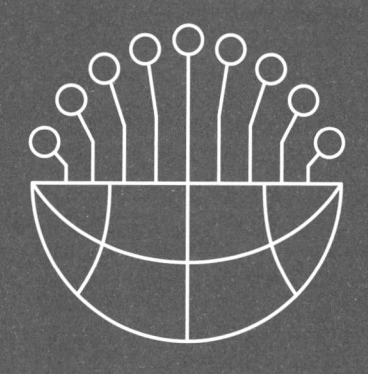

第2章

通过零售分析深入理解消费者

法拉·泽巴（Farrah Zeba）
印度海得拉巴印度特许金融分析师协会高等教育基金会大学商学院营销与战略系

穆萨拉特·沙欣（Musarrat Shaheen）
印度海得拉巴印度特许金融分析师协会高等教育基金会大学商学院人力资源系

2.1 引言

有这样一个都市传奇：不久前，有一家大型连锁超市，这家超市从顾客的购买模式中发现了一种非常异乎寻常的现象。他们发现啤酒和尿布这两个互不相关的产品之间在统计上存在显著的相关性，这一发现令人大为惊愕。他们无法理解，尿布销售额增加怎么会导致啤酒销售额大幅增加？连锁超市的智囊团成员深感惊异，经过深思熟虑，他们推断，之所以出现这种奇怪的关联，其原因很可能是，星期五晚上，爸爸们会顺路逛逛零售店，给孩子买尿布，因为他们再也不能像身为父亲之前那样，正常在星期五晚上去酒吧，所以在买尿布时顺便买点啤酒回家，聊以慰藉。发现了这一点后，这家连锁超市一时"灵光乍现"，决定将尿布放在店铺啤酒货架旁边。据称，经过如此安排，啤酒和尿布的销售额都出现了大幅增长。

大家普遍认为这个奇怪的啤酒尿布组合的故事来自大型零售连锁店沃尔玛（Walmart）。虽然这个故事有诸多版本，但其基本内容是超市发现了"买尿布的顾客往往也会买啤酒"这一现象。这一发现引出了一个非常重要的问题：超市如何才能确定两个不相关产品之间可能存在这种关系？答案便是零售分析。啤酒与尿布的相关性虽然只是一个传说，但它预示着超市的客户交易数据正在得到广泛使用，用以发现客户异常、未知、古怪的信息。只有通过对零售商店进行以数据为基础的分析，才可能发现这种相关性。人们捕捉了消费者的购买行为，用来预测消费者未来的购买趋势。

2.2 分析给零售业带来了什么价值？

分析原始数据，从以趋势及指标形式存在的大量信息中得出结论的科学称为"数据分析"。实际上，数据分析是一个概括性术语（umbrella term），涵盖不同方面。

使用分析工具分析业务趋势、计算指标，以便理解零售业务决策，这一过程称为"零售分析"。零售业是分析业务的一个新兴领域，因为零售业有大量数据及许多优化问题，如最优价格、折扣、商品推荐及库存水平，可以通过使用分析技术来解决这些问题。尤其是当前零售业正面临新挑战，如经济不确定性、数字竞争、客户掌握大量信息而且要求越来越高。这为零售商提供了一个新的机遇，他们可以通过在正确的地点、正确的时间、以正确的价格提供正确的产品来准确预测客户的需求。

2.3 零售分析中使用的客户数据类型

"收集客户数据有三种方式：直接询问客户，间接跟踪客户，将其他客户数据来源附加到自己的数据中。"汉厄姆（Hanham）说，"要想制定一个稳健的商业策略，这三种数据都需要"。为简单起见，零售消费者数据可划分为四个领域。

1. **个人数据**：这类数据包括个人身份信息，如姓名、年龄、性别、地址、IP 地址、浏览器 cookie 及其他数据。

2. **参与度数据**：这类数据包括消费者访问零售商实体店、零售商网站及移动应用程序、公司社交媒体页面的互动方式以及公司其他数字足迹。

3. **行为数据**：这类数据与消费者交易细节有关，如购买历史、浏览记录及使用信息、重复购买和一些定性数据，如鼠标移动信息。

4. **态度数据**：这类数据与消费者指标有关，如满意度、购买标准、产品期望值及客户忠诚度。

2.4 消费者数据的应用——零售分析

零售公司可以通过以下几种方式使用收集的消费者数据，以便从业务角度深入理解消费者。

1. **增强客户体验**：消费者数据为零售公司提供了一条途径，帮助它们更好地了解客户需求，从而不但能够满足客户的期望，还可以基于从零售分析中获得的对消费者的洞察超越客户期望，进而获得竞争优势。比如，通过分析客户行为以及评论和反馈，公司可以灵活地微调商品、服务或品牌的物理呈现及数字体现方式，以便更好地调整当前的竞争格局。

2. **制定有效的营销策略**：情境化的数据可以帮助零售公司推断其消费者如何参与、如何响应其营销活动，从而能够根据其个性化市场需求制定营销策略。零售分析预测能力可以帮助零售公司提高当前营销策略效用，不仅满足消费者的当前需求，还可以为当前及潜在消费者的所有未来可能需求做好准备。

3. **将数据转换为现金流**：使用零售分析进行业务决策的公司比不使用零售分析的公司更具获利能力，这一现象越来越明显。数据服务提供商买卖客户信息，极大地促进了公司的业务运营。企业捕获大量数据、将其转换为有价值的消费者意见并将其出售，创造了机遇，带来了新的收入来源。

4. **保护更多数据**：在这种情况下，消费者数据通常被用作一种手段，用来保护高度敏感的信息。例如，越来越多的零售银行正在使用诸如语音识别数据之类的尖端技术来授权用户访问其财务信息，保护用户免受欺诈，避免泄露敏感信息。因此，随着数据采集及分析技术日益成熟，零售组织必须寻找新的、相对更有效的方法来收集及分析组织与客户的每个互动点上的数据，从而提升其竞争力。

据德国之声报道，2017 年印度最高法院重申，印度宪法保障每个公民的基本隐私权。因此，印度政府将引入个人数据保护法（PDP）立法。该法案预计将在 2021 年年初推出并生效。印度新德里卡内基国际和平基金会（Carnegie Endowment for International Peace India）副研究员阿尼鲁德·伯曼（Anirudh Burman）表示："从很大程度上讲，个人数据保护法草案是基于与欧盟《一般数据保护条例》（GDPR）相同的原则而制定的。"因此，零售分析师必须坚守这些原则，包括存储消费者数据时遵守保护性法律、使用私人信息前征求用户同意、对公司进行定期审计以及遵守与违规行为有关的规则。此外，零售分析师还要认识到，个人数据保护法还包括设立数据隐私管理局（DPA）来"维护、监控框架、公司及对公司的处罚"。

2.5 零售分析——工作原理

可以看出，了解客户的零售商在营销及库存管理领域的投资方面做出的分析性战略决策更为明智。通过零售分析，这些零售商还可以在个人层面的产品中实施这些组织层面的战略。未来集团（Future Group）首席执行官（零售部门）拉凯什·比亚尼（Rakesh Biyani）表示赞同："零售分析非常重要，它能够确保'在正确的时间、正确的店面提供正确的产品'。我们还利用零售分析优化了供应链。"其"甜蜜点"（sweet point）的目标是将客户行为与零售商及其供应商需要实现的目标结合起来。在加尔各答的南城购物中心（South City Mall）开设一家顾客驿站之前，该公司研究了居住在南加尔各答的居民在"第一公民"（First Citizens）及埃尔金路论坛（Elgin Road Forum）商店的购物模式，确定了这一"甜蜜点"。此举表明，与购买其他服装的人相比，拥有这些店铺会员资格的客户购买配饰更频繁。认识到这一点，顾客驿站新店的美容区设置了更大空间。巴蒂亚（Bhatia）补充说道："为了更好地定位，我们还将我们的数据库分为几个部分——价值顾客、优质顾客及轻奢顾客（BTL），以及基于文化及职业亲和力的群体。"然而，为业务问题选择正确的分析方法本身就是一个问题。分析市场挤满了供应商，拥有大量工具，解决方案花样繁多，让零售商大为困惑。谨慎的零售商应认识到，使用分析技术、提供各种见解与产生特定商业利益之间实际上存在巨大差异。众所周知，"一刀切"的分析并不适合所有类型的业务需求。如果想要分析投资产生可观回报，就要选择使用正确的技术来实现业务目标，这一点至关重要（请参阅表2.1）。

表 2.1 依据业务目标及用途选择分析技术

分析技术	技术目标	适用对象	益处
协作筛选	根据相似性推断客户行为，例如一起购买A和B的客户	针对首次购买客户的购买行为	在没有关于客户购买行为的历史数据的情况下，可实现有限的客户区分
聚类算法	根据客户相似的历史行为模式对客户进行分组	为促销计划及战略规划创造广泛的客户群体	大规模促进数据驱动的客户区分，用以指导或解释在门店设计、营销及其他方面的业务投资；与传统的基于查询的市场细分相比，有助于提高响应速度
回归模型	基于已识别客户属性的未来行为	预测客户行为，并允许设计营销及个性化处理	允许预测响应速度（具有双重效果）并提高转化率
时间事件模型	可能发生特定客户行为的时间	预测客户最有可能购买的时间段	提高响应率，强化策略。通过预测最佳销售时间来促进销售
增益模型	可能会改变预测客户行为的零售商的特定行为或行动	确定特定行动的投资价值	零售商的成本效益分析。有助于免除客户无论如何都会购买的产品的优惠及折扣

续表

分析技术	技术目标	适用对象	益处
决策模型	将众多预测模型的结果与其他决策要素（如一系列可能的零售行为及客户反应）进行数学映射	改善及帮助制定复杂的决策。此外，捕获关键结果驱动因素，包括用于优化引擎的约束因素	了解所有零售商及供应商的目标，同时帮助每位客户选择最佳产品

从本质上讲，很明显，如今大多数有竞争力的零售商都在使用零售分析驱动模型，为客户及时提供个性化的相关产品，提高响应速度及收益。分析工具提供了一种科学的方法，实现了长久以来"以客户为中心"的理念。因此，零售商可以洞察每个客户的愿望、偏好及未来行为，据此去迎合客户的独特偏好。话虽如此，还有一个大问题要解决，那就是，零售业是否存在分析的经验法则？答案是：不尽然！尽管如此，还是有一些需要遵循的关键步骤，如专家在零售分析中概述的三个步骤：研究客户的态度及行为、分析交易数据及预测建模。首先，零售商会尽力跟踪优质客户的几个参数，包括客户的位置、生活方式、社会经济背景及年龄。其次，交易数据会在布局规划及货架放置等方面给出提示，以便将商品放在正确的位置，从而实现销售额的最大化。最后就是预测建模，做到这一点可能最困难，但同时也极其关键。利用这一点，零售商可以了解客户如何根据生活方式变化而升级其购买行为，以及客户未来可能感兴趣的类别。这也将有助于零售商根据服务区域内消费者未来生活方式的偏好来决定如何开设未来门店。

2.6 零售业指标

有几个指标可以衡量零售店的销售效率，这些指标可以间接作为消费者客流指标。一些常见的指标包括：

1. **客户流量**：到店客户的数量，无论客户是否购买了商品。潜在客户数量增加，零售商就可以预测，至少会有一些人去购买某些商品。此外，客户进店表明人们对店里的商品感兴趣。客户流量是零售商可以无限增长的唯一指标。

2. **客户转化率**：并非所有到店的顾客都会购买商品。我们需要确定从商店购买商品的客户，并瞄准这些客户，这称为客户转化率。客户转化率在很大程度上取决于零售商品的类型。根据零售业调查，电子商务网站的平均转化率为2%~3%。计算客户转化率的公式为

$$客户转化率 = 交易数量 / 客户流量 \times 100\%$$

3. **平均销售额**：平均销售额就是平均购买金额，就是一个顾客在商店平均花费的货币数额。再有，就是花费金额是否有所增减。计算平均销售额的公式为

$$平均销售额 = 总销售价值 / 交易数量$$

4. **单次购买商品**：就是客户平均购买的商品数量（相对于价格）。也就是说，如果客户购买的商品数量更多，但销售额却更低，就意味着人们正在购买经济实惠的商品。你需要检查此项，以便获得合理的高销售价值。零售商可以通过"买二赠一"的营销活动让客户的购物车中商品更多。

5. **毛利润**：毛利润是扣除成本前的销售利润，是总收入与采购商品产生的成本之间的差额。毛利润可以通过从其销售价格中扣除商品成本来计算。一般来说，零售店的经验法则就是始终保持足够高的毛利润，以便在需要时有足够的空间削减。公式为

$$毛利润 = 商品销售价格 - 商品成本$$

2.7　知名零售组织实践分析

购买尿布与购买啤酒相关联这一故事是否真实仍有争议。但重要的是，

第 2 章
通过零售分析深入理解消费者

在距离沃尔玛等类似商场不远的地方,新时代印度零售商的发展势头强劲,这些零售商正在酝酿零售分析领域真正的成功故事。分析工具正在改变游戏规则,它们可以向零售商提供有价值的见解,决定门店位置、商品分类、客户细分及忠诚度计划、沟通策略,甚至减少自有门店之间的相互调货,在印度的零售业务中发挥着关键作用。例如,一个名为"初见"(First Insight)的顾客驿站内部项目利用其"第一公民"忠诚度数据库,就是由分析驱动的。每个库存单位(SKU)九年的历史轨迹反映了印度消费者的实际购买行为,每个"第一公民"消费者都曾在他们的零售连锁店购物。管理分析团队的顾客驿站营销与忠诚度副总裁维奈·巴蒂亚(Vinay Bhatia)解释道:"为了从这些数据中有所收益,我们研究了一些模型,如购买行为分析,来支持商品规划。"

苏奇特拉(Suchitra)女士经常光顾顾客驿站,她在顾客驿站孟买一家分店的愉快体验充分证明了顾客驿站的这些努力非常成功。据印度能源信息局(ET Bureau)报告:

> 苏奇特拉和她的朋友是孟买 Inorbit 商城顾客驿站的常客。逛商场的时候,苏奇特拉常常会为了一套民族服饰跑上二楼去挑一双鞋子来搭配。有一天,在商场闲逛的时候,她惊讶地发现鞋类区已经搬到了下面的一层,就挨在印度服装区旁边。虽然那天她本没打算买什么东西,但商场的这个设置让她十分开心,最终她还是买了东西。民族服饰区紧挨着就是鞋区,这一安排发挥了效力。

专家们在为《印度时报》(Times of India)撰写的电子论文中透露,通过分析,顾客驿站很久以前预测到了苏希特拉还有其他像她一样的顾客的行为。专家们解释如下:

对苏希特拉而言，鞋类区恰好被搬到了她想要的地方，这似乎不过是个巧合。但这是巧合吗？事实并非如此。相反，这一举动是顾客驿站进行邻接分析的一个例子，在筛选了 24 个月的客户数据后，顾客驿站发现了一种模式，即购买民族服饰的女性往往也会购买鞋子。基于这一认识，顾客驿站将鞋类区从二楼搬到了民族服饰区所在的一楼。顾客驿站不久就发现，这一做法使其销售额增长了 25%。

在班加罗尔丽思卡尔顿（Ritz Carlton）酒店举行的新闻发布会上，由分析支持的商业导向一度占据了中心地位。印度最大零售商未来集团的联合董事总经理拉凯什·比亚尼（Rakesh Biyani）与全球零售业分析领军人物曼坦分析公司（Manthan）首席执行官阿图尔·贾兰（Atul Jalan）一起，愉快地分享了他们的零售与分析合作。该合作为期 10 个月，非常富有成果。拉凯什·比亚尼强调了零售与分析携手合作是大势所趋，无法避免，非常重要，这一论断非常富有前瞻性。他评论道：

我们知道，每个客户的需求都独一无二，而且，我们有很多机会，可以调整我们的业务规划及业务运作。通过曼坦分析公司的分析，我们可以得到一个超本地化客户需求视图。我们可以调整产品组合、库存、补货、营销促销、门店参与度，来满足市场及门店的独特需求。这让我们决策更快、更精确，执行更高效。我们相信这样做有可能实现缺货减少 7% 至 9%，平均减少 5% 至 7% 的销售损失，并减少 10% 至 12% 的客户流失率。如果没有分析所提供的机遇，我们就不能发现各种状况，也就不能采取行动，这一切都不可能实现。

未来集团与曼坦分析公司紧密合作，使得未来集团能够在印度全国 166

个城市的370多家门店中获得实时可操作信息，每月跟踪3000家供应商网络中13000个产品品牌的1000多万次客户交易。此外，曼坦分析公司的数据库跟踪了2500多万忠诚客户的活动及其交易。未来集团将分析推送给其业务部门的所有决策者。曼坦分析公司首席执行官阿图尔·贾兰表示：

对今天的印度零售商而言，拥有分析驱动的竞争力就是抓住了一个巨大的机遇。未来集团在这方面处于领先地位，他们在这一合作关系中见证了一些非常出色的业务成果。曼坦分析公司12年来的工作重点是简化理解客户行为所需的复杂技术及统计科学，并通过易于使用、商业友好的分析应用实现其潜力。

为了简单地解释零售分析可以做些什么来加强零售商与其客户之间的关系，拉凯什·比亚尼（未来集团的创始人兼首席执行官）补充道："如果没有分析、预测及跟踪消费者行为，就不可能让企业的收益持续增长。"贾兰评论说："有了分析，我至少可以找到客户，说我看到你来了，谢谢你。你从我们这里买了扁豆汤饭。你以前为什么没有从我们这里买？"未来集团是第一个，也是曼坦分析公司的前20大客户之一，与电子商务公司易贝（eBay）及其他十几家财富100强公司合作的印度公司。

大多数零售商与顾客驿站及未来集团有所不同，他们没有将分析作为一种工具，没有给予其应有的重视，因而落在了后面，在未来的零售场景中，他们可能会用分析来扩展其网络。因此，他们没有对所服务区域进行科学评估，反而陷入了盲目扩张的疯狂竞争。正如斯宾塞零售公司（Spencer's Retail）消费者洞察及消费者情报主管潘卡吉·米什拉（Pankaj Mishra）审慎地解释道：

在未来的扩张中，我们将进行更多初步研究，了解所服务区域的市场潜在价值。这样的分析有助于我们决定在哪里开店，选择用哪种形式开店，开多少家店。我们还进行消费支出分析、类别分析、市场潜在价值分析，之后才能制定稳健的扩张战略。

无独有偶，基肖尔·比亚尼（Kishore Biyani）倡导监控门店的需求率，这一举措让该集团多点开花，销售额提高了300%。他进一步补充道："对销售点数据的密切监控，再加上对再订购点的快速审查，助力我们的连续销售达到一个新水平。分析也会在未来门店规划中发挥更为重要的作用。"如《福布斯》中的一篇文章所述，2015年6月，他一如既往，敏锐地洞察门店里的每位客户，他透露说，他的战略目标是将未来集团（最大的企业集团之一）从一家零售公司转变为一家独当一面的分析公司。

图2.1给出了未来集团的零售分析解决方案。

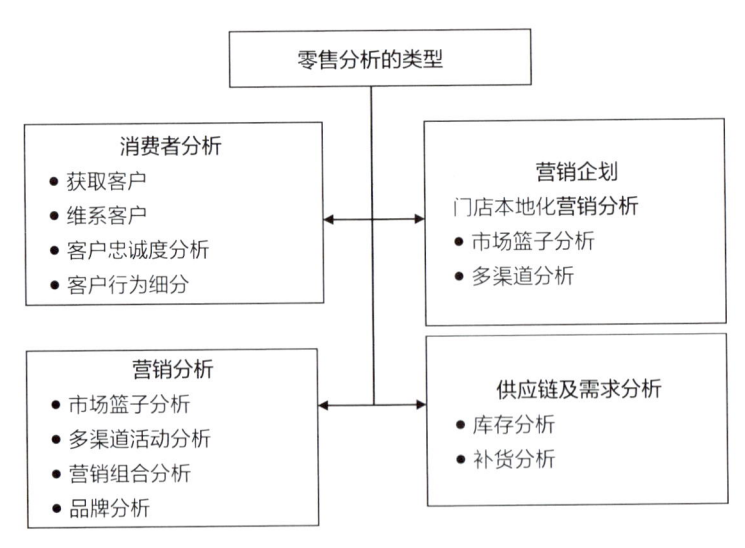

图2.1 未来集团的零售分析解决方案

第 2 章
通过零售分析深入理解消费者

2.8 挑战与陷阱——零售分析

面对零售分析的繁荣，蓝玛克零售（Landmark Retail）首席运营希曼舒·查克拉瓦蒂（Himanshu Chakrawarti）表示，该公司在分析方面还处于尝试阶段。他进一步补充道："印度零售业的分析在很大程度上仍然局限于研究消费者及交易的阶段。"相比之下，印度的银行业等行业在使用分析甚至使用预测建模方面更为成熟。但令人鼓舞的是，印度零售商现在认识到了分析的重要性，并在这方面投入了大量资金。塔塔集团（Tata Group）旗下主营音乐及礼品为主的蓝玛克连锁书店也成立了一个内部分析团队，努力研究开设新店时的人员调拨问题，根据老客户的地址确定理想地点，锁定那些可能因改变购买习惯而退出的消费者，并提出解决方案，通过提供优惠及改换货品来促进门店销售。

未来集团等企业集团面临的挑战更大。未来集团最近收购了巴帝零售（Bharti retail）的零售业务，正计划实现从核心客户中实现至少 100 万卢比（1 卢比 ≈ 0.873 元人民币）销售额的天文数字目标。比亚尼想把公司推向传统国际零售巨头的方向，如塔吉特（Target，美国）和特易购（Tesco，英国）。游戏规则的改变者正在利用零售分析来预测消费者的需求，甚至在消费者自己意识到自己的需求之前就做出预测。他想从内到外了解客户的兴趣，并且胃口越来越大。这一点可以通过以下一个客户的例子一目了然。这位客户 38 岁，名叫昌德拉坎特·达旺（Chandrakant Dhawan，化名）：

每个月，达旺和他的家人都会到孟买 Vile Parle 的大集市（Big Bazaar）购物，囤点杂货和其他家居用品。节日期间，他的购物篮中会装一些礼物；学年开始时，他要为孩子们购买文具。总的来说，他每年在未来集团旗下的大集市约花费 6 万卢比。然而，基肖尔·比亚尼对达旺的消费额并不满意。

他还想要更多。

客户分析就像一张王牌。他说，他希望利用这张王牌，让营业额在未来几年实现指数级增长，达到近 1 万亿卢比。他还补充说："与以往不同，那时候我们追求盲目增长，我们现在想要的是盈利性增长。我们不会通过债务实现增长，而是通过现金流实现增长。"

但事实上，使用大量客户记录，应用数据科学，然后预测客户的行为，也算不上是什么了不起的壮举。正如印度能源信息局的贾亚德万 P. K.（Jayadevan P. K.）所理解的那样，这种做法揭露出更多的障碍，而不是更多解决方案，"未来集团的门店，如 Food Bazaar、Big Bazaar、Home Town 和 Nilgiris，每年约有 3 亿客流，该公司有一个数据库，其中有 300 万人参与公司的忠诚度计划。公司希望将该数据库扩展到包括 7.8 亿客户，并使用分析向客户销售更多产品"。

2.9　前进方向

零售业在过去几十年经历了剧烈变化，预计到 2017 年，零售业的全球市场规模将达到 200020 亿美元。市场仍将保持快速增长，但因为利润微薄、过度竞争，也会有阻碍。有些客户消息灵通、精通数字技术，正在寻求更加个性化的购物体验。这同样给零售业增加了压力。零售商需要转移注意力，从先前处理简单的可预测需求，过渡到处理海量数据，了解客户各种独特的品味，更准确地理解客户的需求。此外，如今处于经济后衰退时期，消费者在消费上踌躇不前，为了鼓励消费者掏腰包，零售商需要与消费者搞好关系，要在敬业度、个性化及关联度上大做文章。因此，零售分析在帮助零售商有效收集、分析和实时处理客户和组织数据方面至关重要，它在所有渠道中都发挥着作用。随着人们认识到零售分析是提高客户钱包份额、获得更高利润、增加交叉销售和减少浪费性投资的有效工具，大多数零售商仍在努力寻找各种分析方法的适用性。因此，他们面临着几个瓶颈，如选择的数量过多、消化多点销售系统、在线门户和内部交易流程获取的所有数据效率低下。与零售增长轨迹一样，分析应用也可能要经历自己的学习过程。

然而，像斯宾塞这样的零售商正通过使用数据分析来提高一些表现不佳的门店的销售额，大力推动分析，扩展这条学习曲线。斯宾塞正在研究流失顾客、老顾客及临时顾客，以了解商店的真正痛点以及消费者在其服务区域内境况不佳商店的购买动力。米什拉（Mishra）表示："通过研究，我们可以为门店制定周转策略，成功率几乎达到98%。"对于斯宾塞来说，是研究表现不佳的商店；但对于顾客驿站来讲，是将其150万名"第一市民"成员进行细分，以确定商店促销对象及奢侈品买家，然后引导这些人重复购买。正如巴蒂亚所说：

轻奢及奢侈品市场正以60%以上的速度增长，这些客户的访问频率明显高于普通客户，约为行业基准的三倍。因此，我们现在的目标是为这一细分市场提供服务、方案及新产品，而不是针对整个"第一公民"群体进行轻奢品牌传播与沟通。

为了使零售商的学习曲线更加平稳，像Openbravo这样的零售分析咨询公司非常乐观，正如其亚太及中东地区渠道业务经理（Channel Business Manager for Asia Pacific & Middle East）苏南多·班纳吉（Sunando Banerjee）兴奋地解释道：

我们认为印度是一个重要的市场，有无限的增长机会，特别是在零售领域，预计到 2017 年年底将增长到 7928.4 亿美元。印度是全球第五大零售目的地。我们很高兴能够提供完整的商业解决方案，让我们的客户能够在这一零售浪潮中保持竞争力。我们的突破性解决方案将使他们的业务真正敏捷，将帮助我们的客户有效地适应快速变化的业务挑战。

但真正的挑战不是组建一个团队来运行分析解决方案，而是像零售咨询公司第三只眼（Third Eyesight）的首席执行官德望舒·杜塔（Devangshu Dutta）所理解的那样，实施这些解决方案才是真正的挑战，"更难的是让组织对这些见解做出反应。如果有短期机会，但零售商无法从供应商那里采购商品，那就等于没有数据"。

2.10 讨论题

（1）分析为零售业带来了什么价值？

（2）如何专注于可操作的消费者洞察？

（3）哪些零售分析应与哪个特定零售场景相匹配？

（4）印度零售商在分析方面遇到了哪些挑战？

第3章

公司对客户电子商务多代理范例

- 伯雷什瓦·达斯·马祖姆达尔（Bireshwar Dass Mazumdar）
印度阿拉哈巴德工程与乡村技术学院（IERT）计算机科学与工程系（CSE）
舒巴加塔·罗伊（Shubhagata Roy）
印度海得拉巴印度特许金融分析师协会商学院运营与信息技术系

3.1 商业视角

3.1.1 磋商

不同目标代理之间的常规接触形式称为磋商。磋商是两个或多个代理达成集体协议的一种方法，每个代理都想实现一个单独的目标或目的。代理表达他们的观点，观点表达可能会导致冲突或分歧，然后各方通过妥协或寻找替代方案朝着共识前进。磋商的关键特征包括参与方使用的术语，双方在磋商时采用的协议，以及每个代理用于评估其角色、妥协及各种条件的判断过程。磋商中的协议，即机制，可以根据几种类型的参数进行测量。协议的选择将取决于协议制定者希望总体框架具有哪些特征。从根本上讲，磋商的主要目的是理解某些争议点。本章将介绍以下概念：

（1）磋商是一种互动方法，旨在借助给定的协议及代理技术解决双方或多方之间的利益分歧。

（2）通常，协议会规定代理在磋商过程中需要采取的步骤顺序，而代理技术是其思维过程的一部分（也需要收集及评估知识，并提供生成组件）。

（3）磋商是指通过一组代理相互磋商，就共同关心的问题达成共识的做法。从上述描述中可以推断，磋商的目的是达成符合代理偏好或限制的协议，但此类会议不一定最终达成协议（代理可以从中获得零效用或负效用）。

（4）由于缺乏时间、参与者无法获得合适的替代方案（可能是由于缺乏关于参与者倾向的信息）或代理策略之间的不兼容，可能会导致无法达成一致。然而，如果有可能达成协议，且代理真正愿意达成协议，则双方通常会努力制定协议的实质内容。

3.1.1.1 代理对代理磋商的类型

一般来说,代理要与整个世界打交道,也要与其他代理打交道。磋商或代理对代理(Agent-to-Agent)的互动包括从其他代理那里接收有形实体、让其他代理执行活动或改变其他代理的感知或要求。以下给出了代理间磋商所涉及的各种问题:

竞争

这是磋商中最容易的,可以使用对立的代理设计及实现各种应用程序。这些应用程序涵盖电子交易、拍卖,可以采用专注于博弈理论的解决方案。

协调

代理对代理协调是一种机制,代理期望通过该机制组织其活动,确保整体方案成功。所涉及的代理通常是多代理结构的一部分,通信操作可能希望将代理对公共资源的访问进行排序,或监视代理之间项目及信息的传输。协调技术还侧重于纠正与分布式约束满足及其种类有关的问题。供应链管理是团队协调的典型例子。

合作

与创建传统软件一样,随着系统规模增大及复杂性增强,系统通常要分解为多个模块,才能进行更好的管理。类似地,可能需要将代理系统分解为多代理系统。这种多代理方案中的合作旨在实现单个总体目标。虽然每个代理都会有自己的目的,但代理们可能会放弃朝着自己目标前进的机会,以实现机器目标,而不是每个代理单独尝试优化自己的效用函数。合作或许需要解决分布式约束满足问题或分布式优化问题。

协作

保持代理之间的协作,指的是这样一种机制,通过这一机制,非团队成员的代理可以确定团队合作,可以推进其个人目标。

3.1.1.2 磋商策略

社会福利

在某个给定的解决方案中，社会保障是所有代理的优势或效用的总和。它考查代理的全球利益。通过比较机制导向的解决方案，可以将其作为比较替代机制的标准。根据效用计算时，该标准有些主观，因为它涉及代理间的效用比较，目前每个代理的效用函数只能定义为正仿射变换（positive affine transformations）。

帕累托效率

另一个全局视角的解决方案度量参数是帕累托效率（*Pareto efficiency*）[1]。通过比较该机制得出的方案，可以根据帕累托效率测试替代机制。X 方案对帕累托有效，即如果不存在其他 X_0 方案，则帕累托是理想的，因此至少有一个代理使用 X_0 方案比使用 X 方案有更好的结果，并且如果使用 X_0 方案，没有代理比使用 X 方案遭遇更差的结果。帕累托效率因此可以测试全局优势，并且不需要对代理间效用进行可疑的比较。帕累托有效方案的子集是社会福利优化方案。一旦总回报得以最大化，另一个代理的回报就会减少。

个人理性

如果代理在协议解决方案中的收益不低于代理因不参与协议而获得的收益，那么参与协议对代理个人来说就是合理的。当所有代理都独立理性地参与时，系统就是独立理性的。单就个人而言，合理的机制意味着可行，如果该代理在个人角度不可接受磋商的解决方案，则自利代理不参与磋商。

稳定性

构建该系统时，应使其对自利代理保持稳定（不可操作），即应鼓励每个代理以所需的方式行事。这是因为，在这种情况下，自利代理处于理想状

---

[1] 也称"帕累托最优"（Prato Optimality）。——译者注

态，可以以其他方式行事，而不是以想要的方式行事。有时，可以使用主要技术规划组件。这就意味着，无论不同操作员使用何种系统，专家最好使用特定方法。

3.1.1.3 磋商类型

拍卖

在拍卖中，竞价由一个或多个称为拍卖人的代理发起，一些其他称为投标人的代理根据实施协议（可能允许一轮或多轮）进行竞价。拍卖人与有效买方之间的合同通常是拍卖的产物。

双边磋商

双边磋商包括两方，即服务商／卖方与客户，双方就交易条款及条件达成双方都能接受的妥协。双边磋商通常涉及多属性投标（价格、成本、交付日期等）。

依据对手行为做出决策

代理使用这些技术专门思考对手的目标及行动，然后确定其行为的可接受反应。评估代理之间战略关系的一种重要方法是非合作博弈理论。

多属性磋商

多属性磋商是一种包含多个问题的协议，这些问题必须同时纠正。在这种情况下，代理可以在诸多问题上存在不同的利益。通过在一些不那么重要的问题上相互妥协，双方可以在对他们而言更重要的问题上达成更大共识。

逐项磋商

按议题进行的逐项磋商通常基于鲁宾斯坦（Rubinstein）磋商范式，代理可以选择顺序磋商顺序执行或同时磋商同时执行。

多属性合作磋商

多属性合作磋商基于无偏见分割原则及分割程序创建，集中关注合作博弈理论的观点。克纳斯特（Knaster）和斯泰因豪斯（Steinhaus）首先制定了该方法。布拉姆斯（Brams）和泰勒（Taylor）提出了另一种称为"调整赢家法"（adjusted winner）的无偏见分割程序，该程序可以实现等同的结果。

承包

承包需要在代理之间重新分配工作；承包要求一名代理提出将其所有职责承包给另一名代理，同时承诺给予激励措施。承包在能源市场、带宽分配、处理准备及时间安排以及金融工具电子交换等领域实施。

3.1.2 客户关系管理及客户导向

客户关系管理是指帮助企业协调管理客户关系的方法及设备。客户关系管理流程有助于识别及吸引潜在客户，生成优质销售线索，组织并实施具有特定优先级及目标的营销战略；客户关系管理流程有助于建立个性化的客户体验，并为最具生产力的客户提供最高级别的客户支持；客户关系管理流程为员工提供了解客户所需的知识。用于客户关系管理的工具和设备包括用于收集组织客户信息的软件及基于浏览器的应用程序。例如，一个组织可以使用客户知识数据库来帮助创建客户反馈调查，将其作为其客户计划的一部分，或者确定其消费者可能感兴趣的潜在产品。

客户导向是一系列销售原则的集合，这些原则规定组织的目标是了解客户的愿望并实现这些愿望。它反映了商业客户、行业竞争对手与其利益相关者之间的复杂关系。客户导向需要公司持续转变其实践。客户导向是"从其最终结果，也就是从消费者的角度观察公司"（Peter F.Drucker，2004）。客户导向依赖于客户倾听（例如"我希望探索一下哪种类型的产品更适合客户"）及对话（例如"我希望让消费者向我传达他们的需求"）。以客户为导向的销售人员应明显表现出增加长期客户忠诚度的习惯，这可能要以即时销售为代价。

有七种主要模式可以清楚地表明销售人员对客户的态度：

（1）经常思考及讨论客户，进而了解客户。

（2）不断评估客户的观点。

（3）优先解决有利于客户的问题。

（4）向客户做出让步，为客户带来价值。

（5）对伤害客户的行为进行赔偿。

（6）"不惜一切代价"满足客户的特殊需要。

（7）服务效率受到影响时，重新设计策略，重新部署人员。

客户导向有三种形式：

（1）以利润为中心。

（2）以客户理解为中心。

（3）以客户关系为中心。

每种形式都有一些基本（独有）及一些通用（公共）标准，这些标准对其他导向来说都是通用的。三种形式的公共及独有标准如下：

以利润为中心

此导向的目的是收集及评估客户先前的购买意向及偏好等详细信息。维护能够带来更多利益的消费者及具有强烈价格期望的消费者，以期未来实现交易。该导向考虑的参数有：历史记录、需求及购买能力。

以客户理解为中心

现有及潜在客户的需求及期望有助于理解消费者的需求。在潜在层面更好地了解客户的条件及行为相当于销售杠杆。需求、匹配及优先级是这一导向的三个标准。

以客户关系为中心

买卖双方之间的实体或集体合作关系会给公司的销售带来影响，也会给消费者带来回报。二者之间非常匹配时，伙伴关系甚为强大、牢不可破。良好匹配定义为请求的项目与实际提供的项目之间差异很小。及时性也在匹配度方面对这种关系产生影响。构成客户关系的三个标准也包含非常合适的选择及技能。

3.1.3　经纪人及经纪

买方代理输入产品请求时，中间代理（经纪人代理）扫描其营销数据库，查找买方代理发出的产品请求，以满足此类请求。若卖方代理的广告足以接近买方代理要求的定义，中间代理满足其请求。供应商和客户之间的关系以对代理施加的限制为基础。经纪人的效率完全取决于市场。涉及同一件事的代理必须互相匹配。当找到销售代理时，市场必须向其提供可能的买方代理列表，并将该新销售代理通知给所有潜在买方。因此，经纪代理是买卖双方之间的中间人。通过评估不同卖方代理的概况，经纪代理确定买方的要求，然后选择最佳卖方代理，并最终在买卖方双方之间进行磋商，这种方法称为经纪。经纪主要有两种形式。

3.1.3.1　商户经纪

商户经纪就是代理寻找优质商户（卖方）进而购买商品的过程。交付时间、保修、定价及礼品服务都是涉及商户经纪过程中要考虑的问题，以选择合适的卖家代表。此外，许多商户选择不单凭价格来判断报价。因此，需要更进一步，让这些代理进一步将一些属性纳入考虑范围。商户经纪涉及代理寻找优质商户（卖方）进而购买商品的活动。各种特征的重要性可能因客户代理而异。

3.1.3.2　产品经纪

确定需求之后，产品经纪阶段涉及代理确定购买何种产品来满足该需求。代理在此阶段使用的主要技术是特征过滤、协作过滤和约束过滤。特征过滤涉及根据特征关键字选择产品。协同过滤涉及根据不同用户偏好代理之间的相似性为代理提供个性化推荐。约束过滤需要代理定义限制条件（例如价格范围和日期限制）。

经纪人在不同预期中的地位：

表 3.1 中的表格演示定义了经纪人作为协调人的角色（在多智能体中）及买卖双方各种场景中的市场预期。

表 3.1　经纪人的角色及市场前景

商业应用	● 电子市场，提供公司对客户服务 ● 电子商务交易设施 ● 任何一种一对一的促销活动，提供智能协助
买方理解	● 与客户的广泛联系 ● 为客户定制支持及通知 ● 通过协助和单一视图导航及审查各种提议和要求 ● 传播需求
卖方理解	● 仅向潜在感兴趣客户传达交易 ● 互动明晰 ● 获取消费者在企业中的当前利益及供应商交易的详细信息
市场理解	● 提高中介标准 ● 灵活应对不断变化的提议及要求 ● 获得的专业知识（结合知识资本化及共享相互记忆和建议，机器学习的形式）可供所有消费者使用
代理理解	智能代理技术具有以下几个特征： ● 自主：用于动态记录环境发展 ● 合作：用于交流经纪人领域的可用技能 ● 授权：在监控请求及报告结果方面为客户提供协助 ● 自身技能：用于实现目标或子目标 ● 推理：用于评估自身及他人的能力 ● 学习：通过资本化及知识交流进行提升

3.1.4　商业模型

商业模型主要由两部分组成：财务模型及精简模型。下面讨论这两个模型中的不同定义和术语。

3.1.4.1 财务模型

基于价格的问题被称为财务模型。因此，所有与价格相结合的标准都需要代理商重新考虑。当然，根据价格的不同，买方代理和卖方代理之间的各种特征的含义也会有所不同。评估要以基于这些个别标准的加权分数的累积分数为基础，针对每个卖方及买方进行测量。买方及卖方获得这些权重，并用特定的概况定义权重，在该概况下给出权重。

3.1.4.2 精简模型

精简模型考虑了费用以外的问题，例如发货时间、保修及礼品服务。此外，许多商家选择不单凭价格来判断报价。因此，代理需考虑几个基于易用性的效用属性。当然，在买方代理和卖方代理之间，各种特征的含义可能有所不同。分析以基于这些个体特征的加权分数的综合分数为基础，针对每个卖方和买方进行测量。买方及卖方获得这些权重，并用特定的概况定义权重，在该概况下给出权重。

3.2 计算视角

计算视角包括从多智能体演变而来的不同计算方法。

3.2.1 多代理系统

3.2.1.1 代理：定义及特征

代理是驻留在特定环境中的嵌入式计算机设备。计算机设备能够在该环境中进行多种独立操作，实现其预期目标。代理的强弱概念是代理的常见描述。代理独立计算，可以被视为通过传感器解释其环境，并通过效应器对其环境做出响应。代理是一种计算，这实际上意味着代理存在于计算机运行的程序环境中。代理是独立的，这意味着它们在某种程度上可以控制自己的行为，并且可以在不受人类和其他机制干扰的情况下发挥作用。代理遵循目标或执行活动以实现其预期目标，这些目标和活动通常既相互补充又相互矛盾。常见的代理类型描述如下：

买方代理（买方）：该代理希望从另一个代理处获得某些货物。当买方购买产品时，买方获得一致性。

卖方代理（卖方）：这些产品由该代理销售给买方。卖方代理为交易这些产品提供了准备时间及其他辅助。

经纪代理（经纪人）：经纪代理是买卖双方之间的协调人。经纪代理通过分析不同卖方代理的概况，确定买方代理的要求，然后选择最佳卖方代理，并最终在买方代理和卖方代理之间进行磋商。

协调代理（协调人）：协调代理拥有调查知识库，该知识库与系统协调一起提供，促进知识交流，并负责创建及实施客户满意度调查。

代理的一些重要特征包括：

智能

代理遵循其目标，优化某些成功指标，执行其角色。我们说代理知识渊博，并不意味着它们无所不知或无所不能，也不意味着它们从未表现不佳。相反，这种说法表明，只要它们拥有知识以及视觉及有效技能，就可以在一系列环境条件下灵活、合理地发挥作用。

互动

在遵循其目的，履行其职责时，代理可能会受到其他代理甚至人类的影响。通信可以通过其所处的环境（例如，通过相互观察或通过采取影响环境状态的活动）或具体通过共同语言（例如，提供其他主体关注的知识或混淆其他主体的知识）隐式进行。代理特别关注团队合作，作为一种合作模式，尤其与目标的实现和任务的执行有关。合作的目的是获得或防止一个或多个代理认为有利或不利的经营状态。代理必须特别考虑其操作之间的依赖性，以便组织其优先级和职责。合作和竞争是两种不同的简单团队合作模式。合作代理试图做人们做不到的事情，并作为一个团队一起奋斗或超越。与此相反，一些代理在目的不同的情况下在竞争中相互对抗。竞争代理试图以他人利益为代价优化自己的利润，因此一个人的成功意味着其他人的损失。代理是一种软件程序，代表其创建者灵活地工作以实现明确的目标。为了实现这一点，该计划必须具备以下特点：

自主性：能够确定要采取的步骤，无须返回用户那里（即在没有直接人为干扰或任何其他干扰的情况下运行，并能保持对其动作及内部状态的控制）。

社交能力：能够与其他代理进行协调（即为了完成其任务，与人类或其他代理进行合作）。

具备反应能力：能够在复杂及不可预测的情况下对主要情况做出充分反应。

主动性：能够思考潜在的优先事项，从而实现其所有者的期望（即采取主导行动。它的行为不仅是对设置做出反应，而且是通过采取行动，它能够证明目标导向的行动）。

此外，如有必要，代理可以是移动的，具有在计算机网络上的各个节点之间移动的潜力。代理应该诚实，确保不会故意分享虚假事实。代理应该友善，总是努力去做人们期望它去做的事情。代理可以很理性，总是为了实现其目标而运行，并且从不限制其目标的实现。代理可以学会对其环境及用户需求做出响应。

3.2.1.2 多智能体：显著特征

分布式人工智能是人工智能的一个分支，涉及由多个在域中通信的单独实体组成的网络。本研究主要分为两个子学科：分布式问题解决方案（DPS）和多智能体（MAS）。通过整合它们的专业知识、信息和技能，分布式问题解决方案专注于通过多个代理共同努力来设计策略。它还将大型问题分解为较小的子任务，来解决大型问题；每种策略都委托给单独的一个人，因此可以称为紧密耦合的自上而下策略。另外，多智能体是一种松散链接的自下而上的技术，试图囊括开发由多个自主智能体组成复杂结构的原则，并强调智能体在这些框架中的同步动作。理论上讲，多智能体中的代理将具有独立甚至相反的优先级。协作有助于多个代理更快地发挥作用，并完成它们无法独立执行的任务。更准确地说，以下优点适用于多智能体的应用。

● 多个代理的存在将加快系统运行，因为计算可以由多个代理并行执行。事实上，对于整个任务可以分解为几个单独的子任务的领域，情况就是这样，这些子任务可以由不同的代理执行及管理。

● 通常，多智能体具有较高的鲁棒性（robustness）。在单代理方案中，单个故障将导致整个设备崩溃。而对于多智能体而言，如果一个或多个代理出现故障，多智能体可从容应对，设备仍会继续运行，崩溃代理的工作负载将由其余代理接管。

● 多智能体模块化允许在必要时将其他代理合并到方案中，因此具有高度的扩展性。在单片结构中加入其他功能要困难得多。

● 多智能体可以在许多地点同时进行观察，执行操作，因此可以利用地理分布优势。

● 多智能体通常比其他单代理的程序具有更好的性能成本比。一个具有所需所有工作能力的机器人确实比使用几个具有这些能力子集的廉价机器人要昂贵得多。

3.2.2　认知及社会参数

观点：观点指的是代理所拥有的关于世界的知识。观点被视为一种信息心理。从时间角度来看，代理的观点来自经验背景，例如获得的感知及信息。通过推导或建立推理的内部机制，对其他蓄意原则的依赖也可能发挥作用。此外，通过对构成行动基础的其他战略概念（例如动机或愿望）产生作用，感知可以影响代理的潜在行动。观点与代理的历史有关。其他动机态度的语境解释讨论了它们与未来的关系。

愿望：愿望是指世界所期望的事件状态（包括其他因素），但也可以指（期望）要采取的行为。代理的愿望被认定为代理需要引入的世界状态。愿望反映了委托给代理的角色，因此与代理可以实现的目标或优先级有关。

偏好：代理的偏好在社会现实思维中起着重要作用，在社会现实思维中，选择某种行为是为了满足给定的目的。

意图：意图本质上是代理希望实现的目标；代理的意图会提出命令，决定要做什么。意图是代理的一种中心行为习惯，需要一种特殊的自我奉献行为。

承诺：代理对事态的个人目的要求代理承诺为实现该状态的目标而采取行动。

绩效：代理的效率可以根据代理执行的一个或多个任务来计算。广泛使用的绩效指标有三个：生产力（完成得很好）、效能（任务的执行方式是根据输入将绩效最大化）和感知效率（一个或多个利益相关者，如公众、行政部门、董事会或媒体认为代理表现良好）。

能力：代理所期望的能力是根据其周围其他代理的活动专注于其决策的能力。

信任及声誉：反映业务领域中代理输出的参数、特征被广泛用于信任及声誉。

信任：信任有几种含义，取决于问题的领域。各种研究人员提供的重要及适用含义包括以下几点。

- 信任是一系列观点的集合，这些观点有助于行为意图，这些行为意图由于对所依赖的行为没有影响，可能导致失败。
- 信任有一个特点，它依赖于一个对象的特征，或一个事件的发生，或一个人的行为，以实现一个期望但未知的对象；或者依赖于一个事件的发生，或一个人在危险位置的行为，以便实现虽期望但不那么确定的目标。
- 通常，这种信任包括三个信任维度：智力（与能力相匹配）、道德（正直及诚实）及善意（仁爱）。

罗特（Rotter）还将信任描述为"一个人或群体所持有的观点，即可能依赖于另一个个人或团体的世界、承诺、口头或书面声明"。同样，信任的特征是感知特定期望，这一期望可以界定各种行为。

祖克（Zucker）将信任描述为共同社会期望的集合，处于社会活动的中心地位，可以决定、鼓励人们在不定义契约的情况下相互回应。类似地，科斯加德（Korsgaard）等人断言，信任是团队成员对其领导者的善意及忠诚（即正直和善良）怀有信心；而哈特（Hart）和桑德斯（Saunders）则将信任描述为相信另一方会按计划行事以及对另一方的善意怀有期望。这种信任由合作伙伴的诚信感、透明度（自愿不隐瞒信息）、关怀（不利用不当优势）及可靠性组成。

麦卡利斯特（McAllister）将信任描述为一个人确信并能够根据另一个人的条件、行为和选择采取行动的程度，"即基于信念的行为目的"。库马尔（Kumar）、拉马斯瓦米（Ramaswami）等人将信念描述为基于程序正义感的可靠性，即关系管理中的公平性、规则和程序以及分配正义假定的公平。

卢梭（Rousseau）等人描述说，观点涉及基于对他人行为的乐观假设来识别脆弱性的愿望。卢梭等人以及刘易斯（Lewis）和魏格特（Weigert）也承认，考虑到双方之间协议的历史及本质，信任会有所不同。

德怀尔（Dwyer）等人将信任描述为一系列价值观，这些价值观与合作伙伴参与社会交换的能力及愿望的交换有关。莫尔曼（Moorman）等人将信任描述为"一种对信任的交换伙伴产生依赖的愿望"。摩根（Morgan）和亨特（Hunt）将信任视为对另一个人的可靠性及道德的信任。甘尼桑（Ganeson）经常将信任描述为一种相互依赖的愿望，这种愿望以从伙伴的知识、可靠性及友善中获得的价值观或观念为基础。在电子商务的意义上，格凡（Gefan，2002）将信任描述为与客户对供应商可靠性的评估有关的单一维度结构，这一描述是基于卢曼（Luhmann，2006）的信任概念，卢曼认为信任是一个进程，可以降低社会复杂性并有助于做好准备，依赖供应商。这种意愿来源于一种假设，即卖方将履行其责任。

声誉：声誉要基于两个消费者评级来感知。西斯陶斯（Histos）的声誉概念以客户见证细节为基础，评估经纪人及第三方代理与被评估代理的最新经验。因此，任何用户的声誉价值都是由所有观察者交换的全球衡量标准。

3.2.3　多智能体通信

代理基本上是一种共享的代码过程，因此符合两部分分布式计算模型的经典概念：元素及连接器。通过连接器共享联系信息的消费者、供应商及协调者就是组件。

3.2.4　智能物理代理基金会

智能物理代理基金会（FIPA）是一个由企业及机构组成的全球非营利社区，它们共同倡议开发标准化的代理技术必要条件。智能物理代理基金会被设计为不仅开发一种单一的应用技术，而且为各种应用领域开发通用技术，不仅是一种单独的技术，而且是一种简单技术的集合，开发人员可以将其结合起来构建具有高度互用性的复杂应用程序。

以下原则是智能物理代理基金会的核心原则：

（1）代理创新具有一个现代框架，可以解决旧问题，也可以解决新问题。

（2）代理的某些技术已经达到了很高的成熟度。

（3）某些代理技术需要标准化后方可发挥作用。

（4）已经证明，通用技术的标准化是可行的，而对一个代理的其他标准化操作结果会很成功。

（5）标准化代理本身的内部机制不是首要问题，无障碍协调所需的框架和语言才是首要问题。

智能物理代理基金会中代理间的通信侧重于传递消息，代理通过制定及相互发送单个消息进行交互。通过阐述文本的编码、语法及语用，智能物理代理基金会访问控制列表（ACL）定义了一种基本消息语言标准。本标准未规定消息内部传输的具体方法。相反，智能物理代理基金会规定，平台之间传输的消息应以文本形式编码，因为不同的代理可能在不同的平台上运行，使用不同的网络技术。据信，代理有办法来传达这种文本类型。访问控制列表句法规则与通信中常用的知识查询及处理语言（KQML）非常相似。然而，访问控制列表与知识查询及处理语言之间有着根本的区别，考虑到句法相似性，最明显的是访问控制列表存在形式语义，可以消除语言使用中的所有复杂性及不确定性。该规范通过定义联系协议，促进了典型类型的惰性代理对话，即两个或多个代理共享的消息模式。这些协议不同于基本的查询请求方法，也不同于更广为人知的用英语和荷兰语签署合同及拍卖的网络磋商方法。智能物理代理基金会标准的其他章节中定义了其他元素，包括代理软件集成、代理敏捷性及保护、本体服务及人与代理之间的通信。即便如此，在特征矩阵联合对角化（JADE）应用中，仍然没有考虑使用这些标准。

智能物理代理基金会参考模型如图 3.1 所示。

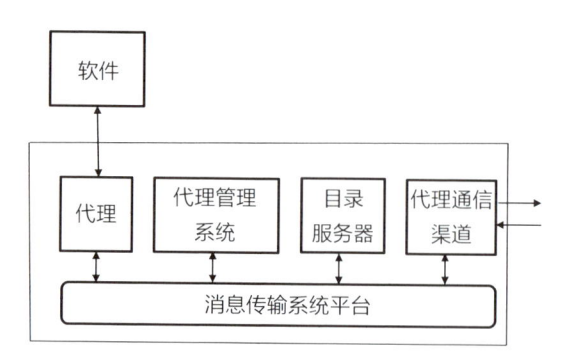

图 3.1 智能物理代理基金会参考模型

符合智能物理代理基金会的代理框架，包括代理管理系统（AMS）、目录服务器（DF）和代理通信渠道（ACC）。这三个代理都在代理平台启动时同步启用。可以将代理平台分解为多个主机（假设它们之间没有防火墙）。为了实现多域应用程序，可以在运行时启动一组符合智能物理代理基金会的目录服务器。

（1）代理管理系统。对于每个代理平台而言，该代理都有些偏离中心，带有强制性。代理管理系统监视并处理代理平台及代理的活动。换句话说，代理管理系统处理代理注册其门户或将其门户撤销。此外，白页服务是代理管理系统向代理社区提供的另一项重要服务。白页就是接入点（AP）上注册代理的列表。这些代理是凭全局唯一标识符（GUID，在社区中定位代理的唯一标识符）识别的。为了获得有关平台用户的信息，任何代理都可以查询代理管理系统。

（2）目录服务器。目录服务器代理帮助其他代理使用黄页服务。这有助于获取有关不同服务的详细信息，包括提供这些服务的代理。代理域由在给定目录服务器注册的所有代理创建。每个目录服务器处理一个单独的代理域。

（3）代理通信渠道。代理通信渠道是一个机构，在代理平台上直接向代理提供服务。代理通信渠道可以访问其他代理平台服务（如代理管理系统和目录服务器）提供的信息，以执行其消息传输任务。

智能物理代理基金会的施为功能

施为功能被定义为信息交际行为的形式。智能物理代理基金会通过使用访问控制列表消息得以实现代理通信。如表 3.2 所示，智能物理代理基金会使用了以下施为功能信息。订阅消息是买方及卖方代理使用的消息。通知消息用于回复请求或订阅文本。买方代理使用失败消息向卖方代理或经纪人提供有关磋商失败结果的信息。最终，磋商代理使用计算机传真协议、建议、接受建议、拒绝建议和拒绝消息。

表 3.2 智能物理代理基金会通信行为（施为功能）

智能物理代理基金会通信行为	解释
接受建议	批准一项请求的行为，该请求之前是为了执行一项操作而提交的
同意	同意采取任何行动的做法，可能在将来采取行动
取消	一个代理告诉另一个代理，前者不再打算由后者执行某些操作的行为
征求建议	某一特定行动中征集建议的行为
确认	当接收者对给定命题不太确定时，发送者告诉接收者它是有效的
确认不成立	当接收者认为一个给定命题是真实的时，发送者告诉接收者它是否为假
失败	通知另一个代理已执行某个动作但该动作失败了的行为
通知	发送者告诉接收者给定的命题有效
通知是否	发送者告诉接收者给定命题是否正确的宏操作
通知参考	一种宏操作，允许发送者通知接收者某个项目。发送者假定该项目指的是特定描述符（如名称）
不理解	行为的发送者（例如 i）告诉接收者（例如 j），它感觉到 j 执行了一些 i 无法理解的操作。一个相关的特殊情况是，i 告诉 j，不理解 j 刚刚发送给 i 的文本
传播	发送者希望接收者处理即将收到的嵌入消息，并希望接收者识别由所提供的描述符表示的代理，并将所获取的传播消息发送给它们

续表

智能物理代理基金会通信行为	解释
提议	在某些先决条件下，发送计划以执行某些活动的行为
代理	发送者希望接收者选择由给定定义表示的目标代理，并向它们发送嵌入消息
询问是否	询问另一代理某一命题是否有效的行为
询问参考	询问其他代理参考性陈述所指向的项的行为
拒绝	不同意采取行动并澄清拒绝理由的行为
拒绝建议	在磋商时拒绝执行某项行动的建议的行为
要求	发送者向接收者提出采取行动的要求。要求行为的一个重要用途是呼吁接收者进行另一种交际行为
要求何时	发送者需要接收者在给定建议切题时采取一些行动
要求随时	一个命题被证明为真时，发送者需要接收者立即执行一个动作，然后每次当命题再次证明为真实时，发送者都需要接收者执行一个行动
订阅	通知发送者参考值的价值的行为，也要求发送者每次意识到参考值发生变化时再次通知

3.3　机器学习：功能及方法

机器学习是一种持续的自动或手动机制，在这一机制中，发现决定发展。在探索性研究的情况下，机器学习非常有用，因为这种情况下，对于什么才是值得关注的结果并没有固定的看法。机器学习是从大量数据中寻找新的、有用的、非同寻常的知识。机器学习是人类与机器协同工作。通过平衡人类专家在解释挑战和优先事项方面的专业知识与机器的自动搜索能力，可以获得最佳结果。在操作中，机器学习的两个主要目标往往是估算及解释。为了预测其他感兴趣变量的不确定值或可能值，估算往往需要使用数据集中的某些变量或字段。另外，解释侧重于识别模式，用以说明人类可以理解的数据。也可将机器学习任务分为两组：

（1）预测：生成所提供的一组数据中定义的系统模型。

（2）描述：根据可用数据集，产生新的非凡结果。

机器学习的目的是在频谱的预测端生成表示为可执行代码的模型，该模型可用于执行分类、预测分析、粗略估算或其他相关任务，目的是通过发现广泛数据集中的趋势及联系，在频谱的描述端获得分析结构的解释。对于特定的机器学习应用，预测及解释的意义可能有很大的不同。机器学习植根于众多领域，其中统计学和实用主义是最重要的两个领域。统计学起源于数学，因此，其重点放在数学严谨性上，即在将其付诸实践之前，需要证明某些东西在理论上有意义。另外，机器学习文化在很大程度上植根于计算机经验。这导致了一种务实心态，一种愿望，想在不要求标准化效率证明的情况下尝试某件事，以查看它的工作效果。

3.3.1 有监督学习与无监督学习

有监督学习

分类：发现预测学习功能，将数据对象分类为多个预定义组之一。

回归：发现一个用于预测学习的功能，该功能将一段数据映射到具有实际值的预测变量。

无监督学习

聚类：一种基本的描述性活动，确定有限范围的类别或聚类，以定义数据。

总结：一种辅助性的描述性活动，包含为数据组或子组找到简明描述的方法。

依赖性建模：在数据集或数据集的部分中寻找局部模型，定义变量之间或函数值之间的主要依赖性。

变更及偏差检测：探索数据集中最关键的发展。

3.3.2 决策树

决策树是用于创建分类模型的众多方法之一。决策树以呈现的数据为中心，使用归纳推理创建树形结构模型。决策树的每个节点都是一个用来定义数据输入的微分方程。计算将集中于单个属性，以确定导入的数据是否大于、等于或小于某个值。随后，这些节点中的任何一个都会将导入的数据分配到各种类别中。决策树是同时提供分类及预测功能的典型方法。数据根据一系列问题及规律进行分类。决策树非常适合进行医学预测及该领域的数据分析描述，结合使用相关模型来预测类似结果。ID3 算法、C4.5 算法、分类与回归树（CRAT 算法）、卡方自动交互检测法（CHAID）和 C5.0 算法是决策树分析模型的主要算法。C5.0 算法可以非常有效地用于大量数据集的基本处理。它也被称为提升树（Boosting Trees），因为它使用提升方法来提高模拟精度。提升树比 C4.5 算法快得多，内存也更有效。

3.3.3 神经网络

神经元是神经网络的基本组成部分。这是一个基本的虚拟系统，它接受许多输入，汇总输入，实施（通常是非线性的）传递功能，产生结果，作为模型投影或作为其他神经元的源。神经网络是一个设备，由几个这样的神经元以系统方式连接在一起。Clementine 软件中所使用的神经网络，也称为多层信念观点，是前馈神经网络。神经元在这样的网络中分层组织（很少被称为单元）。通常有一个输入神经元层——输入层，一个或多个内部处理单元层——隐藏层，以及一个输出神经元层——输出层。前一层和后一层完全互联到每个层。为了产生投影，信息通过处理层从输入层流到输出层。网络通过在训练期间调整连接权重来学习传递更好的预测，使预测与特定记录的目标值相等。

3.3.3.1 径向基函数网络

径向基函数网络（RBFN）是一种特殊的神经网络。它由三层组成：输入层、隐藏层（也称为受体层）和输出层。输入层和输出层与用于多层的预测器的层相同。

3.3.3.2 快速法

采用快速策略，可以训练单个神经网络。默认情况下，网络有一个隐藏的神经元层［3,(n_i+n_o)/20］，其中n_i是神经元输入的数量，n_o是神经元输出的数量。训练网络使用反向传播法。

3.3.3.3 动态法

选择动态法时，网络的拓扑结构在训练期间发生变化，通过插入神经元来提高效率，直到网络达到期望的精度。动态训练有两个阶段：发现拓扑结构及测试最终网络。

3.3.4 敏感性分析

敏感性分析（SA）是一种用来分析和反映模型结果的敏感性程度的方法，该模型可以以不同的差异条件分布及改变。通常，首先确定分析中影响对象的敏感变量。然后确定对某个响应要素的分析目的及目标的影响程度。该方法可以通过获得敏感因素的变化或关于敏感因素变化趋势的信息，验证变化以及研究目标和目的的变化趋势。可以通过进行敏感性分析，删除对网络训练没有影响或影响较小的变量来降低网络复杂性，并了解每个变量对网络训练的影响程度。敏感性越高，对人工神经网络结果的影响越大。

3.3.5 特征选择

在机器学习中，通常涉及数百甚至数千个变量。因此，建模过程中要花费大量时间及资源，需要检查模型中使用的变量。使神经网络或决策树适应如此大的变量可能需要的时间比实际更多。

特征集合有助于将变量范围的大小减到最小，从而提供更易访问的建模属性范围。将特征选择引入分析程序有如下一些优点：

- 简化和缩小对构建预测模型非常重要的特征谱系。
- 最小化创建预测模型所需的处理时间及内存需求，以便将注意力放到最相关的预测子集。
- 使模型更加精确和简约。
- 只有一部分预测因子基于预测模型，可以减少生成分数的时间。

特征选择包括三个步骤：

（1）筛选：排除不重要及有问题的预测因子及特殊情况。

（2）排名：对剩余预测值排序并分配排名。

（3）选择：确定未来模型中要包含特征的重要子集。

这里提到的算法仅限于有监督学习，使用一系列预测变量估计目标变量。在分析中，任何变量都可以是分类变量或连续变量。常见的目标变量决定客户是否流失，一个人是否会购买以及是否存在弊端。

特征（traits）、原因及特征（causes and traits）等短语也可以互换使用。在本书中，在处理对特征选择算法的反馈时，我们使用变量和预测器，选择与当前预测器相关的特征用于算法的后续建模过程。

3.4　结论

本章中，我们阐述了各种概念，这些概念与现代智能计算方法有关，目的是实现电子商务的各种功能。本章概述并描述了客户导向、客户关系管理及磋商的概念，使内容具有意义及相关性。本章还从计算角度阐述了代理特性、多代理设备模型及其通信协议。本章还解释了人工智能的功能及方法、有监督与无监督学习、决策树、神经网络及敏感性分析的概念，以便了解它们在电子商务中的应用。

# 第4章

人工智能和机器学习——发现经营银行业务的新方法

普斯帕拉塔·马哈帕特拉（Puspalata Mahapatra）、萨里塔·库马里·辛格（Sarita Kumari Singh）

奥里萨邦（Odisha）、布巴内斯瓦尔（BBSR）、计算机工程学院（KSCE）、卡林迦工业技术学院（视为大学）（KIIT DU）

本章提供关于人工智能在银行部门开发及利用方式的必要信息，旨在讲述人工智能实际应用领域的一些基本概念以及如何使用该技术，该技术如何帮助银行部门。本章开始尝试探索银行如何使用人工智能和机器学习解决方案来经营业务，以及从中能够获得何种益处。

第 4.1 节为引言，简要介绍人工智能和机器学习，人工智能在金融领域的应用，重点关注银行业。第 4.2 节总结可以使用人工智能应用的领域，人工智能在该特定领域的工作方式，以及人工智能如何对银行及客户发挥效用。第 4.3 节涉及印度银行采用人工智能技术的案例研究以及提供此类技术的公司。第 4.4 节包含人工智能和机器学习的益处及影响，涉及银行关键绩效指标的不同参数，如盈利能力、绩效及欺诈数量的减少。最后，第 4.5 节给出总结意见以及银行业人工智能的未来。图 4.1 显示了人工智能在银行业应用的概念框架。

4.1 引言

在这个渐进式创新的时代，人工智能已成为一种流行的表达方式，成为一颗冉冉升起的新星。作为一个整体，我们需要了解人工智能以及它在各个领域的应用，包括银行业在内。金融业务一直在持续发展，以克服新的困难，适应买方的习惯做法。创新在这一发展中的作用越来越引人瞩目，越来越关键，而技术在这一演变中的作用也越来越明显，越来越重要。如 20 世纪 60 年代推出的自动柜员机及信用卡，20 世纪 90 年代推出的互联网银行服务，21 世纪初的移动银行以及现在基于人工智能及机器人流程自动化

第 4 章
人工智能和机器学习——发现经营银行业务的新方法

图 4.1 银行业人工智能应用的概念框架

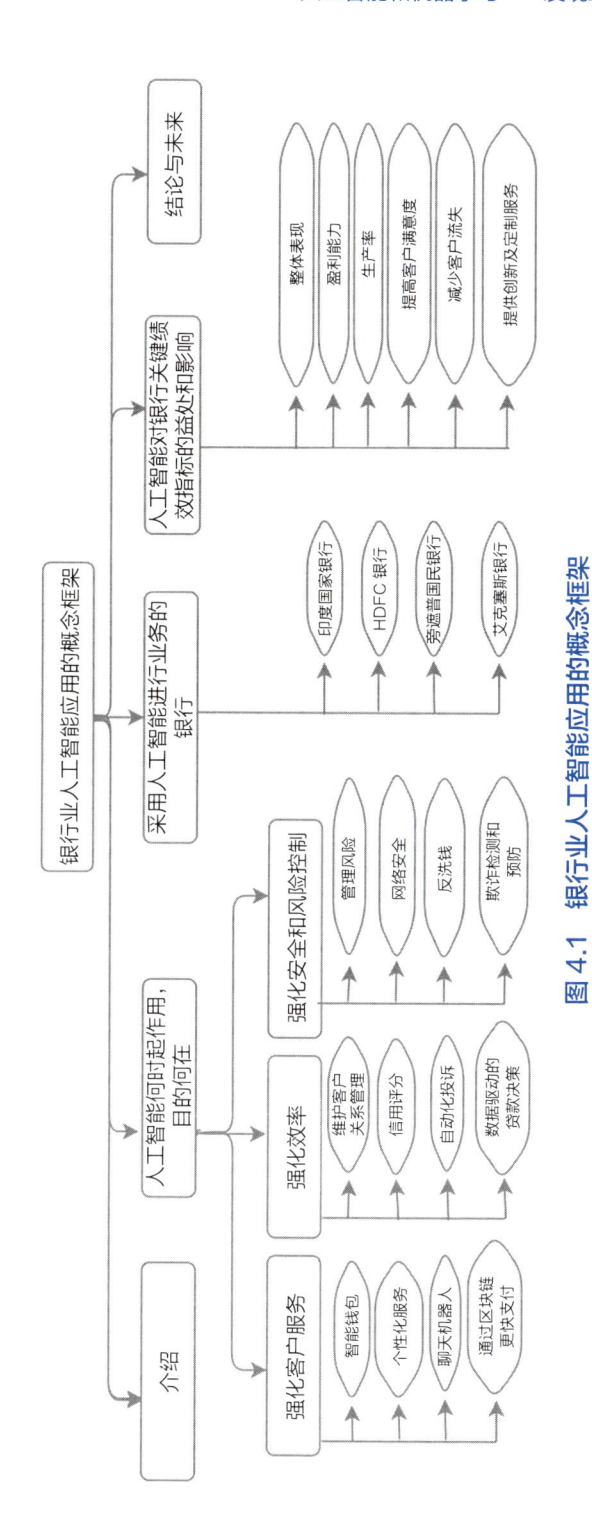

资料来源：作者自编。

063

（RPA）的服务，所有这些创新从根本上改变了银行业的运作。银行业变化的一个重要驱动因素是买方利益，买方希望更好地与其现金关联在一起。买方利益目前正在支持另一种计算机化银行管理，这种管理正在进入中期阶段。目前一个人们关注的重要问题是，银行通过人工智能高级管理机构控制下的新型客户沟通模式能获得多大的盈利能力。银行业是一个极其多样、极其复杂的行业。为了简化复杂的银行功能，银行业需要不断获得先进的技术解决方案。本章基于人工智能和机器学习在银行业的重要性和深远影响，强调人工智能在银行业中的应用，包括采用人工智能的益处及影响。

网络让我们能够以更快的速度访问更多的数据。数据流通及物联网提供了强大的信息手段，人际互动使绝大多数信息能够进行非结构化。通过增强智能，我们正在将专家需要的数据随时准备好，并提供证据支持，让他们做出专业的选择。人类与地球上其他生物区别开来的一个关键点可能就是知识。人类有能力理解知识，应用信息，提高自己的能力，这在人类的自身发展及人类文明在这个星球上的进步中发挥了巨大的作用。模拟智能就是使机器更智慧的各种因素及方法。以计算机为基础的智能就是强化的洞察力。人工智能不是要努力取代人类专家，而是要拓展人类能力，去完成单独靠人类或者机器都无法完成的事情，这一看法被人们广泛接受。人工智能是当今在银行业传播的最前沿的计算机化变革系统之一。尽管在不同领域，财富管理者在他们的任务中接受了人工智能，但印度的银行业堪称拥抱人工智能的先锋，并最终成为不同领域的早期采纳者。

顾名思义，人工智能是通过机器或计算机应用信息和技能复制某些东西的能力，因此当机器、个人电脑通过对人的推测模拟人脑时，也被称为人工智能。因为人工智能现在广泛用于装配及管理领域，包括展示、广告、金融、航空、农业、银行领域，因此，必须把人工智能的作用及使用领域区分开来。银行同时接受人工智能和机器学习，因为这两种创新创意新颖，它们

第 4 章
人工智能和机器学习——发现经营银行业务的新方法

之间存在着巨大的关联。模拟智能可以让机器更敏锐地完成任务,并应用机器学习及不同的方法来解决真正的问题。目前大多数人工智能工作包括机器学习,考虑到聪明的行为需要广泛的信息,学习是获得这些信息最轻松的方法。

机器学习是人工智能的一个子集,可以分析大量的金融数据,给银行带来了诸多益处。人工智能在恢复货币区域方面具有一些优势,特别是帮助银行收集、分析及处理金融数据,梳理及分解预算管理中的大量信息。人工智能是一种人造意识的发展,允许个人电脑获取信息,无须由人类进行编程。银行利用人工智发现真实问题,通过聊天机器人处理预算交换,与客户进行更重要的沟通。

印度银行业与其他行业相比,是人工智能的早期采用者。印度银行业获得了许多解决创新事件及利用人工智能和机器学习的方法。在经济、商业及工业的每一个角落,都可以想象人工智能及商业智能的重要性及有效性,这也在印度的许多银行中以各种实用模式得到了反馈。人工智能的应用反映在互联网银行、多功能银行业务之中,应用人工智能可以使货币相关交易更为简单,并使客户更为活跃。尽管人工智能和机器学习仍处于发展壮大阶段,尚未达到完美,但印度银行业领域已经开始选择人工智能来执行后台服务及客户服务。

目前,世界各地的银行都明白,使用人工智能不仅是为了满足客户的预算需求,而且是为了在全球化的世界中占据上风。银行是印度经济的核心部分,被视为印度经济的灵魂,因此,每一笔与货币相关的交易,无论是信用还是货币,都需要深思熟虑,妥善归档。因此,为了谨慎起见,银行基本上都使用个人电脑,并通过自动取款机、网上银行、电话银行、邮件及移动银行等方式开展所有业务。银行通过个人电脑完成的所有任务都有理有据,因为它利用了人工智能和机器学习。今天的许多银行正在转向使用人工智能来实现流程自动化,将人工智能应用于银行贷款的预筛选、申请处理、承销和支付。因为客户的选择及偏好不断变化,为了满足客户不断变化的需求,银行业也在采用新的创新方法,在其业务运营中使用人工智能和机器学习即为明证。人工智能的使用不仅限于让银行更加现代化,而且将银行业发展到了更高的高度。据 2018 年由世界经济论坛(World Economic Forum)发布的一份报告显示,德勤(Deloitte)的一个团队中,76% 的金融业务首席经验官都认为人工智能是大家主要关注的问题,因为这是差异化的基础。

尽管面临诸多挑战,包括网络威胁、网络犯罪、缺乏培训、缺乏提升人力资源技能的投入以及缺乏经验丰富的工程师等熟练劳动力,银行业仍然在其运营活动中慢慢采用人工智能和机器学习,以实现更好的增长前景,为新时代客户提供服务。从会计到销售,再到合同及网络安全,人工智能正在帮助银行全面运营转型。根据货币援助专家的公开评论,80% 的银行深刻意识到应用人工智能的潜在优势,包括从前台服务到应对中心办公室的分期付款勒索。人工智能不仅应用于零售银行服务,还拓展到投资银行及其他金融服务,如共同基金及商业银行。使用人工智能的需求日益发展,印度的金融部门正在一点点地朝着利用人工智能的方向发展。银行也正在以不同的方式研究及实施创新。人工智能正在逐步进行,更加精明。人工智能在银行业的应用已经远远超过了其他不同领域。这是因为印度金融领域业务实际上存在大量的人为干预。印度金融领域正在研究方法,以便在人工智能协助下改善客户管理。

因此,人们倾向认为,人工智能让银行很大程度上得以清晰运作,从而可以提高一致性,提供高质量客户支持、客户维护,实现一般意义上的操作熟练度。可以看出,印度金融领域正在大力实施人工智能,因为从多个角度来看,人工智能具有极大优势。根据普华永道 2020 年发布的《印度金融科技》(Fintech India)报告,全球人工智能应用的支出从 2015 年的 40 亿美元

第 4 章
人工智能和机器学习——发现经营银行业务的新方法

增长到 2020 年的高达 510 亿美元。这对印度金融领域有着无可置疑的吸引力。如此一来，金融领域聊天机器人的使用数量激增，减少了人机交互，降低了工作成本，提高了效率。

根据麦肯锡全球研究所（McKinsey Global Institute）的数据，在 13 个行业中，金融服务业在运用人工智能方面排名第三，紧随其后的是高科技、电信、汽车及装配行业。银行需要采用人工智能和机器学习，以提供高水平的客户服务，留住客户，了解客户的个人习惯及需求。银行有很大的空间来降低成本，提高盈利能力，通过采用人工智能和机器学习来提供多种服务，从而提高竞争力。人工智能的重要性和实用性可以通过其不同形式的应用程序在经济、商业、工业领域中得以实现。人工智能可以用于在线银行、移动银行，为银行提供了高级安全性。以移动银行为例，人工智能可以交易更容易、更安全。此外，在人工智能的帮助下，银行可以处理以客户为导向的业务，无须聘请有资质的专业人员。人工智能可以帮助预测客户的信誉，也可用来进行客户推荐。采用人工智能尤其有助于防止金融欺诈、抓捕罪犯、监测洗钱行为。与其他领域相比，印度银行业尝试在基本应用之外使用人工智能的各种不同方式，还实施了人工智能创新，以提高后台效率，减少非法避税欺诈及不良资产转移。银行可以在许多方面采用基于人工智能的技术应用程序，如维护客户数据库、验证签名、支票簿重新订购服务、信贷及利率控制、信贷评估、配置投资组合、风险评估、员工绩效评估和投资预测等。

4.2 银行业的人工智能：人工智能在哪里发挥效力，目的何在

过去十年，"人工智能"一词走进现实，并成为快速发展的行业（包括印度银行业）的重要组成部分。"银行业的一些常规及手动任务，早期由人

类执行，现在由先进技术的自动化机器（人工智能）所取代"，具有前瞻性思维的银行经理正在积极探索新技术人工智能和创新机器学习，通过使用不同的应用程序在市场上获得竞争优势。根据研究结果显示，如果说哪项创新技术正在为银行及金融业带来红利，那无疑是人工智能和机器学习了。人工智能重新塑造了银行业，满足了客户需求，可以用更智能、更安全、更便捷的方式提供个性化服务。作为一种先进的创新技术，人工智能对金融业产生了深远的影响。引入人工智能及金融科技之后，银行也已经从数字化转型转向应用人工智能之路。据观察，人工智能和机器学习技术改变了银行与客户的互动方式。通过人工智能的帮助，银行正在推动个性化的运营方式，为客户提供全渠道个性化关爱策略。银行希望其所有交易都能执行地非常谨慎，所以银行投资于新技术，其中之一就是人工智能。如今，人工智能已经进入银行，应用于银行几乎所有业务领域、所有部门，有时甚至客户在没有意识到人工智能存在的情况下就使用了人工智能，并且从人工智能应用中获取益处。

如图 4.2 所示，目前人工智能在银行业的应用可分为三个领域，基本上已经进入了业务的核心领域，其影响在许多领域都很明显，不管是客户服务、提高生产力，还是减少金融欺诈。人工智能正在帮助银行简化、优化各个领域，从金融风险管理，到欺诈检测、信贷决策、风险预测、反洗钱流程到预测客户需求。

4.2.1　人工智能与客户服务

人工智能表现为机器、计算机或机器人用于帮助人类及企业的智能性能及行为。根据世界经济论坛（2018 年）与德勤合作发布的一份报告，约 76% 的银行业首席执行官认为发展人工智能是首要任务，因为人工智能可以使用聊天机器人、个性化金融服务、智能钱包、语音辅助客户支持、区块链快捷

第 4 章
人工智能和机器学习——发现经营银行业务的新方法

改善客户服务及体验
例如：聊天机器人、个性化金融服务、语音银行、机器人建议、生物识别认证、智能钱包及区块链快捷支付等

提高银行效率
例如：信用评分、自动化投诉管理、维护客户关系管理、了解客户（KYC）以及数据驱动贷款决定

增强安全及风险控制
例如：欺诈检测及预防、异常欺诈检测，包括反洗钱、风险控管制以及网络风险

图 4.2　银行业中人工智能的应用

资料来源：作者自编。

支付等为客户提供智能服务，人工智能在这些服务中起着至关重要的作用。银行需要采用人工智能和机器学习，以提供高水平客户服务，留住客户，了解客户的个人习惯及需求，提供更好的客户体验。通过人工智能，银行正在利用客户体验增加客户数量。印度国家银行、旁遮普国民银行和 HDFC 银行等大银行正在采用人工智能工具，如聊天机器人、自然语言处理（NLP）及认知计算等，为客户提供个性化服务、全天候支持，并通过其聊天机器人对交易及贷款进行分析。Personetics 公司总部位于伦敦，该公司通过其聊天机器人识别信息模式并进行预测分析。通过这种分析，公司可以猜测客户可能进行的下一个互动。人工智能不仅有助于帮助银行提供创新的客户服务，而且有助于确定信用，简化贷款流程，改善借款人的客户体验。

4.2.1.1 聊天机器人

聊天机器人是一种人工智能软件，用自然语言简化用户与机器或计算机之间的交互。聊天机器人帮助银行增强客户体验，提高客户参与度，提高运营效率，降低典型的客户服务成本。印度的金融部门在聊天机器人及人工智能方面进行了大量投资，用以增强客户服务。以人工智能驱动的聊天机器人得以被广泛采用，部署相当简单，可用于在线客户支持、电话交互、社交网络等各种活动领域，回答与产品及公司相关的问题。银行通常全天候部署这些工具，与客户进行互动。截至2020年，著名的聊天机器人平台包括Mobilemoney、Chatfuel及Its Alive。阿拉哈巴德银行也在开发应用自己的移动应用聊天机器人程序，该程序名为Empower。

4.2.1.2 人工智能与个性化银行业务

银行通过数字化流程使用现有数据，向客户提供意义非凡的个性化服务。通过人工智能应用程序，银行专注于根据客户的品味、情绪及资源来了解客户需求。这不但为银行及客户创造了双赢局面，而且为先发银行带来了竞争优势。在探索新方法，在为个人用户谋取更多福利及舒适度上，人工智能的确大放异彩。通过追踪个人数据，如收入、经常性支出、消费习惯及工作经验，这些应用可以向客户提供金融提示及优化方案。美国银行（Bank of America）及富国银行（Wells Fargo）等一些美国较大的银行通过其手机银行应用程序为客户提供不同的服务，如发送支付电费提醒，计划金融交易，通过高效简约的方式让客户与银行保持联系。

4.2.1.3 智能钱包

智能钱包，也称数字钱包，是指一方通过人工智能应用程序向另一方进行数字化支付，通过数字货币支付商品及服务。当前情况下，数字支付是支付技术的未来发展方向。为了减少对实物现金支付的依赖，并在更高水平上增加货币的覆盖范围，银行正在实施人工智能技术，推广使用智能钱包。而如谷歌、苹果、贝宝及其他一些公司，都开发了各自的支付网关。银行通过数字钱包存储用户的支付信息及密码，以进行支付。

4.2.1.4 语音辅助银行业务

如今，人工智能技术的出现影响了客户，客户已经习惯于使用语音命令及触屏银行服务。因此，语音辅助及实体银行服务正在消失。人工智能技术可以回答问题，提供必要的信息，帮助客户获取各种银行服务。

4.2.1.5 机器人建议

对于银行来说，监管发挥着重要作用。人工智能在这方面也可以为银行提供帮助。所有收集的数据都经过人工智能仔细检查、组织及分析，然后进行进一步决策。如果没有人工智能的参与，整个工作将是劳动密集型的流程，会耗费时间，导致出错。人工智能提供的这种解决方案在某种程度上可以称为机器人流程自动化。HDFC 银行共同基金和投资银行 Axis 证券，与机器人咨询初创公司（如 Artha Yantra 公司）合作，使用一种名为"个人金融生命周期管理"的方法为来管理业务交易。

4.2.1.6 人工智能支持的区块链快捷支付

人工智能支持的区块链快捷支付是一种交易数字记录。在这一记录中，称为区块的单个记录在称为链的单个列表中链接在一起。人工智能支持的区块链快捷支付用于使用加密货币进行的推荐交易。通过人工智能支持的区块链，银行已将加速支付替换缓慢支付。区块链具有实时支付流程的优势，加快了付款程序，提高了客户满意度。

4.2.2 人工智能提高银行效率

银行采用人工智能作为降低成本及提高效率的工具。"在开启人工智能这条路上，银行等待不起，因为银行必须在未来竞争，而未来又充满了创新及先进技术"。根据文献，投资正确的人工智能技术可以提高劳动力生产率，提高银行的运营效率及盈利能力。

4.2.2.1　确定信用评分及贷款决策

根据国际数据公司（International Data Corporation）的报告，到 2020 年，金融公司将花费 1100 万美元，用于将人工智能和机器学习投入运营。据估计，基于人工智能的发展，包括承销及人工智能信用评分，金融部门的产值能够在不到 10 年时间内增长高达 10%［Datrics 首席数据科学家沃洛德米尔·索芬斯基（Volodymyr Soffinskyi）］。Zestfinance 和 Lendo 等许多公司已经开发了用于信用评分的人工智能工具，通过机器学习来确定个人客户的信用或特定客户违约的可能性。这些公司根据互联网浏览习惯、地理位置、社交媒体账户等变量来考量潜在申请人；然后，机器学习将所有这些数据转化为信用评分，供银行用于确定个人客户的信用评分。另外，一家初创公司 Upstart 正在使用现代科学数据来实现贷款流程自动化。该公司专注于年轻人的教育、学术能力评估测试（SAT）评分、通用目的技术（GPT）、工作历史、研究领域，通过使用机器学期预测他们的信用度。如今已经证明，在更多的数据为基础的条件下，人工智能是银行提供个人信用评分的更好解决方案。人工智能应用程序会考虑许多因素，如当前收入、就业状况、工作经验、当前信用历史、教育背景，银行以此为基础决定是否向客户发放贷款。通过开发风险评分模型，机器学习可以提供最佳技术解决方案。这些模型预测了特定客户的信贷供应困难。

4.2.2.2　人工智能与客户关系管理

人工智能可以通过提供建议和授权客户做出更明智的财务决策来维护客户关系。在综合数据的基础上，人工智能可以开发为客户量身定制的产品及服务，并确定在特定时刻对每个客户最重要及最有用的兴趣领域。人工智能作为一种先进和创新技术，可以通过预算工具或技术驱动的互动帮助银行保持强大持久的客户关系。人工智能还可以帮助银行在提高客户满意度、减少客户流失、增强客户关系、增加存款及增加客户创新和定制产品数量等方面提高绩效。

4.2.3 强化安全及风险控制

将人工智能纳入流程后，银行业将人为错误的概率降低到几乎为零，有效地维持了银行贷款及资金安全的高水平安全。从贷款角度来看，人工智能有助于识别与贷款相关的风险以及借款人的可靠性及信誉。同时，由于应用了人工智能，银行能够注意到网络犯罪，立即发现网络上的恶意软件。

4.2.3.1 金融欺诈的检测及预防

人工智能在防止金融欺诈及抓捕罪犯方面可以提供非常有效的帮助。人工智能能够揭露洗钱、信用卡欺诈及异常欺诈行为，这些行为会对银行的盈利状况产生重大影响。据观察，由于在线及电子商务交易的扩张，信用卡欺诈呈指数级增长，必须采用人工智能予以防范。人工智能应用在防止欺诈及洗钱方面起着至关重要的作用，银行通过人工智能应用分析客户的行为、购买习惯、网络银行的位置及使用状况等，当出现某种偏差时，安全机制会提供有关欺诈的信息。在这方面，应用人工智能技术会减少信用卡欺诈及其他异常欺诈的数量。

4.2.3.2 减少洗钱

人工智能可以与机器学习结合在一起，帮助揭露及防止一种不同类型的金融犯罪，比如洗钱犯罪。金融科技公司 Plaid[①] 与花旗银行（CITI）、高盛（Goldman Sachs）合作，通过其复杂的算法来分析不同条件及变量下的相互作用，并构建多个独特的模式。Plaid 通过其软件，将银行与其客户的应用

---

① Plaid 公司于 2012 年在美国旧金山成立，金融技术初创公司可使用该公司设计的软件访问客户的银行账户信息。——译者注

程序连接起来，以确保金融交易的安全。银行等金融机构已经创造了一些技术武器，如人工智能和机器学习，来防止洗钱及其他形式的金融欺诈。基于人工智能的组织建模及客户细分能够更有效地提高判定金融欺诈的准确性。事实证明，使用机器学习的人工智能在识别复杂交易的来源及发现其违规和异常方面的影响举足轻重。它有助于发现可疑金融交易、非正常网络交易及和欺诈性交易。作为供应商，银行可以通过这种技术识别看似合法的欺诈性付款以及看似欺诈的合法付款。Ayasdi 公司[1]和统计分析系统（SAS）[2]是提供人工智能反洗钱解决方案的两个例子。据称，他们为客户银行提供了减少洗钱及金融欺诈的解决方案。这些公司构建数据仓库平台，识别客户行为的变化，并分析这些数据，寻找与欺诈性转账相关的模式。Ayasdi 反洗钱方案包括核心能力，如自动化特征工程、智能细分、组织洞察、智能事件分类、上下文警报信息，可以为客户提供更准确的反洗钱结果。

4.2.3.3　网络安全

如今，银行认为有必要主动采取措施提高网络安全，减少、消除金融欺诈。迄今为止，在这一点上，人工智能扮演了重要的角色。作为一种数字技术，人工智能可以增强在线金融安全。银行每天都以转账、支票存款、电子货币、账单、付款和贷款发放等形式进行大量数字金融交易，这些交易都非常需要严格的网络安全及欺诈测技术。在这方面，两家知名公司已经证明了自己的先驱地位，比如 Shape 科技公司[3]的解决方案，可以保护客户免受账

---

[1] Ayasdi 公司总部位于美国加州，专注大数据及机器学习技术。——译者注
[2] SAS（全称 Statistical Analysis System，简称 SAS）是由美国北卡罗来纳州立大学 1966 年开发的统计分析软件，经过多年完善发展，SAS 系统在国际上已被誉为统计分析的标准软件，在各个领域得到广泛应用。——译者注
[3] Shape 科技公司，总部位于华盛顿，是一个全球知识及专业技术网络。——译者注

户劫持，并帮助检测凭证填充攻击。

4.2.3.4　人工智能：风险管控

对于包括银行业在内的金融服务部门，未发现的风险对组织来说很危险，甚至很致命。因此，为了保护银行交易，非常需要对未来金融风险进行细致入微的预测。因此，金融市场使用人工智能的一个子集机器学习来节省人力、识别风险，确保为未来规划提供更好的信息。在金融服务的风险管理上，包括银行、保险和共同基金，人工智能就像是一个有力武器。凭借其巨大的处理能力，人工智能可以在很短的时间内处理大量数据：认知计算管理数据，算法分析风险历史，并相应识别及预测未来问题和风险。一家美国租赁公司在不依赖传统数据科学方法的情况下，采用人工智能进行风险分析，并在这一领域取得了显著进步，极大地降低了风险。肯硕（KENSHO）软件等公司提供了云计算和自然语言处理相结合的分析解决方案，为复杂的金融问题提供解决方案。Ayasdi为银行等企业创建了基于云的机器智能解决方案，用来应对金融科技领域的复杂挑战，Ayasdi人工智能和机器学习理解风险、管理风险，预测客户的需求，协助反洗钱流程。人工智能已成为所有银行所依赖的技术基础之一。人工智能不仅是最重要的创新技术，而且改变了银行与客户打交道的方式。银行业的人工智能应用是一场技术革命，这场革命让银行的工作更容易、更高效，进而提高服务质量及速度。事实证明，人工智能和机器学习正蓄势待发，积极推动银行业的发展。

4.3　人工智能在印度银行的应用：精选案例

"印度金融领域正在研究如何强化人工智能的应用，从长远角度改进程序，提升客户服务质量。"根据麦肯锡全球调查（2018年），采用人工智能一直是各种组织关注的一个关键话题，包括银行。研究中的大多数受访者在特定领域实施了人工智能，他们报告称，使用人工智能有助于实现中等或显著的价值，只有 21% 的受访者报告称已将人工智能植入多个业务流程。

人工智能包括的基本应用程序为客户服务带来了更智能的聊天机器人，为个人提供个性化服务，甚至有些银行还设置了人工智能机器人进行自助服务。除了这些基本应用程序，银行还可以使用技术提高后台效率，甚至降低欺诈和安全风险。

尽管印度银行家表达了对采用人工智能的需求，但大多数印度银行家承认，由于风险偏好及巨额投资，银行没有表现出大规模使用人工智能的兴趣。

尽管许多印度银行积极采用新技术，以谋求增长、发展及更好的前景，为现代客户提供服务，但我们这里只选少数银行进行讨论。据分析人员及专家估测，到 2030 年年底，人工智能将为印度银行业平均节省 1 万亿美元。与此同时，叙事科学预计，近 32% 的参与银行已将预测分析、推荐引擎、语音识别及响应时间纳入其流程。如图 4.3 所示，《商业内幕情报》(*Business Insider Intelligence*) 报告（2020 年）称，75% 的资产超过 1000 亿美元的银行受访者表示他们目前正在实施人工智能战略，相比之下，资产不足 1000 亿美元的银行中该比例只有 46%，如图 4.4 所示。受调查银行表示，前台（对话式银行业务）的成本节约机会规模为 1990 亿美元，而中层（反欺诈）银行业务的成本节省机会规模高达 2170 亿美元。但据麦肯锡全球研究所称，人工智能技术在银行业的应用可能在整个行业产生超过 2500 亿美元的价值。本节讨论了哪些银行希望采用和集成人工智能，以及这些银行如何在现有系统中应用人工智能。

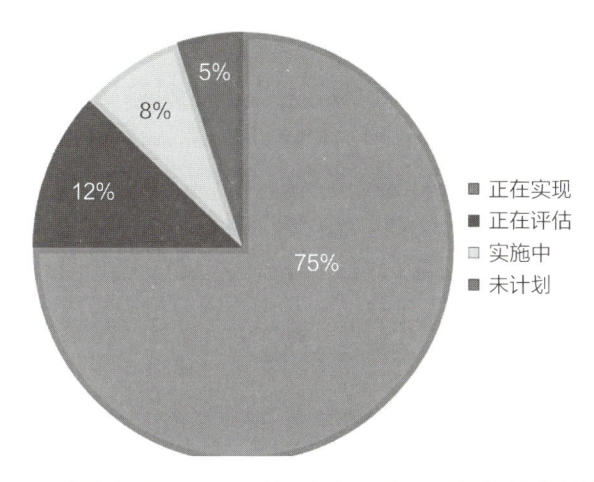

图 4.3　资产超过 1000 亿美元的银行中人工智能技术的执行情况

来源：作者自编。

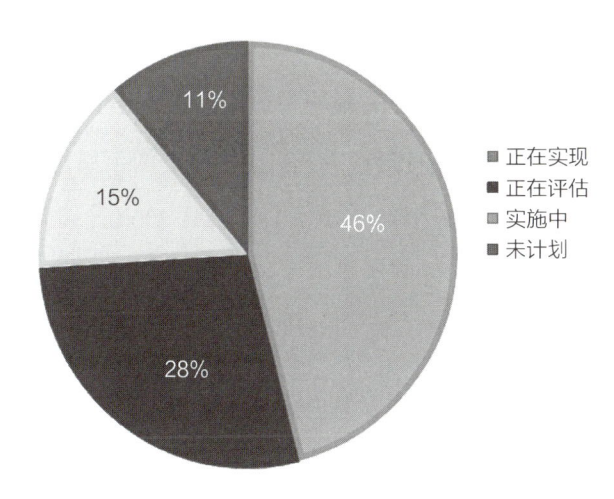

图 4.4　资产少于 1000 亿美元的银行中人工智能技术的执行情况

来源：作者自编。

根据印度国家商业研究所（National Business Research Institute）和叙事科学对众多印度银行的联合调查显示，近 12 家银行正在应用人工智能和机器学习，这些银行在最近几年中因其人工智能活动而被列入名单。该名单包括印度国家银行、巴罗达银行（BoB）、阿拉哈巴德银行、安得拉邦银行（Andhra Bank）、YES 银行（YES Bank）、HDFC 银行、印度工业信贷投资银行（ICICI）、艾克塞斯银行、卡纳拉银行（Canara Bank）、城市联盟银行（City Union Bank）、旁遮普国民银行、印度工业银行（IndusInd Bank）。已经采用或即将采用人工智能技术的银行可以在三大领域实施该技术：前台、中层办公室和后台业务活动。人工智能的基本应用包括为客户服务带来更智能的聊天机器人，为个人提供个性化服务，甚至在银行安装人工智能机器人进行自助服务。除了这些基本应用程序外，银行还可以实施该技术，提高后台效率，甚至降低欺诈和安全风险。

4.3.1　印度国家银行

印度国家银行证明，政府持有 50% 以上股份的公共部门银行可以通过合作生态系统促进技术创新及提高领导力。印度国家银行是全球第 43 大银行，也是印度最大的公共部门银行，拥有印度 23% 的市场份额及 25% 的市场贷款，在 2019 年《财富》全球 500 强中排名第 236 位。印度的银行，包括国有印度国家银行在内，已开始将人工智能作为一种工具，以提高效率，降低运营成本，检测人为欺诈，降低网络风险。如图 4.5 所示，印度最大的银行印度国家银行已启用了不同的应用程序及人工智能软件，其中一个是印度国家银行智能助手（SIA），印度国家银行智能助理是一款智能图表助手，可以为银行查询提供即时解决方案，就像银行代表一样，有效解决非常住印度人客户在聊天室中的疑问。在前台工作区，它利用印度国家银行智能助手聊天机器人，这个聊天机器人是一个人工智能控制的访问合作伙伴。印度国家银行智能助手能够非常流利地解答所有关于银行产品及服务的问题，还能应对所有询问，比如如何开户、如何利用其他客户服务项目。这有助于客户跨多个客户渠道以多种区域语言处理交易。经验表明，由于采用了印度国家银行智能助手，印度国家银行可以设法为不同的银行产品获得新客户。

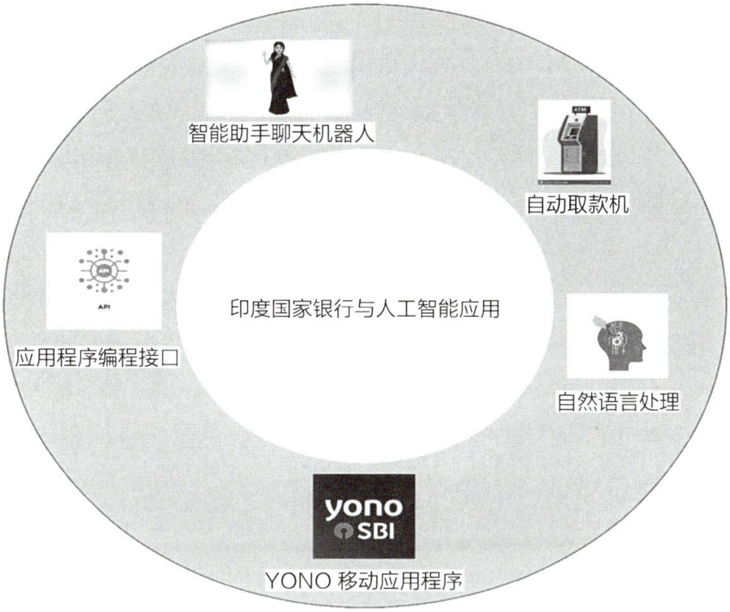

图 4.5　印度国家银行使用的人工智能技术

来源：作者自编。

印度国家银行于 2014 年开始使用分析技术，并于 2016 年接受了银行科技发展与研究所（IDRBT）和马尼帕尔大学（Manipal University）的人工智能应用培训，开始使用综合分析、人工智能和机器学习解决许多业务运营问题。印度国家银行使用的一些技术包括自然语言处理、地理位置分析（GLA）、字符串匹配、网络分析、识别欺诈易发分支机构、早期预警系统及预测分析等。印度国家银行正在尝试重新设计从物理到数字的客户旅程。有三个主要技术方案，分别是风险管理、客户关系管理及其移动应用程序 YONO（"You Only Need One"），包含约 500 个项目。该银行有 3000 万移动银行客户，4700 万互联网银行客户，但仍有巨大潜力有待挖掘。该银行正在使用 YONO 平台，其中包括在五分钟内批准预先审批的无纸化贷款，这样一来，海外客户就能够轻松开户。它建立了一种基于合作的共生关系。印度国家银行将应用最新创新的一款移动应用程序 YONO，在贷款方面采取谨慎态度，并应用最新信息对不良贷款及欺诈预防发出预警信号。该应用程序于一年前推出，将银行服务与生活方式购物功能相结合，计划将其从个人客户扩展到农业及企业部门。金融科技为该银行提供了技术解决方案，并在事实上给双方都带来了双赢局面。由于风险管理及运用欺诈检测技术方案，印度国家银行改善了贷款组合绩效。该银行部署了预警信号，用以识别不良资产。该银行还部署了数据分析，用以分析小额贷款或个人贷款的行为模式。根据印度国家银行首席技术官希夫·库马尔·巴辛（Shiv Kumar Bhasin，2019）的观点，印度国家银行智能助手是人工智能及对话银行领域的第一个此类银行应用程序，印度国家银行智能助手可以将客户服务水平提升多个档次。"佩约（Payjo）在对话领域的专业知识帮助我们将印度国家银行智能助手打造为全球银行领域的高级聊天机器人。"巴辛说道。印度国家银行在银行解决方案上构建了应用程序编程接口（API）层。

4.3.2　HDFC 银行

HDFC 银行在孟买设有注册办事处，截至 2019 年 6 月 30 日，该银行在 2764 个城市设有 5500 家分行。该银行还安装了 43 万台 POS 终端，发行了 2357 万张借记卡，1200 万张信用卡。截至 2020 年 3 月，HDFC 银行是印度市值最大的私营银行。如图 4.6 所示，HDFC 银行通过不断发展的分支机构、自动取款机设置以及先进的渠道（例如，网络银行、电话银行及移动银行）为客户提供不同范围的货币项目及银行业务服务。银行在高度自动化的环境中运营，所有分支机构、快速资金转账设施、为零售客户及自动取款机提供的多分支机构都可实现在线连接。为获得人工智能、物联网、Flexcube 核心银行软件、金融软件零售银行业务等可扩展的最佳技术，银行投入了巨额资金。该银行使用网络及移动银行业务，现有客户可以使用自己选择的设备体验银行业务。该银行提供数字营销及分析，在不同平台上创建无缝体验。该银行已转向数字创新，确保银行在整个行业中拥有卓越的数字能力，维护虚拟关系管理（VRM），通过语音渠道满足客户的所有金融需求，进而在数字平台上使用该银行产品。

图4.6　HDFC银行使用的人工智能技术

来源：作者自编。

关于人工智能，聊天机器人电子虚拟助手（EVA）由位于班加罗尔的Senseforth人工智能研究公司开发，聊天机器人电子虚拟助手可以从多个来源收集信息，并在几秒钟内提供答案，还可以处理真实的银行交易。从应用于行业的那一天起，它就处理了超过2700万个客户问题，与530000多个新客户连接到一起，并进行了1200万次讨论。有了聊天机器人电子虚拟助手，就不再需要搜索、浏览或呼叫。此外，电子虚拟助手通过与客户的互动学习，变得更加聪颖。该银行在一份组织新闻稿中表示，进一步发展后，"EVA也可以选择处理真实的银行交易，这样一来，HDFC银行就能够向其客户提供真正的对话式银行业务"。根据其地区主管尼廷·楚格（Nitin Chugh）的观点，HDFC数字银行电子虚拟助手将补充到改善客户体验的高级阶段。同样，HDFC银行正在测试机器人应用程序，如HDFC银行的智能机器人助手，该机器人给人一种创新工作的印象，但用途较少。而不同的银行已经尝试了不同的方法，使用店内机器人来帮助管理客户。

HDFC银行开发出移动银行应用程序这样的解决方案，比如以人工智能为基础的OnChat，让客户享受良好的连接体验。HDFC银行的客户在遇到有限连接问题时可以使用Lite应用程序和移动端来获得银行服务，而没有连接或使用功能手机的客户则会错过电话商务、短信免费银行服务。HDFC银行人工智能领域的关键进步包括HDFC银行OnChat（人工智能将与脸谱网相关的在线商务聊天机器人整合在一起）、程序化广告招标（基于人工智能的促销工具，用于计算机化展示）和HDFC Bank，询问电子虚拟助手（基于人工智能的常见问题解答及客户管理助手）和分支机构的智能机器人助理（IRA）。该助理能够根据客户要求接待客户，指导客户。人工智能的领域扩展到招聘、客户服务、核心银行业务、员工培训及聘用、运营效率、分析、电子商务。HDFC银行还采用了聊天机器人OnChat和自然语言处理，用户可以进行交互，确认并支付聊天本身的服务费用，无须下载任何额外应用程序。HDFC银行还利用人工智能进行广告招标，帮助客户将转换率提高五倍。这一举措有助于降低数字产品的整体收购成本，提高整体盈利能力。HDFC银行全方位采用了人工智能，在客户体验、客户支持、流程自动化、人力资源及安全或欺诈检测等所有领域通过有力的测试及学习驱动方法实施人工智能解决方案。HDFC银行相信人工智能"创造客户价值"的原则，并将这一原则应用于整个银行，应用人工智能，更高效地管理内部及外部客户，在不久的将来大幅降低运营成本。

4.3.3　艾克塞斯银行

艾克塞斯银行成立于 1993 年，是印度第三大私营银行，拥有约 2000 万客户，59000 名员工，18% 的客户增长率。艾克塞斯银行在印度 2100 多个市镇拥有实体业务，集中在 8 个大都市地区。根据艾克塞斯银行执行董事拉吉夫·阿南德（Rajiv Anand）的说法，艾克塞斯银行计划为客户提供全天候辅助，以直观自然的方式为客户提供即时满足及便利。

艾克塞斯银行是印度第三大私人区域银行，一年前组建了一个名为"思想工厂"（Thought Factory）的先进实验室，通过人工智能创新解决方案为银行领域提供富有想象力的改进。该银行在班加罗尔创新中心设有创新团队，通过该创新中心，该银行与初创企业进行为期三个月的短期合作。艾克塞斯银行将人工智能引入其客户服务渠道，有两个管理目标：①通过自动化渠道处理越来越多的客户服务；②通过提供满意的客户服务降低客户投诉率。为了实现这两个目标，该公司推出了人工智能聊天机器人解决方案，名为"Axis Aha！"通过"Axis Aha！"，客户可以轻松转移资金、订购支票簿、支付账单、使用资金预付卡、阻止现有银行卡上的交易、设置或重置银行卡的个人身份识别码（PIN）、更改银行卡的信用额度、下载银行对账单、申请贷款或银行卡。聊天机器人还可以帮助客户回答有关艾克塞斯银行产品及服务的问题或投诉。Axis Aha！提供了更多此类有趣的功能，几乎可以作为你所有银行及金融相关需求的对话助手。但 Axis Aha！在艾克塞斯银行更广泛的客户服务生态系统中仍处于初始整合阶段。艾克塞斯银行最近还推出了一款对话银行应用程序，该应用程序支持人工智能和自然语言处理，仅用于回答常见问题、联系贷款及其他产品以及解决询问。Axis Aha！将自然语言处理用于分类，自然语言理解（NLU）用于处理客户数据，深度学习用于提取及总结原始数据，机器学习及基于规则的技术用于理解客户需求、响应客户需求。图4.7显示了艾克塞斯银行使用人工智能技术的不同领域。

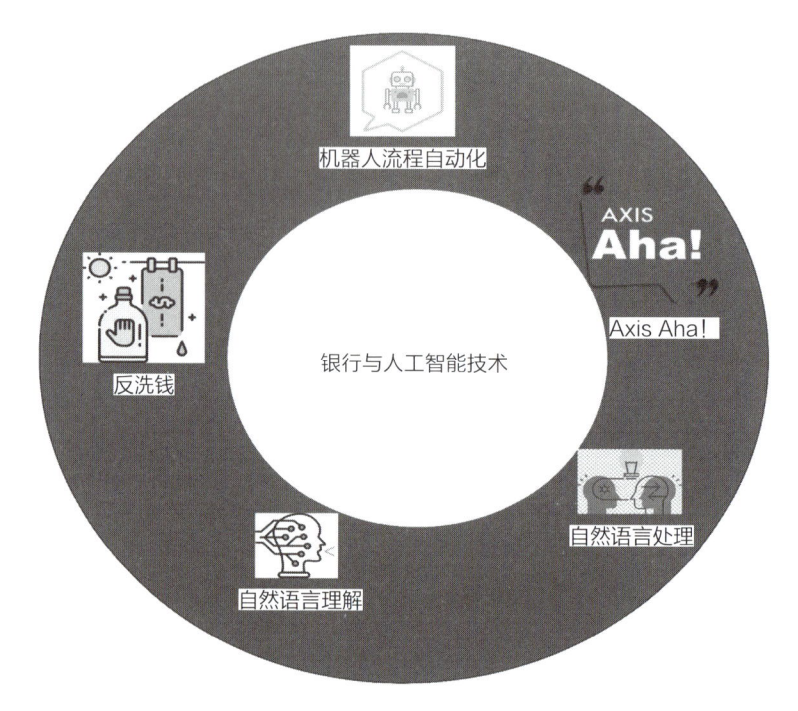

图4.7 艾克塞斯银行使用的人工智能技术

来源：作者自编。

艾克塞斯银行利用人工智能的另一个基本领域是操作风险及反洗钱领域，在熟练程度、时间及成本节约方面都有重大提升。该银行拥有强大的信用风险模型，80%的可疑交易都是来自人工智能授权的神经组织认定为高风险的5%客户。该银行同样开始了机器人周期机械化（即机器人流程自动化），包括账户维护及调整、预付款、大规模交换周期及自动取款机维护。通过使用人工智能，银行试图减少周转时间（TAT），银行已在125多个周期内实现了人工智能，并在90个周期内实施了知识自动化，这原本需要繁重的体力劳动。使用机器人周期机械化时，周转时间明显减少，投资账户开立时间减少了90%，不同周期减少了50%至80%。

根据数字银行艾克塞斯银行负责人萨米尔·谢蒂（Sameer Shetty）的说法，由于认证及安全系统的改进，欺诈行为一直在下降，他甚至表示艾克塞斯银行没有发生过数字银行身份欺诈事件，因为艾克塞斯银行将视频客户认证和人工智能结合在一起构建了多层防御系统。通过使用人工智能，艾克塞斯银行将客户识别信息与印度国家识别系统交叉引用，这是世界上最大的生物识别身份方案。艾克塞斯银行验证客户提供的数字与他们在国家数据库中的数字是否相同，以确认客户的身份，目的是减少欺诈及反洗钱。这一即时验证系统使虚假身份欺诈几乎不可能设施，因为与政府数据库的即时交叉引用意味着任何虚构的身份号码都会被立即发现。登录系统由一个人工智能平台进行补充，该平台会寻找账户被控制的迹象，如位置数据不匹配或异常交易。

4.3.4　旁遮普国民银行

根据2020年6月30日公布的报告，旁遮普国民银行是印度仅次于印度国家银行的第二大公共部门银行。旁遮普国民银行是印度第一家斯瓦德西[①]（Swadeshi）银行，于1895年4月12日在拉合尔市开始运营，旁遮普国民银行在漫长的历史中，已合并九家银行。旁遮普国民银行为8.9亿客户提供服务，并通过6081家分行（包括五家外国分行和6940台自动取款机）在全国范围内开展业务。

印度金融领域开始将人工智能用于后台及面向客户的应用。根据印度储备银行（RBI）提供的信息，在印度国有银行中，旁遮普国民银行仅发生过

---

① 抵制英（外）货运动。——译者注

389起贷款欺诈案件，在过去五个货币年中位居印度之首。今年该国发生了令人发指的银行欺诈事件，旁遮普国民银行于5月6日报告称，该银行已安排采用人工智能进行账目对账，增加审查，改进审计框架，尽快整理交易周期及反欺诈。其内部审计措施也在扩大，以增加场外观察工具的负荷量，减少对实际检查及审计的依赖，以区分风险。这一选择是在最大的银行欺诈案发生后做出的，当时一家分行的两名初级职员误将17.7亿美元（14.3亿欧元）的欺诈性贷款投放给由尼拉夫·莫迪（Nirav Modi）和他的叔叔梅胡尔·乔克西（Mehul Choksi）控制的组织。

旁遮普国民银行已经启用了自己的聊天机器人"PIHU"，即"旁遮普国民银行即时帮助"（PNB Instant Help for You），并使用了有关银行数字欺诈、信用卡及借记卡的客户查询解决方案。PIHU将提高客户服务体验，减少客户投诉及查询。旁遮普国民银行董事总经理苏尼尔·迈赫塔（Sunil Mehta）在一份声明中表示，"旁遮普国民银行的变化带来的'业务电子建模'对于确保银行继续增长，更好地与同行竞争至关重要"，他详细阐述了减少人为干预的几个步骤。旁遮普国民银行希望为预警信号（EWS）和智能交换检查建立一个详尽的方案，目标是在发生预期欺诈的情况下实现理想的补救措施。该银行计划使用先进能力，例如人工智能、网络爬取和光学字符识别（OCR），在独特的前提下，根据利用不同的内部和外部来源收集的借款人数据创建的警示，获得早期预警。利用人工智能和机器学习，这项安排可以实现从新闻、在线媒体、政府信息库、评级机构、情报组织、印度证券交易委员会（SEBI）、印度储备银行（RBI）及其他全球控制人等各种来源中把握现实情况的能力。这项安排也同样适用于寻找借款人关联聚集之间的联系，并根据触发事件的严重性及客户的风险进行判断。该软件将通过获取各种信息焦点来确定借款人的信誉及其货币稳健度，持续发出警告，帮助银行人员做出知情的选择，决定接受或拒绝交易。该银行打算重新分配这种执行及维护的预警信号框架，并刚刚披露了一份通知，欢迎感兴趣的卖家提出申请。利用人工智能对借款人进行 360 度剖析，旁遮普国民银行计划帮助预测、早期识别并向印度储备银行和知情部门简要披露欺诈行为。这将更有利于理解印度金融框架对不道德行为的零容忍战略。该银行扩大了其数字基础，互联网银行用户及手机银行用户的增长率分别超过 35% 和 45%。该银行成功地全面改革了其核心银行解决方案（CBS），将其转化为 Finacle 10x，以提供更好的客户体验。Finacle 是 Infosys 创建的一个中心金融项目，为银行提供广泛的数字金融用途。2015 年 8 月，该银行发布了许多富有想象力的便携式应用程序，鼓励计算机化交换，推出了例如 PNB MobiEase、PNB Rewards、PNB Fin Literacy、PNB Yuva、PNB ATM Assist、PNB m-banking、PNB Kitty 等应用程序。此外，在 2018 财年，该银行将 PNB M-Passbook 发送给客户，以便通过手机获取他们的记录说明。国际资金清算系统（SWIFT）与核心银行解决方案协调运作，其中所有的 SWIFT 对外分期付款消息自然通过核心银行解决方案生成，无须人工调解。图 4.8 显示了旁遮普国民银行和 PNB MetLife 中使用的不同人工智能技术。

根据旁遮普国民银行 MetLife 首席信息官（CIO）萨姆拉特·达斯（Samrat Das）的观点：

PNB MetLife 引入了两项关键创新。这是同类产品中的第一项，基于虚拟现实（VR）的客户服务平台——conVRse，是与 LumenLab MetLife 在新加坡的创新中心合作建立的。第二个是一个名为 Infinity 的安全数字枢纽，它允许客户创建数字遗产，让客户与他的提名人共享重要文件及备忘录，以防客户发生意外。如果我们在 MetLife 系统内查看，我们会发现 MetLife Japan 在机器人技术领域进行了一些有趣的工作，用于退保现金价值（Surrender Cash Value）过程，称为机器人技术概念证明（The Proof of Concept, PoC）。这有助于解决一次性现金价值证书申请。这些申请通过从

图中内容：

- 交互式语音应答（IVR）
- PIHU（聊天机器人）
- khUshi（聊天机器人）
- 预警信号（EWS）
- 光学字符识别
- 核心银行解决方案
- 客户关系管理
- 创新移动应用程序
- 机器人技术概念证明

中心：旁遮普国民银行及 PNB MetLife 人工智能应用

图 4.8　旁遮普国民银行及 PNB MetLife 使用的人工智能技术

来源：作者自编。

多个来源提取数据并通过该过程构建报表，手动处理。通过这一过程，该团队能够将花费的时间减少约 50%，91% 的事务实现了自动化，进一步配置的话，可以达到 100% 自动化。

同样，PNB Metlife 也使用了名为 khUshi 的聊天机器人，khUshi 是一个客户管理应用，由人工智能驱动，用于获取保险相关查询。旁遮普国民银行与 Mphasis[①] 建立了长期联系，以在诺伊达和曼格洛尔建立联系社区。Mphasis 将提供从始至终的客户关系管理，包括入站电话银行业务、呼出电话及申辩管理。行政部门对所有金融项目及行政部门的支持包括存款业务、

---

① Mphasis 是一家印度 IT 外包服务提供商。——译者注

核心银行业务流程、贷款服务、互联网银行业务、账户及银行卡相关服务。旁遮普国民银行计划改善其客户管理的性质,并通过理想地使用信息强化明智的客户承诺。信息技术组织将实施交互式语音响应框架和影响深远的客户关系管理安排 Advisor360,该安排将考虑该银行在印度 13 个地区的客户、分支机构及满足要求的先决条件,并将通过 Mphasis 主要在印度北部及南部使用不同方言(英语、印地语、马来语、卡纳达语、泰米尔语及泰卢固语)进行管理。根据调查结果,在许多区域实现人工智能授权的创新有理有据,体现为实现更为深远的进步和发展,改善客户管理,适应前沿的商业环境或通过金融领域增加文化优势。银行能够接受并受到广泛认可的人工智能应用程序就是其特有的聊天机器人、机器人流程自动化及自然语言处理,这种认可与银行的规模无关。

4.4 人工智能及其对银行关键绩效指标的影响

银行是一个极其多样、极其复杂的行业和领域,需要不断提供先进的技术解决方案,来简化复杂的银行功能。不管是对银行还是对其客户而言,人工智能都具有巨大优势。全球大型银行采用人工智能的主要原因是为了在数字时代保持竞争力。《福布斯》最近进行的一项分析显示,到 2030 年,在各种银行流程中实施人工智能将为该行业节省超过一万亿美元。因此,预计在不久的将来,银行业将从人工智能系统中受益最多。人工智能在金融领域具有众多优势,无论是通过改进安卓应用程序还是改善 iOS 应用程序,人工智能都可以在金融业务中获得渐进式变化。

最近,银行的高层管理者意识到,要么提高运营效率,要么提高员工的生产力,方能做出有效决策,以面对定制解决方案的需求,并且在业务运营中采用人工智能和机器学习等技术来高速管理大量数据势在必行。人工智能的应用也增强了银行在贷款及风险承担方面的决策过程，评估信用评分及承销，有助于分析师做出关键决策。本节将强调人工智能应用对银行整体绩效不同参数的关键积极影响。在未来的几个银行业趋势中，人工智能具有最大的影响。为了在竞争中保持优势，如今，银行正在努力降低运营成本，实现目标，让客户体验超越客户期望，有了人工智能，这一切都可能实现。

早期采用人工智能和机器学习的银行在欺诈检测、制造性能优化、预防性维护及推荐引擎方面表现出的业务成果具有较高影响力。大量文献指出人工智能和机器学习为银行业的日常运营带来了诸多益处。人工智能的最大影响尚未到来，但大数据与机器学习算法相结合已经为金融世界的日常运营带来了好处。通过区块链、大数据及云计算的使用，传统的银行业务现在正被人工智能取代。人工智能对银行业的影响无疑体现在银行的许多领域，涉及不同的关键绩效指标参数，如盈利能力、生产率、客户满意度提高、客户流失减少、存款增加、客户管理改善。从银行的角度而言，关键绩效指标是一个可量化的价值，展示了银行在不同级别实现关键业务目标的成功度，用以评估目标。

4.4.1 人工智能对银行盈利能力的影响

作为数字化的一部分，人工智能由于成本结构较低，预计将在长期内提高银行盈利能力。银行的大部分工作都可以实现自动化运行，需要的分支机构较少，需要的人员也有限。依赖人工智能、区块链、云计算等创新技术的银行，能够产生巨大的利润或收入，相应地反映在银行的盈利能力之中。信用评分中的人工智能可以节省时间及机构的总成本，许多银行在人工智能的帮助下利润得以增加。该领域正如火如荼地积极发展，增加了贷款领域的总利润。因此，现在，发放贷款的决策更加有效，银行不会在不道德的借款人身上损失钱款。人工智能在任何领域都能显著增加利润。人工智能通过三种不同的方式为银行的盈利能力作出贡献：

（1）人工智能可以接管银行员工的重复任务，提高优秀银行员工的熟练程度，从而降低薪酬投入。

（2）使用人工智能同样可以增加收入。

（3）人工智能可以提高预测精度，降低风险成本。

奥贡·卡亚（Orgun Kaya，2019）证明，银行的盈利能力与人工智能活动水平之间存在80%的相关性。因此，可以推断，银行的盈利能力与不同银行对人工智能的使用强度呈正相关。

4.4.2　人工智能对银行生产力及效率的影响

银行还利用人工智能进行广告招标，这有助于客户将转化率提高五倍。这一举措有助于银行降低数字产品的整体收购成本，提高整体盈利能力。银行的生产力是每位员工的业务、每位员工的利润、就业创造及分行数量的组合。数字化对银行生产力有直接影响，在数字化下，人工智能和机器学习构成了其一个重要部分。应用人工智能可以提高生产力和竞争力，涉及客户服务及提供产品及服务。

大多数行业的业务重点是效率及可持续性，银行业在这方面也没有什么不同。这种可持续性全部基于正确的决策，而人工智能在这一过程中的作用无与伦比，因为人工智能可以将人类的偏见从决策树中剔除。

数字革命给银行业的生产力带来了巨大的进步。人工智能给银行带来了一套巨大的突破性工具，可以改变及平稳其最关键的货币周期的一部分。这些元素包括大量的分布式计算能力、数据存储成本的降低，而开源框架的兴起有助于加快人工智能在银行业的应用。提高安全性、遵循指南及有效合规性是人工智能战略的整体优势，有助于提高生产力，也是保持竞争领先的必要条件。人工智能可以帮助银行的金融团队重新构想及重组运营模型及流程。通过处理大量数据，人工智能有助于提高银行的生产力及效率。机器人流程自动化中使用的软件机器人可以编码，用来处理规则及一些例外。但是，正是在更复杂的挑战及频繁变化的任务中添加的机器学习层，使得机器人流程自动化及人工智能的组合变得异常强大。

4.4.3　人工智能对提高客户满意度的影响

人工智能在客户满意度方面发挥主要作用，主要有五个属性：更好的客户体验、银行便利性、可达性、安全防护、成本效益。不同的人工智能工具及策略具有很大的潜力来实现这五个客户满意度属性。在公司风险管理上，人工智能更有利于检测及预防欺诈风险、金融犯罪风险和操作风险。人工智能应用程序用于为银行客户的信息及资金提供先进的技术安全及保险。区块链是著名的网络安全系统之一，能够在计算机代码链中进行金融交易。区块链技术可以提供直接交易，具有更高的可靠性、更长的数据存储，透明度高，处理速度快，成本较低，易于维护。几乎每家银行都采用了区块链技术，特别是用于了解客户记录及其认证以及支付，这是因为其在金融领域的特殊性，即很少产生恶劣后果。聊天机器人以虚拟专家的身份填写各种符号和字符，这些符号和字符基本上都用于了解客户的反应及个人行为标准，将客户的内容及感受转化为有价值的信息库，帮助银行为客户提供更好的客户体验。而在线支付、电子结算服务、即时支付服务（IMPS）、国家自动清算所、统一支付接口（UPI）、预付费支付工具（PPI）、国家电子资金转账（NEFT）、社交媒体银行（构成人工智能的一部分）为客户提供了更高的可达性。机器学习及深度学习技术还可以有针对性地解决银行业的利基问题。

4.4.4 人工智能有助于提供创新及定制服务

利用深度学习进行客户分析，可以更简单地整合来自不同信息源的知识，例如交易所及网上银行记录。利用深度学习进行客户分析有助于更好地了解客户，提供定制建议及精准的客户辅助，使其业务更加热情敏捷，更加训练有素。

对于银行而言，改善客户体验是基础。对于低复杂度任务，客户认为人工智能解决问题的能力大于人工客服，更可能使用人工智能客服。Alexa 和谷歌智能家居（Google Home）目前是普通的家庭伙伴，可让购买者享受非同一般的合作。同时，个人通常期望银行提供类似程度的管理。模拟智能驱动的进步可以传达深度定制的客户体验。智能语音及聊天机器人在前人工智能时期根本无法触及，而现在正在改变及重塑银行与客户合作及对话的方式。就像银行业的 Alexa，它可以提供个性化服务，帮助买家获取关于计划的大量数据、为退休准备一些东西，然后根据他们的财务需求定制一些方案。通过更好的客户理解及个性化服务的增强，银行可以更准确地响应市场需求，创造合适的客户体验，获得竞争优势。每个客户的支出、习惯、活动、行为特征及收入差异都不同，都会有各自不同的需求。人工智能可以提高银行对客户及其行为的理解。这样一来，银行就可以添加个性化功能及直观交互来定制金融产品及服务，提供有意义的客户参与，与其客户建立牢固的关系。

4.4.5 人工智能有助于减少客户流失

客户流失（或客户稳定损失）是客户放弃品牌，放弃成为特定业务的付费客户的倾向。保留客户是任何组织的主要增长支柱之一。人工智能可以帮助银行增加客户数量，同时保留现有客户，减少客户流失。人工智能有助于银行更具创造性地理解客户的行为、态度、感知以及购买及储蓄行为，并为银行提供个性化建议，这样一来，就可以减少客户流失。通过使用准确的算法，人工智能使业务更敏捷、更高效，预测客户流失概率，从而更好地维护客户。这一点至关重要，因为各种客户偶尔会被混为一谈。另外，维护活动可能会过犹不及，有时会大大超过潜在客户可能带来的价值。因此，人工智能可以在减少客户流失，为银行带来更多忠诚客户方面发挥重要作用。

4.4.6　人工智能对整体业绩的影响

机器学习、区块链和数据分析这些技术能够影响银行整体绩效。人工智能具有潜力，能够降低风险、降低不良资产及欺诈、评估信用评分、提高客户服务质量和提高银行绩效，这对银行的收益有重大影响。人工智能正在改变金融服务，通过聊天机器人及个性化服务为客户提供更显著的益处，降低风险及成本，提高员工盈利能力，确保更高的管理一致性。尽管这些只是人工智能应用的开端，但显然，不久之后，人工智能将成为金融业务的运营中枢。因为人工智能可以更准确、更高效地完成员工所有日常烦琐工作，员工就可以利用这些时间做出重要的商业决策，这样一来，有助于提高银行部门的整体绩效。人工智能应用程序可以管理风险，这对于提高银行绩效至关重要。因此可以说，应用人工智能技术可以显著增加银行的经济价值，进而影响银行的整体绩效。

这一部分已经讨论了很多关于人工智能和机器学习的话题，最后，我们可以得出结论，人工智能和机器学习可以成为印度银行业提高生产力的工具。人工智能在印度有着光明的未来，充满希望。人工智能可以为许多行业提供增量价值，这些行业包括能源、零售业、制造业、医疗保健、教育、农业、保险及银行业。这也意味着所有这些行业的就业机会会增加，需要人工智能专家和其他人的加入。

4.5 结论及人工智能的未来

综上所述，人工智能正在日益普及，银行正在探索及实施这项技术，用新方式帮助客户。在人工智能的推动下，金融业务发生了巨大变化，银行业的发展速度比任何时候都要快。各种人工智能技术已应用于银行业务领域，如核心银行业务、运营业绩、客户支持及分析。现代银行引入新的银行服务，这些服务正在帮助银行成长及扩张。人工智能将变得愈发重要，将继续发展，无所不在，继续对当今文化产生无比巨大的影响。作为一种工具，人工智能几乎在方方面面都能提供帮助，在银行的经济增长及发展中发挥着重要作用，可以降低风险、防止欺诈活动、通过聊天机器人为客户提供快速查询、协助基于算法的营销等活动。要想通过提供快速、高效的服务获得竞争优势，银行要采用人工智能应用程序为客户提供个性化的体验，这是关键之举。银行要在提高员工生产力、整体绩效、盈利能力，以及降低成本和减少客户流失方面实现最高水平，就需要与机器合作来开展业务。现在印度有许多银行都在运用人工智能、物联网、云计算等新技术提供更好的客户服务及体验，以更有效的方式加强安全，控制风险。通过高效、准确、快速提供信用评分、自动化投诉管理、维护客户关系管理、了解客户以及数据驱动的贷款决策，人工智能可以提高银行的效率。截至目前，超过36%的大型金融机构正将资源投入这些应用中，其中约70%的机构表示计划不久就会应用。在印度，印度国家银行、HDFC银行、艾克塞斯银行、旁遮普国民银行等市值及营业额都很高的银行已经将人工智能应用于从聊天机器人到客户关系管理及欺诈检测等许多领域。在提高盈利能力、效率和客户满意度，降低成本和客户流失方面，人工智能在银行业的应用显示出巨大的效益，有助于实现关键绩效指标的所有参数。通过人工智能驱动的机器人流程自动化，银行能升级业务，减少人为失误，让员工更加集中精力，而且极具成本效益。

人工智能的发展在银行业的未来非常光明，随着人工智能的引入，客户可以在任何时间、任何地点进行交易，无须在银行排队等候。人工智能技术不断发展，没有人真正知道人工智能下一步会给我们带来什么惊喜，但与此同时，所有银行都需要利用人工智能的力量保持竞争力。人工智能在银行业的未来看起来更加清晰。尽管还存在某些担忧，如失业及流程不透明，客户忠诚度降低，但我们应该去努力适应，为近期的明显变化做好准备。

第5章

分析比较利用机器学习检测信用卡欺诈

萨洛尼（*Saloni*）、米纳基·路瓦特（*Minakhi Rout*）
印度奥迪沙布巴内斯瓦尔卡林迦工业技术学院（视为大学）计算机工程学院

5.1　引言

信用卡是一张薄薄的矩形塑料卡片，上面带有磁条，由金融机构向客户发行。这些信用卡提供给客户，客户就可以使用信用卡购买物品，无须支付现金或使用支票。金融机构根据客户的月收入，在向客户发放信用卡之前预先设定信用卡限额。欺诈是指非法人士为金钱或财产利益而进行的错误行为。信用卡诈骗无非是入侵者获取密码、信用卡验证码（CVV）等机密信息，因此，我们需要信用卡欺诈检测技术来保护持卡人免受欺诈。

印度致力于成为一个发达国家。为了实现这一目标，印度政府发起了多项倡议，数字印度运动就是其中的一项。政府这一举措的主要目的是通过数字方式增强国家的实力。其主要任务之一是促进无现金经济，这种经济可以通过借记卡、信用卡、网上银行、统一支付接口等支付方式进行交易，不用频繁使用现金或支票支付。印度政府和印度储备银行非常关注交易的数字化。这些措施在危机时期派上了用场，包括新冠疫情持续流行期间以及印度政府 2016 年停摆期间。

政府及其他金融机构推荐选择数字交易，因为数字交易有几大优点。数字交易最重要的益处之一是节省时间。客户不再需要在自动取款机旁排队取款。想付款时，只需刷卡输入个人身份识别码，或者在网上购物时提供一次性密码（OTP）即可。推动电子交易的另一个重要原因是可以利用电子交易追踪黑钱的流动，向拖欠税款者收费。

这种交易技术也有一些缺点，其中之一就是具有网络安全风险。在线交易是在敏感信息暴露的情况下进行的。任何类型的数据泄露都会给服务提供

第 5 章
分析比较利用机器学习检测信用卡欺诈

商及客户带来巨大损失，这是当今世界面临的主要问题之一，入侵者会利用系统中最微小的漏洞进行欺诈性交易。因此，我们迫切需要相关技术，用来识别漏洞，检测相关欺诈。

全球都已经认识到这一威胁，它包括多种形式，如网络钓鱼、盗刷和窃取信用卡等。这种威胁可能由客户、银行、信用卡服务提供商或者第三方造成。使用信用卡付款但未能偿还金额的客户属于此类。银行或信用卡服务提供商通过对超过限额或延迟付款的金额或客户提取的现金进行收费来创建交易，这也会产生威胁，但主要威胁来自第三方。在这种情况下，如果第三方能够获得持卡人的敏感数据，结果可能会非常糟糕。

本章其余部分内容如下：第 5.2 节介绍由该领域类似问题陈述组成的研究，第 5.3 节介绍实施研究工作的建议方法，第 5.4 节介绍结果，最后第 5.5 节介绍结论及未来应用范围。

5.2 相关研究

图拉斯亚马尔·拉米亚·皮莱（Thulasyammal Ramiah Pillai）等人使用多层感知器识别欺诈。他们调整了激活函数、神经元数量及隐藏层数量等参数，以便比较各种模型的性能。他们发现，节点为 10 和 100 的 3 个隐层模型的逻辑激活函数，以及当节点为 1000 且隐层数为 1、2 和 3 时的双曲正切激活函数敏感性最高。

穆罕默德·扎米尼（Mohamad Zamini）等人提出了一种具有自动编码器的深度学习模型，用于检测信用卡欺诈。在一个研究中，作者建议使用无监督方法进行欺诈检测，为此，他们使用了具有 3 个隐藏层和 k 均值聚类（k-means clustering）算法的自动编码器。实验结果表明，与其他模型相比，他们提出的方法性能更好。在另一个研究中，作者使用了不同的方法，如 K

近邻算法（KNN）、遗传编程（GP）、自组织映射（SOM）以及用于提取相关特征的自动编码器和 Softmax 函数，以确定类别标签属于欺诈性还是非欺诈性。

阿吉·穆巴雷克·穆巴莱克（Aji Mubarek Mubalaike）等人提出了深度学习模型，该模型在判定欺诈性交易方面提供了有效的结果。他们使用决策树集成（EDT）、堆叠式自动编码器（SAE）和受限玻尔兹曼机（RBM）进行分类。通过对比分析，结果表明，受限玻尔兹曼机提供了更好的结果。

阿比曼纽·罗伊（Abhimanyu Roy）等人使用人工神经网络、递归神经网络（RNN）、长短期记忆网络和门控循环单元等各种深度学习技术对数据集进行了分析。结果表明长短期记忆网络及门控循环单元的性能优于人工神经网络。

迪利普·辛格·西索迪亚（Dilip Singh Sisodia）等人提出了不同的采样方法来处理除合成少数类过采样技术（SMOTE）之外的不平衡数据集。实验结束时，他们观察到合成少数类过采样技术进化神经网络（ENN）可以更好地检测欺诈。

V. 塞隆马尼–沙米拉（V. Ceronmani-Sharmila）博士等人使用异常技术检测信用卡欺诈。他们使用局部离群因子（LOF）和隔离森林算法（IFA）进行异常检测。

然而，E. 萨拉斯瓦希（E.Saraswashi）等人提出了使用人工神经网络及自组织映射的模型，可以有效检测欺诈。

5.3 建议使用方法

所有实验都在 Python 3.7.7 编程语言中进行，软件操作环境是 Jupyter notebook 6.0.3，属于 Anaconda 平台的一部分。本研究实验使用 Keras 库和

Tensorflow 库作为后端，实现了长短期记忆网络、门控循环单元、卷积神经网络及多层感知器等深度学习架构。使用的其他库包括 numpy、scipy、pandas、matplotlib、Matplot lib、seaborn、sklearn 和 imblearn。所有数据集已按 20∶80 的比例分割。图 5.1 显示了实验流程图。

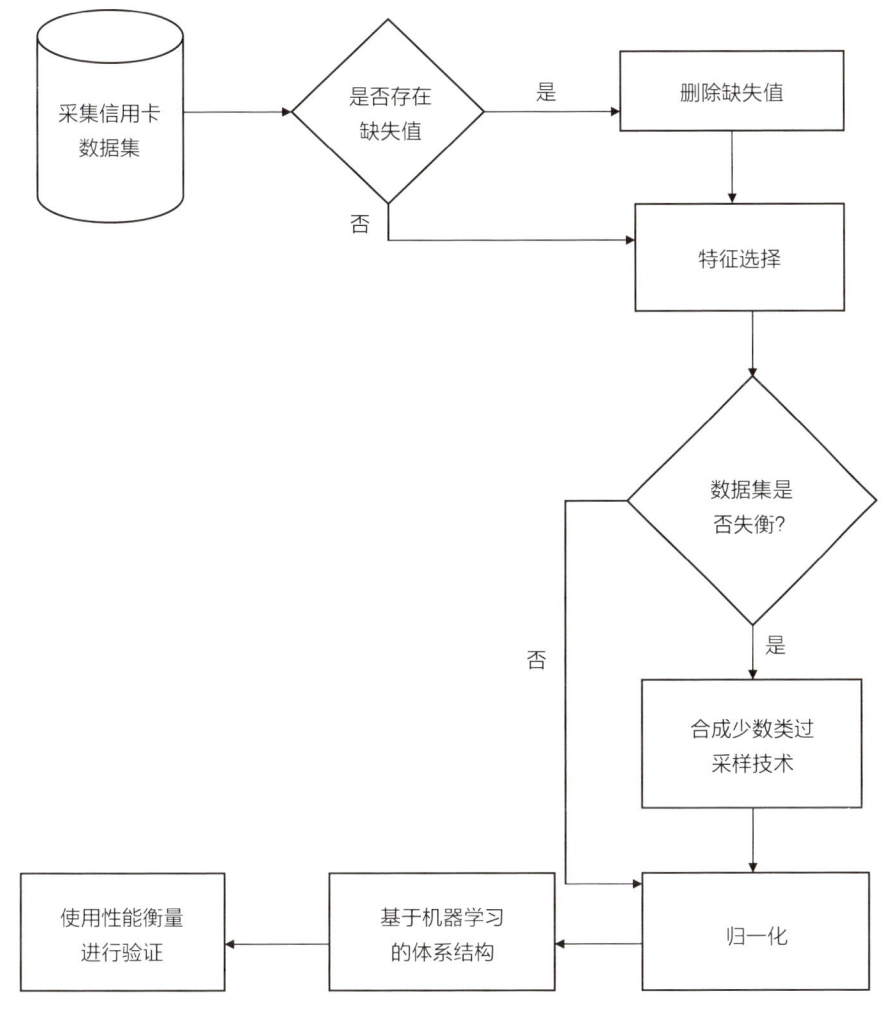

图 5.1　信用卡欺诈检测的拟建模型流程图

实验在三个公开可用的数据集上进行，即德国数据集、中国台湾数据集和欧洲数据集。欧洲和中国台湾的数据集从 Kaggle 网站下载，而德国的数据集则从 UCI 数据库下载。德国信用卡数据集包括 25 个特征和 1000 笔交易，其中只有 300 笔欺诈性交易。中国台湾信用卡数据集有 25 个特征和 3 万笔交易，其中有 6636 笔欺诈性交易。而欧洲信用卡数据集中有 31 个特征和 284807 笔交易，492 笔欺诈性交易。这些数据集都高度不平衡。

收集原始数据之后，在将其输入基于深度学习的分类器算法之前，需对这些数据进行预处理。数据预处理基本上包括三个步骤，即数据清洗、数据规约和数据转换。在建议的方法中，首先检查收集的数据集中是否存在任何缺失值或不一致的值。检查发现，这三个数据集中任何一个都不存在缺失值。然后，将单变量特征选择应用于这些数据集，其中选择了 75% 的特征，这意味着在欧洲数据集中选择了 22 个特征，在中国台湾和德国数据集中选择了 18 个特征。特征选择非常重要，因为它有助于减少训练时间、提高精度及限制模型的过拟合问题。

此外，根据观测到的统计数据，所有数据集高度不平衡。欧洲数据集只有 0.00173 笔欺诈性交易，中国台湾数据集有 0.2212 笔，德国数据集有 0.3 笔欺诈性交易。为了克服数据集不平衡的问题，我们应用了合成少数类过采样技术，这有助于平衡类分布。

此外，所有收集的数据集由不同的数据值组成。为了使其位于 0 和 1 之间，我们应用了标准标量归一化技术（standard scalar normalization technique）。在深度学习中，归一化是训练神经网络的最佳实践，也有助于加快学习速度，从而加快收敛速度。

预处理后，我们将这些数据集输入到不同的基于深度学习的架构之中，如长短期记忆网络、门控循环单元、卷积神经网络及多层感知器进行分析。出于评估的目的，我们计算了每个架构的不同评估指标，如准确性、精确度、召回率、F1 分数、马修斯相关系数，但我们主要关注 F1 分数。

5.4 结果

该实验研究是使用长短期记忆网络、门控循环单元、卷积神经网络及多层感知器等深度学习架构，首先在德国数据集上进行的，然后是中国台湾数据集，最后是欧洲数据集。为了分析及比较架构，我们调整了参数，如激活函数、隐藏层数量和深度学习架构隐藏层中的神经元数量。在这个实验中，在神经元数量保持不变的情况下，我们使用了 S 函数、tanh 和 swish 激活函数以及一个隐藏层与两个隐藏层。每次执行使用的 epoch 数为 150 个。架构在欧洲数据集上执行时，输入神经元的数量为 22 个；而当架构在中国台湾和德国数据集上执行时，输入神经元的数量为 18 个。由于数据集不平衡，因此，本实验考虑用 F1 分数来评估拟建架构。表 5.1 显示了从德国数据集中获得的结果。

实验使用四种深度学习体系架构完成执行。从表 5.1 可以看出，大多数情况下，培训及测试集的准确性都很好。此外，无论何时观察架构的参数（即隐藏层的数量及激活函数已调整），都可以发现结果有轻微变化。在所有的架构中都已经观察到，相比一个隐藏层架构，两个隐藏层的架构可以提供更好的结果。此外，在每种架构中，都可以观察到，当架构使用具有两个隐藏层的 S 激活函数实现时，可以获得最佳结果。这里，从表 5.1 可以看出，具有 S 激活函数和两个隐藏层的多层感知器架构提供的精度为 0.68，召回率为 0.51，F1 分数为 0.56，马修斯相关系数为 0.411。而在具有 S 激活函数和两个隐藏层的卷积神经网络架构中，精度为 0.60，召回率是 0.57，F1 分数是 0.58，马修斯相关系数为 0.413。在激活函数和两个隐藏层的长短期记忆网络架构中，精确度为 0.54，召回率为 0.57，F1 分数为 0.55，马修斯相关系数为 0.350。而在具有 S 激活函数和两个隐藏层的门控循环单元架构中，精度为 0.49，召回率 0.76，F1 分数 0.60，马修斯相关系数为 0.388。在本实验中，F1 分数被视为其主要评估指标。因此，在所有四种架构中，门控循环单元使用S激活函数和两个隐藏层获得了最佳的F1分数，即0.60。图5.2表示德国数据集的接收者操作特征（ROC）曲线，该曲线由门控循环单元架构使用S激活函数和两个隐藏层获得；图5.3表示用于评估使用两个隐藏层数的架构的不同参数的统计数据。

表 5.1　使用德国数据集的结果

架构名称	隐藏层数量	启动函数	神经元数量	精确度	召回率	F1分数	马修斯相关系数	训练准确性	测试准确性	接收者操作特征
多层感知器	1	Relu	10	0.58	0.11	0.1	0.147	0.7450	0.7088	0.759
	2	Relu	10	0.70	0.27	0.39	0.315	0.7350	0.7437	0.773
	1	tanh	10	1.00	0.03	0.05	0.132	0.6900	0.7075	0.774
	2	tanh	10	0.61	0.30	0.40	0.281	0.7350	0.7325	0.773
	1	sigmoid	10	0.66	0.41	0.51	0.380	0.7500	0.7613	0.778
	2	sigmoid	10	0.68	0.51	0.56	0.411	0.7850	0.7650	0.79
	1	swish	10	0.49	0.15	0.23	0.1349	0.7500	0.6989	0.589
	2	swish	10	0.55	0.24	0.34	0.2168	0.7700	0.7144	0.659
卷积神经网络	1	Relu	10	0.67	0.01	0.02	0.049	0.7150	0.7013	0.665
	2	Relu	10	0.71	0.02	0.04	0.084	0.7100	0.7038	0.617
	1	tanh	10	0.67	0.06	0.11	0.131	0.7150	0.7088	0.709
	2	tanh	10	0.52	0.19	0.28	0.165	0.7500	0.7033	0.728
	1	sigmoid	10	0.64	0.20	0.31	0.230	0.7950	0.7262	0.752
	2	sigmoid	10	0.60	0.57	0.58	0.413	0.7650	0.7575	0.786
	1	swish	10	0.60	0.01	0.02	0.051	0.7150	0.7013	0.669
	2	swish	10	0.71	0.02	0.04	0.084	0.7100	0.7038	0.617
长短期记忆网络	1	Relu	10	0.53	0.19	0.27	0.1728	0.6600	0.6733	0.594
	2	Relu	10	0.40	0.31	0.35	0.121	0.7350	0.6550	0.604
	1	tanh	10	0.48	0.49	0.48	0.259	0.8650	0.6862	0.712
	2	tanh	10	0.56	0.53	0.55	0.360	0.7750	0.7362	0.768
	1	sigmoid	10	0.42	0.33	0.37	0.147	0.8350	0.6650	0.644
	2	sigmoid	10	0.54	0.57	0.55	0.350	0.7350	0.7225	0.751
	1	swish	10	0.54	0.19	0.28	0.179	0.7000	0.6787	0.658
	2	swish	10	0.39	0.33	0.35	0.109	0.7150	0.6425	0.541

续表

架构名称	隐藏层数量	启动函数	神经元数量	精确度	召回率	F1分数	马修斯相关系数	训练准确性	测试准确性	接收者操作特征
门控循环单元	1	Relu	10	0.75	0.02	0.04	0.0929	0.7100	0.7022	0.455
	2	Relu	10	0.58	0.18	0.27	0.1935	0.7200	0.7000	0.623
	1	tanh	10	0.67	0.15	0.25	0.190	0.7100	0.7237	0.665
	2	tanh	10	0.59	0.21	0.31	0.757	0.7500	0.7488	0.216
	1	sigmoid	10	0.54	0.47	0.50	0.309	0.7700	0.7100	0.763
	2	sigmoid	10	0.49	0.76	0.60	0.388	0.7650	0.6925	0.752
	1	swish	10	0.48	0.05	0.09	0.07	0.6700	0.6900	0.484
	2	swish	10	0.84	0.07	0.12	0.184	0.7100	0.7163	0.757

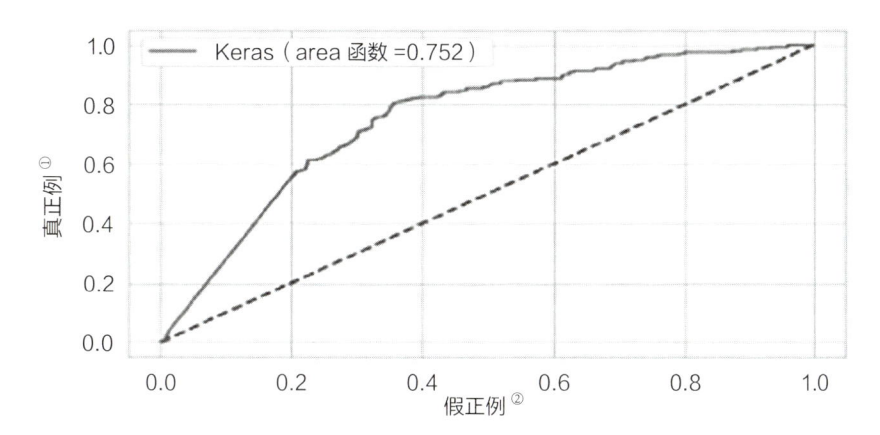

图 5.2 使用 S 激活函数和两个隐藏层的门控循环单元架构接收者操作特征曲线

在执行德国数据集之后，我们执行了中国台湾数据集。表 5.2 显示了中国台湾数据集获得的结果。从表 5.2 中也可以看出，在每个架构中，当架构使用具有两个隐藏层的 S 激活函数执行时，可以获得最佳结果。具有 S 激活函数和两个隐藏层的多层感知器架构提供的精度为 0.60，召回率为 0.33，F1

---

① 或称"真阳率"。——译者注
② 或称"假阳率"。——译者注

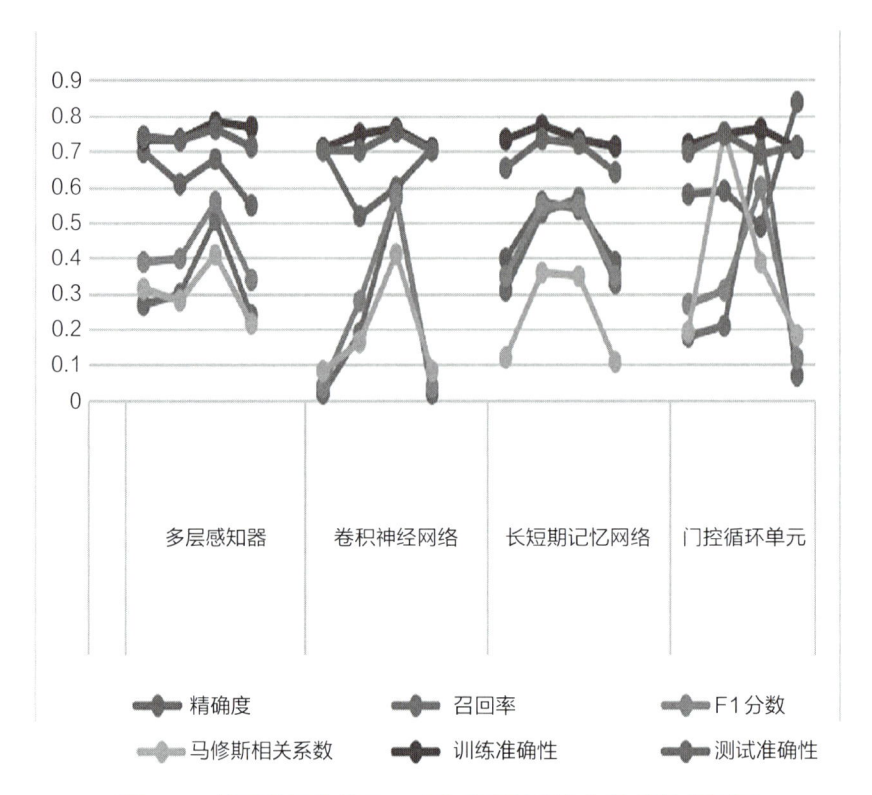

图 5.3 德国数据集使用两个隐藏层的所有架构的性能图示

得分为 0.43，马修斯相关系数为 0.339；在具有 S 激活函数和两层隐藏层的卷积神经网络架构中，精度为 0.65，召回率是 0.39，F1 得分是 0.49，马修斯相关系数为 0.402；在具有 S 激活函数和两个隐藏层的长短期记忆网络架构中，精确度为 0.64，召回率为 0.41，F1 得分为 0.50，马修斯相关系数为 0.407；在具有 S 激活函数的门控循环单元架构中，精度为 0.63，召回率是 0.43，F1 得分是 0.51，马修斯相关系数为 0.4130。在本实验中，F1 分数被视为其主要评估指标。因此，在所有四种架构中，门控循环单元使用 S 激活函数和两个隐藏层获得了最好的 F1 分数，即 0.51。图 5.4 表示中国台湾数据集的接收者操作特征曲线，该曲线由门控循环单元架构使用 S 激活函数和两个隐藏层获得。图 5.5 显示了用于评估使用两个隐藏层的架构的不同参数的统计数据。

表 5.2 使用中国台湾数据集的结果

架构名称	隐藏层数量	启动函数	神经元数量	精确度	召回率	F1分数	马修斯相关系数	训练准确性	测试准确性	接收者操作特征
多层感知器	1	Relu	10	0.62	0.002	0.003	0.028	0.7792	0.7788	0.621
	2	Relu	10	0.27	0.00056	0.00054	0.002	0.7797	0.7788	0.633
	1	tanh	10	0.38	0.40	0.39	0.209	0.7787	0.7788	0.700
	2	tanh	10	0.40	0.39	0.40	0.228	0.7787	0.7788	0.710
	1	sigmoid	10	0.61	0.32	0.42	0.341	0.7787	0.7788	0.317
	2	sigmoid	10	0.60	0.33	0.43	0.339	0.7787	0.7788	0.496
	1	swish	10	0.16	0.06	0.08	0.04	0.7783	0.7788	0.387
	2	swish	10	0.17	0.36	0.23	0.11	0.7787	0.7788	0.428
卷积神经网络	1	Relu	10	0.68	0.02	0.03	0.844	0.7937	0.7809	0.739
	2	Relu	10	0.66	0.18	0.28	0.266	0.7933	0.7978	0.718
	1	tanh	10	0.61	0.32	0.42	0.3378	0.7527	0.8038	0.706
	2	tanh	10	0.58	0.34	0.43	0.3365	0.7283	0.8006	0.694
	1	sigmoid	10	0.67	0.28	0.39	0.3424	0.8003	0.8095	0.732
	2	sigmoid	10	0.65	0.39	0.49	0.402	0.8178	0.8179	0.758
	1	swish	10	0.22	1.00	0.36	0.003	0.7363	0.7363	0.622
	2	swish	10	0.66	0.26	0.38	0.3283	0.7983	0.8070	0.721
长短期记忆网络	1	Relu	10	0.19	0.01	0.02	0.007	0.7437	0.7687	0.499
	2	Relu	10	0.17	0.02	0.03	0.02	0.7160	0.7582	0.495
	1	tanh	10	0.67	0.37	0.47	0.399	0.8227	0.8196	0.753
	2	tanh	10	0.66	0.38	0.49	0.405	0.8213	0.8196	0.749
	1	sigmoid	10	0.63	0.40	0.49	0.401	0.8120	0.8161	0.746
	2	sigmoid	10	0.64	0.41	0.50	0.407	0.8200	0.8176	0.749
	1	swish	10	0.20	0.07	0.10	0.013	0.4240	0.7183	0.536
	2	swish	10	0.20	0.13	0.16	0.022	0.6697	0.6623	0.480

续表

架构名称	隐藏层数量	启动函数	神经元数量	精确度	召回率	F1分数	马修斯相关系数	训练准确性	测试准确性	接收者操作特征
门控循环单元	1	Relu	10	0.29	0.15	0.19	0.037	0.7210	0.6844	0.515
	2	Relu	10	0.23	0.39	0.29	0.013	0.7050	0.4872	0.500
	1	tanh	10	0.64	0.35	0.45	0.369	0.8073	0.8115	0.736
	2	tanh	10	0.65	0.40	0.49	0.406	0.8240	0.8186	0.755
	1	sigmoid	10	0.62	0.42	0.51	0.4123	0.8237	0.8181	0.752
	2	sigmoid	10	0.63	0.43	0.51	0.4130	0.8167	0.8176	0.750
	1	swish	10	0.22	1.00	0.36	0.003	0.7723	0.7788	0.500
	2	swish	10	0.65	0.39	0.49	0.402	0.7640	0.7788	0.758

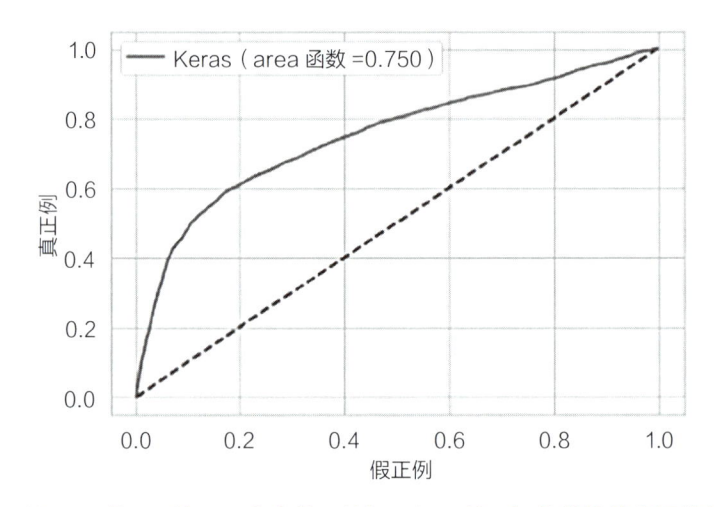

图 5.4　使用 S 激活函数和两个隐藏层的门口循环单元架构的接收者操作特征曲线

除了德国数据集及中国台湾数据集之外，我们也执行了欧洲数据集。表 5.3 显示了欧洲数据集的结果。从表 5.3 中可以看出，在每个架构中，当架构使用具有两个隐藏层的 S 激活函数实现时，可以获得最佳结果。具有 S 激活功能和两个隐藏层的多层感知器架构提供的精度为 0.87，召回率为 0.79，F1 分数为 0.83，马修斯相关系数为 0.829。而在具有 S 活化功能和两个隐藏层的卷积神经网络架构中，精度为 0.83，召回率为 0.80，F1 分数为 0.82，马

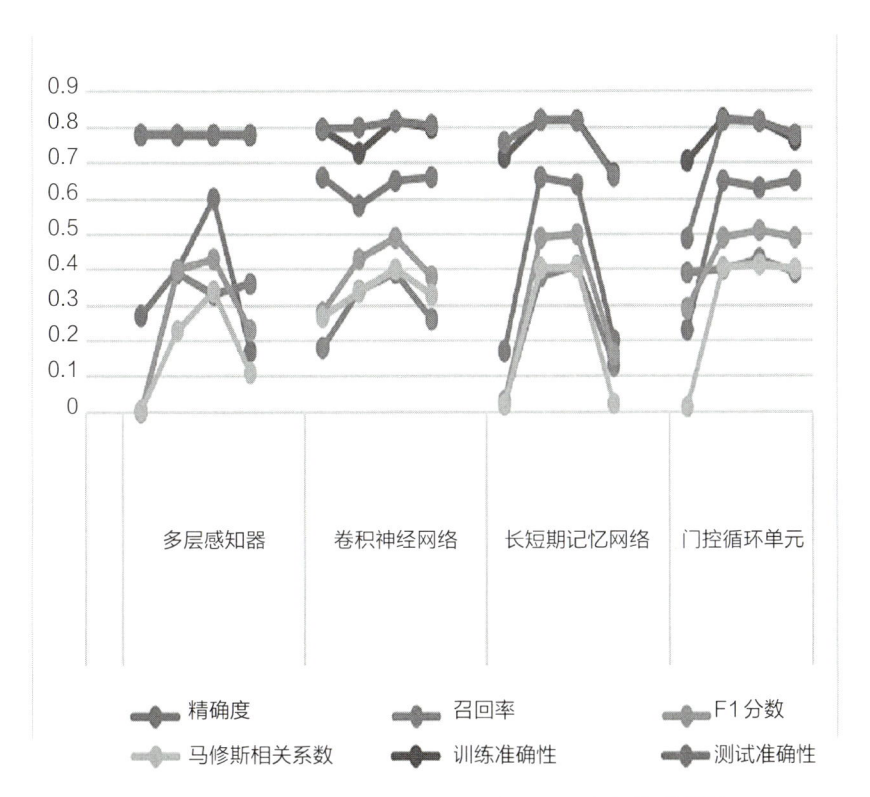

图 5.5 中国台湾数据集使用两个隐藏层的所有架构的性能图示

修斯相关系数为 0.8151。然而，在具有 S 激活函数和两个隐藏层的长短期记忆网络架构中，精确性为 0.84，召回率为 0.79，F1 分数为 0.82，马修斯相关系数为 0.8153。而在具有 S 激活函数和两个隐含层的门控循环单元架构中，精度为 0.96，召回率 0.82，F1 分数为 0.89，马修斯相关系数为 0.868。在这里，F1 分数被视为主要评估指标，因此，在所有四种架构中，具有 S 激活功能和两个隐藏层的门控循环单元的 F1 分数最高，为 0.89。图 5.6 表示欧洲数据集上的接收者操作特征曲线，该曲线由门控循环单元架构使用 S 激活函数和两个隐藏层获得，而图 5.7 表示用于评估使用两个隐藏层数的架构的不同参数的统计数据。

表 5.3 使用欧洲数据集的结果

架构名称	隐藏层数量	启动函数	神经元数量	精确度	召回率	F1分数	马修斯相关系数	训练准确性	测试准确性	接收者操作特征
多层感知器	1	Relu	10	0.85	0.81	0.83	0.825	0.9983	0.9981	0.905
	2	Relu	10	0.84	0.81	0.83	0.824	0.9985	0.9986	0.953
	1	tanh	10	0.84	0.81	0.83	0.824	0.9906	0.9973	0.938
	2	tanh	10	0.84	0.81	0.83	0.824	0.9867	0.9966	0.940
	1	sigmoid	10	0.85	0.81	0.83	0.825	0.9983	0.9981	0.905
	2	sigmoid	10	0.87	0.79	0.83	0.829	0.9984	0.9986	0.970
	1	swish	10	0.86	0.79	0.83	0.825	0.9985	0.9985	0.967
	2	swish	10	0.87	0.79	0.83	0.829	0.9984	0.9986	0.970
卷积神经网络	1	Relu	10	0.84	0.42	0.56	0.5958	0.9984	0.9989	0.753
	2	Relu	10	0.83	0.78	0.80	0.8039	0.9992	0.9993	0.889
	1	tanh	10	0.85	0.79	0.82	0.8186	0.9993	0.9994	0.954
	2	tanh	10	0.83	0.80	0.82	0.8151	0.9992	0.9994	0.967
	1	sigmoid	10	0.88	0.75	0.81	0.8137	0.9989	0.9994	0.958
	2	sigmoid	10	0.83	0.80	0.82	0.8151	0.9991	0.9994	0.966
	1	swish	10	0.84	0.73	0.78	0.7811	0.9989	0.9993	0.871
	2	swish	10	0.83	0.80	0.81	0.8136	0.9993	0.9994	0.912
长短期记忆网络	1	Relu	10	0.87	0.55	0.68	0.694	0.9985	0.9984	0.500
	2	Relu	10	0.84	0.69	0.76	0.760	0.9984	0.9984	0.902
	1	tanh	10	0.86	0.66	0.74	0.929	0.105	0.0012	0.929
	2	tanh	10	0.84	0.79	0.82	0.815	0.4649	0.3992	0.923
	1	sigmoid	10	0.84	0.79	0.81	0.814	0.9992	0.9994	0.929
	2	sigmoid	10	0.84	0.79	0.82	0.8153	0.9980	0.9980	0.946
	1	swish	10	0.86	0.72	0.78	0.789	0.9982	0.9982	0.922
	2	swish	10	0.84	0.78	0.81	0.807	0.9994	0.9994	0.922

续表

架构名称	隐藏层数量	启动函数	神经元数量	精确度	召回率	F1分数	马修斯相关系数	训练准确性	测试准确性	接收者操作特征
门控循环单元	1	Relu	10	0.83	0.36	0.50	0.542	0.9984	0.9988	0.910
	2	Relu	10	0.82	0.39	0.53	0.566	0.9985	0.9985	0.908
	1	tanh	10	0.89	0.73	0.80	0.802	0.0017	0.0013	0.925
	2	tanh	10	0.84	0.78	0.81	0.809	0.1816	0.0659	0.931
	1	sigmoid	10	0.95	0.80	0.87	0.874	0.9995	0.9995	0.947
	2	sigmoid	10	0.96	0.82	0.89	0.868	0.9996	0.9996	0.950
	1	swish	10	0.87	0.72	0.79	0.792	0.9981	0.9981	0.909
	2	swish	10	0.86	0.78	0.82	0.817	0.9981	0.9981	0.909

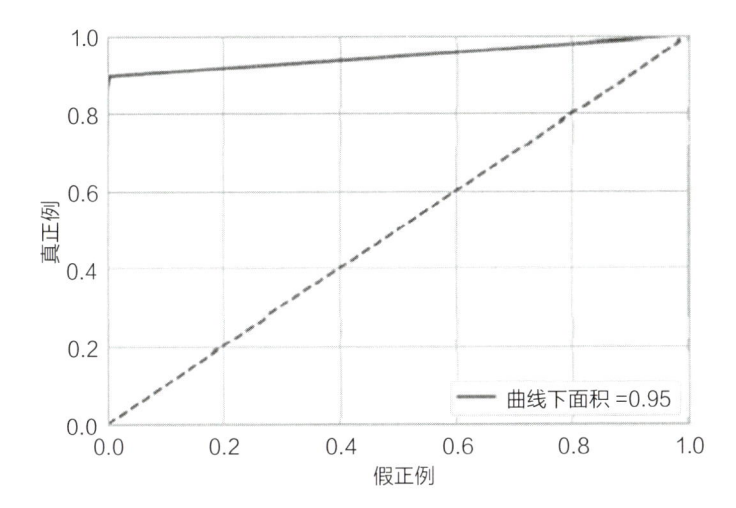

图 5.6 使用 S 激活函数和两个隐藏层的门控循环单元架构的接收者操作特征曲线

5.5 结论和未来使用范围

我们使用长短期记忆网络、卷积神经网络、门控循环单元、多层感知器等各种深度学习架构，对欺诈性交易进行了比较分析。提出的架构在三个公开可用的数据集执行。由于所有数据集都高度不平衡，因此使用了合成少数类过采样技术来消除这种不平衡，而 F1 分数则用于评估目的。研究发现，在三个数据集上实现的所有深度学习架构中，具有 S 激活函数和两个隐藏层的门控循环单元架构的 F1 分数最高。在德国数据集上，F1 分数最高的是具有两个隐藏层的 S 激活函数的门控循环单元架构，为 0.60。而在中国台湾数据集上的 F1 分数最高是具有两个隐藏层的 S 激活函数的门控线性单元架构，其为 0.51。而在欧洲数据集上，F1 分数最高的是具有 S 激活函数和两个隐藏层的门控循环单元架构，即 0.89。未来可以探索一些更深入的学习体系架构及其参数，用来提高该架构的性能。在此分析中，使用了有限数量的隐藏层，并且每个隐藏层中的神经元数量保持不变。因此，进一步研究可能会改变层数及每层中神经元数量，以深入了解增加网络规模对性能的影响。

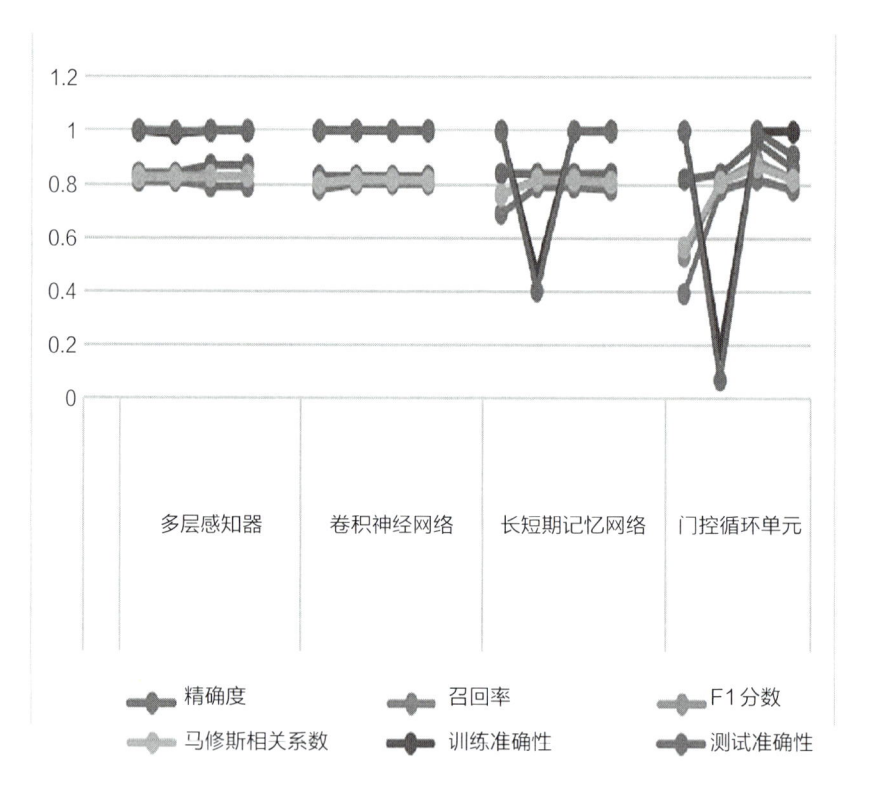

图 5.7　欧洲数据集上使用两个隐藏层的所有架构的性能图示

第6章

全民人工智能——机器学习与医疗保健：印度的挑战与展望

"健康权范围很广，不仅包括及时的适当医疗保健，而且包括健康的基本决定因素，如获得安全饮用水及适当的卫生设施，充足的安全食品、营养及住房供应，健康的职业及环境条件以及与健康有关的教育和信息……"——印度经济社会及文化权利委员会，第 14 号一般性意见

桑赫米特拉·帕特奈克，帕塔萨拉蒂·帕特纳亚克
印度奥迪沙卡林迦工业技术学院（视为大学）计算机工程学院

6.1 引言

患者的临床数据在为特定患者制定治疗方案中起着决定性作用。信息可以改善医疗保健。在临床数据的帮助下，机器学习对自动语音识别（ASR）、计算机视觉及自然语言处理都会产生影响。从与医疗保健相关的数据中提取信息有助于进一步研究机器学习。

机器学习在医疗领域的应用范围日益扩大，包括糖尿病视网膜病变、自闭症和乳腺病理学淋巴结转移检测等多个领域。尽管取得了诸多进展，机器学习在医疗保健中的应用仍然面临着各种挑战。这些问题大多源于个性化预测。数据不是用于支持医疗保健的，而是用来促进后续分析的。

人工智能在大型人群级别数据集领域支持机器学习，如电子健康记录（EHR）、医学成像及全基因组研究领域。这对高危人群很有用。例如，当前的应用程序可以大量用于预测临床结果，如住院死亡率、患者的最终出院诊断和延长住院时间等。重要的问题是要让机器学习应用程序访问大多数人的高质量大型数据集。了解一种特定疾病的行为及其治疗方法将十分有益。这种做法有助于为研究提出假设。

我们需要确定医疗系统中的诸多挑战，以便更好地了解机器学习在印度的应用。

6.2 印度的卫生保健：诸多挑战

印度医疗保健领域遇到的一些挑战是寻找合格的医生、护士及技术人员。基础设施也是医疗保健领域面临的一个主要问题。在印度，每1000人中有0.76名医生和2.09名护士。而世界卫生组织（WHO）称，每1000人中至少应有1名医生和2.5名护士。尽管世界卫生组织建议每1000人至少有3.5张病床，但在印度，每1000人只有1.3张可用病床。

医疗保健机会不平等是印度预防及治疗保健服务的主要问题之一。农村及城市地区也存在这种差异。普华永道根据世界银行数据（2017年），分析了印度的医疗可及性，如图6.1所示。

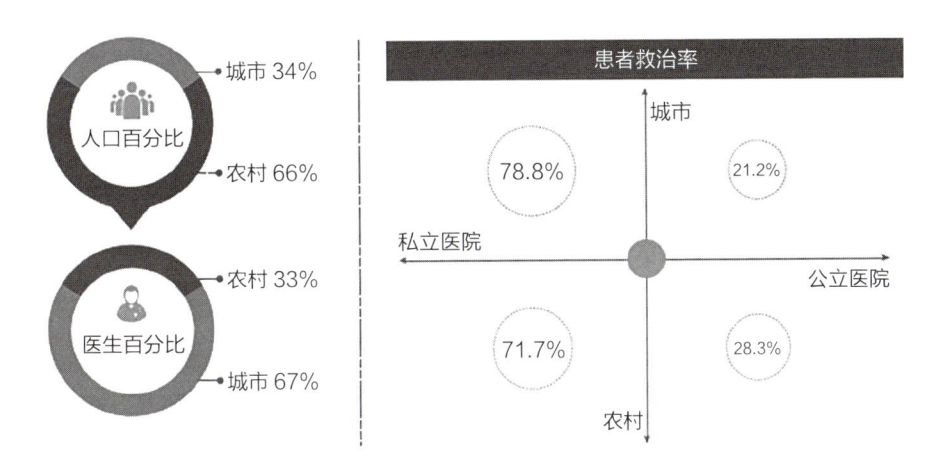

图6.1 印度医疗保健的可及性

据观察，私立医院更倾向选址在一级城市和二级城市及这些城市周围。因此，来自农村地区的患者只能忍受长途旅行的痛苦，来获得基本的医疗服务及先进的医疗服务。塔塔纪念医院（Tata Memorial Hospital）提供了这样一个事实，即2015年有超过67000名癌症治疗新登记患者。人们还注意到，来自马哈拉施特拉邦以外的患者数量超过了医院所在地马哈拉施特拉邦的患者数量。马哈拉施特拉邦的患者人数不足23%，而来自比哈尔邦、北方邦、西孟加拉邦和贾坎德邦等其他邦的患者占患者总数的21.7%。这反映了印度的医疗现状。

负担能力是印度医疗保健的一个严重问题。据估计，印度 70% 的医疗支出中，有 62% 是患者自己掏腰包，这是患者力所不及的。患者必须依靠贷款或出售资产来支付医疗费用。由于每年的医疗支出，6300 万人面临生活挑战。

大多数人似乎对必要的基本医疗保健并不积极，这是因为大家缺乏意识或缺乏医疗可达性。通常，他们只有在疾病晚期才去医生那里问诊。这样做不但会增加治疗费用，而且恢复的可能性很小。

气候传感器可以提供数据，预测生态系统的变化及环境危机。与现行系统相比，气候传感器的精确度更高，可以用来检查污染趋势。气候传感器可以向人民及政府发出警报，以使人们保持警惕，应对紧急情况。城市交通数据也可以提供支持，以确定易造成事故的地点。

印度政府的全民健康覆盖率计划表明了印度政府的坚定承诺，即让人民更容易获得初级保健。印度医疗保健面临的主要挑战是通过机器学习寻找合适的解决方案。在这方面，研究分析应侧重于机器学习应对挑战的途径以及印度为解决这些问题而采取的步骤。

6.3　健康框架必须考虑缺失问题

无论社会保险数据集是否记录了非常重要的因素，如果全面考虑，仍缺失大量的感知信息。出于成本及数量的原因，信息要想真正达到完整状态往往是不合逻辑的。在从事人工智能的人群中，人们很少考虑从不足或缺失的信息中获取信息（尽管存在特殊情况），但这是一个有效的统计检验主题。由于人类健康服务是一个强大的程序，在这个程序中，专家根据过去的看法评估生命体征，而且一段时间之后，还要进行实验室检测，因此，在评估时要注意诸多坚实条件，避免出现片面结果。对于缺失信息的组成部分，有三种公认的排列方式（即决定是否记录某一价值的估算工具）。最基本的情况是完全随机缺失（MCAR）。在这种情况下，通常会利用（尽管容易上当）放弃有缺陷的认知（称为完整案例检查），并将产生公平的结果。第二种情况是随机缺失（MAR），丢失的信息不太规律，取决于关注的因素。对于这种情况，常规策略是将重新加权的信息与技术相结合，如编辑加权或数据填充。最后，信息可能会非随机缺失（MNAR），数据的缺失依赖于其他变量及不可察觉的因素。

6.3.1　必须仔细研究数据缺失的根源

在发送数据之前，应仔细分析数据缺失的根源。例如，实验室评估常常是判断患者症状的主要依据，这意味着数据与患者状态密切相关。想想在一个急救诊所，那里的临床工作人员要估测患者的持续乳酸水平。如果强制停电导致大量乳酸水平下降，信息为完全随机缺失。如果医疗护理人员不太情愿去测量严重受伤患者的乳酸水平，并且记录患者是否承认受伤，则信息为随机缺失。尽管如此，如果医疗护理员更不愿意在此时测量乳酸水平，那么信息是非随机缺失。信息缺失的关键因素是，在数据传递时缺乏监测，这会导致数据偏离基础，甚至造成预期偏差。

6.3.2　合并缺失项

计算缺失标记为预测提供了最多的数据。无论如何，没有适当缺失模型的学习框架会引发一些问题，例如，对重要性的错误评估以及框架对评估预演中的变化不敏感。例如，通常人们仅在认为心肌组织可能坏死时估算肌钙蛋白 T（troponin-T）。将肌钙蛋白 T 视为完全随机缺失训练出来的模型可能会根据肌钙蛋白 T 更为一致的估值过高预测心肌局部坏死的速度。用随机缺失肌钙蛋白 T 质量制备的模型对此将越来越强大有效。缺失项可以反映人类的诸多倾向。我们注意到，信息缺失会因访问、实践或记录而产生差异，反映出文化偏见，如果人工智能专家不了解这种隐蔽的多样性，基于此类信息制定的框架可能会对某些人群不公。在这一点上，跨束检查框架很重要。

6.3.3 定义结果时要谨慎选择

结果经常用来为所管理的预测任务给出最高质量等级的分数。定义结果需要考虑三个关键因素：取得扎实的结果、理解结果的临床意义和名称溢出的细微差别。

6.3.4 在社会保险框架的设置中理解结果

临床定义是理解感染的一个工作框架。随着时代的发展，临床定义也在发展。人工智能的建议是，对依赖于此类定义的名称进行可接受的预先执行就等同于基本框架。例如，以临床活动预期为目标的工作应谨慎考虑药物是否是可接受，以及"错误预测"是否会导致不同临床医生给出不同的药物，而不是治疗患者的理想药物。

6.3.5 小心数据溢出

在一个人的医疗救治经历中收集的数据是跨时间紧密耦合的。这会使专注于任务结果的数据溢出，成为重点目标。虽然发现重点目标是机器学习的目标，但数据溢出可能会使这一期望变得毫无目的。设想一下，如果利用每一个可获得的数据预测急诊患者的死亡率直到他们死亡，那会怎样？这样的任务可能会引发一个预期规则："呼吸机停止工作一个小时。"这通常发生在家人在患者疾病晚期决定放弃的时候。检查整个电子健康卡记录的高限神经框架可能同样容易导致数据溢出。

6.4 医疗保健领域的机会

在建立框架之前，应明确区分目标，并进行解释。在此，我们将潜在的医疗保健服务划分为三个重要级别：自动化临床任务、提供临床辅助和拓展临床限制。在早期阶段与临床合作伙伴建立联系具有重要意义。

6.4.1 测定及治疗期间的自动化临床服务

目前，人工智能需要在临床医生的帮助下才能完成很多工作。这些工作非常具有特征性（如在已知信息和产生空间上），因此在面积及投资方面需要的调整措施最小。我们强调，人工智能不应取代临床工作人员，而是用于推进临床工作流程。随着这些程序的改进，临床工作可能会取得进展，工作人员就可以为患者投入更多精力。

6.4.2 临床图像评估计算机化

临床成像是人工智能应用的典型领域，因为临床医生需要进行大量工作去勾勒出一个固定的信息空间（例如图像），以进行诊断。在深入研究如何将人工智能应用于临床成像领域方面，最近取得了一些成功。例如，在发现糖尿病视网膜病变方面，人工智能可以达到医生级别的水平；可以利用皮肤镜图像识别有害及无威胁的皮肤损伤，从胸部病理切片中识别脾中枢肿瘤转移以及通过 X 射线图像区分髋部裂纹。

6.4.3 例行程序机器人化

将常规临床程序机器人化可以减轻临床工作人员的负担。例如，组织分诊请求的任务通常由医务人员执行，但在算法上应该是可以机器人化的。同样，总结患者临床记录要点这一任务也非常烦琐但意义十分重大。例如，当急诊医务人员对患者的病情不确定时，他们没有别的办法，必须进行面诊，在面诊中，专业人员仔细审核患者信息，并手动将独特的信息汇总为一系列建议的检测及治疗方案。专家们可以从组织好的信息中生成大纲，以便节省时间。

6.4.4 临床程序标准化

临床准备具有多样性，某些范围的治疗决策可能因为无法关注患者的隐性疾病而导致治疗效果并不理想。例如，临床工作人员可能不确定患者通常适合哪些药物搭配或药物成分。为了满足这些需求，人工智能可以帮助护理人员快速评估他们可能遗漏的药物以及药物的默认剂量。在此，请注意，对于复杂的临床规则（可能会在一段时间后发生变化），将现有的静态约定机器人化从根本上来说比完全选择帮助更简单，更能支持医疗诊所和家庭的治疗决策。

6.4.5 不断增长的医疗能力：筛选、分析及治疗的新高度

随着社会保险记录逐步数字化，临床医生为患者及大众提供信息的手段不断拓展。这为社会保险框架提供了一个机会，使其能够更出色地提供更好的医疗服务。值得注意的是，应该从发展及医疗价值两个方面评估医疗团队做出的新的符合限制规定的贡献和效果。

6.4.6 增强证据的包容性

大多数临床医生用于指导其选择的证据都很有限。例如，大多数经常使用的重症加强护理病房（ICU）药物没有得到彻底的验证。一些检查人员评估，仅有 20% 的药物是由随机对照试验倡议使用的。事实上，即使在有随机对照试验的环境中，试验人群通常也是一个受限的、以初步纳入标准为特

征的中心亚组，所得结果无法推广到更多人群上。最后，随机对照试验结果不能反映治疗多样性的多方面性质，因为事实上，治疗是非常个性化的。早期的研究发现，在 2.5 亿患者中，大约 10% 的糖尿病及抑郁症患者和 25% 的高血压患者的治疗药物是独特的（即零近邻）。有一条道路可以推进，那就是对这种通常发生的异质性施加影响，以构建定期试验，评估随机对照试验的后遗症，从而允许探索更大的临床调查安排。

6.5　阿尤什曼·巴拉特计划：更进一步

阿尤什曼·巴拉特计划被视为印度最大的政府资助医疗计划。这一计划的目标是让普通民众能够获得医疗保健服务，并且负担得起。该计划每年为每个家庭提供 50 万卢比的住院保险。根据社会经济和种姓普查（SECC）数据库的数据，阿尤什曼·巴拉特计划涵盖 1000 多万个贫困和弱势家庭。该计划的受益人不受年龄或家庭规模的限制。该计划所提供的医疗套餐涵盖了大多数医疗及手术案例，涵盖患者住院前及住院后的费用。

公立医院及定点私立医院都可以享受这些益处。2018 年，印度联邦预算为卫生与健康中心（HWC）拨款约 12 亿卢比。医疗部门宣布计划将非传染性疾病（NCD）筛查及管理等综合领域包括在内。人们注意到医疗行业发生了变化，其领域将扩展到精神健康疾病、眼科及耳鼻喉科问题、牙齿健康、老年病及姑息治疗以及创伤护理。非传染性疾病属于慢性疾病，约占印度死亡率的 60%。由于所涉及的治疗费用高昂，对穷人有不利影响。

6.6　国家电子健康管理局

印度国家电子健康管理局（National E-Health Authority）大力利用技术

改善医疗保健服务。国家电子健康管理局采用电子卫生战略重新定义卫生部门。综合健康信息计划（IHIP）的目标是向印度公民提供电子健康记录，并可与现有电子健康记录、电子病历记录（EMR）结合。印度的医疗保健部门需要不同层次的技术干预。在未来几年，医疗应用中的人工智能应用有望增长。技术创新不断增长，促使印度找到解决向普通人提供医疗设施这一普遍问题的方法。人工智能、机器人技术和医疗物联网可用来帮助政府解决所有与普通民众健康相关的问题。

6.7 癌症筛查及机器学习

人工智能为干预癌症筛查及治疗提供了巨大的空间。每年，印度登记的新癌症病例超过 100 万例。随着印度生活方式的改变及人口年龄的增长，这一数字可能还会增加。早期发现及管理对于癌症的积极治疗必不可少。治疗癌症非常需要定性病理学服务，在印度，只在一些选定城市可以接受这种服务，仅有 2000 名病理学家具有肿瘤学方面的经验，只有不到 500 名病理学家可以称为专家级肿瘤病理学家。机器学习解决方案可以帮助普通病理学家进行高质量诊断，从而缩小不同地区基本医疗保健服务的差距。这需要高质量的病理学数据集来提供解决方案。印度国家转型机构（NITI）Aayog 正在开发一个国家知识库来解决这个问题，该数据库可以称为"数字病理学库"。

6.8 从"疾病"护理到"健康"护理：向前迈进

印度国家转型机构 Aayog 与微软和 Forus Health 合作，探索早期检测糖尿病视网膜病变的技术。Forus Health 开发了 3Nethra 设备：一种用于筛查常见眼部问题的便携式设备。亚拉文眼科医院、纳拉亚纳·内特拉亚眼科医院及桑卡·内特拉亚眼科医院与谷歌合作，引入人工智能系统来检测糖尿病视网膜病变。该项目是将人工智能支持的医疗解决方案引入印度的一个例子。

6.9 医疗保健网络中的通用机器学习应用

医疗行业中有多种机器学习应用。本节引用了一些最常见的应用。机器学习有助于简化医院的管理流程，它还能帮助定位及治疗传染病，进行个性化医疗。机器学习将在临床决策支持中发挥主导作用，从而影响医生及医院的决策。例如，机器学习有助于及早识别疾病并制订治疗计划，以确保最佳治疗结果。机器学习可用于指导患者了解几种潜在疾病及其不同治疗方案产生的结果。因此，机器学习可以降低医疗成本，提高医院及卫生系统的效率。医疗保健中的机器学习可用于加强健康信息管理及健康信息交换，目的是改进工作流程，从而实现工作流程现代化，促进临床数据的访问，提高健康信息的准确性。最重要的是，机器学习为信息处理带来了效率及透明度。

6.9.1 机器学习在药物研发中的应用

近年来，机器学习方法在药物研发过程中发挥了关键作用。通过利用大量高质量可用数据，机器学习可以帮助将药物研发的高失败率降至最低。机器学习在药物研发方面面临多重挑战，其中一个重要的挑战是确保药物安全。分析和解释已知药物作用的现有信息并预测其副作用是药物研发过程中的一项艰巨而复杂的任务。来自各知名大学、机构的研究人员，当然，还有许多制药公司一直在使用机器学习从临床试验使用的临床数据中获取相关信息。在强调药物安全的背景下，使用机器学习分析及解释这些数据是近年来一个活跃的研究领域。最重要的是，药物研发中的计算机解决方案有助于显著降低将药物引入市场的成本。

6.9.2 神经科学与图像计算

神经科学图像计算（NIC）特别关注先进成像方法的发展及其在临床研究中的应用。神经科学图像计算的研究试图通过使用先进的技术来发现大脑疾病的病因，包括精神疾病、神经退行性疾病及创伤性脑损伤。

6.9.3 构建基于机器学习的医疗保健云计算框架

由于能够使用大量数据对手头上的问题产生准确和深入的理解，人工智能，尤其是机器学习，近年来取得了巨大的发展。有了云计算，更具成本效益地处理日益增长的市场需求成为可能。机器学习模型可以稳健地使用云计算资源。云计算资源可以跟踪来自各种装置、可穿戴设备及健康追踪器的数据。然后，可以在基于云的存储中以经济、高效的方式流传输及聚合数据，这使得机器学习模型更加精确、稳健。

6.9.4 个性化医疗保健中的机器学习

有了医疗保健物联网，人们越来越可能将大量的人、物与智能传感器（如可穿戴设备、医疗设备及环境）连接起来。人们可以通过物联网设备中的传感器及智能装备捕获患者生命体征及各种类型的实时数据。数据分析技术，如机器学习，可用于向人们提供基于价值的护理。例如，改进运营可以提高效率、降低成本，给患者提供优质护理。同样，改进临床操作可以使诊断更快、相对更准确。机器学习还能以患者为中心科学确定最佳治疗方法，以便获得更好的健康结果。机器学习使用收集的数据集改进疾病治疗及预测方法。使用机器学习的解释性模型已经合并到各种应用程序中。这些模型通常将从传感器小工具及不同来源收集的信息进行分解，用来识别患者的个人行为标准及临床状态。

6.9.5 疫情预测中的机器学习

近年来，研究人员广泛使用多重疫情预测模型来做出最适当的决策并实施相关措施来控制疫情。例如，研究人员在新冠疫情期间使用一些标准模型，如流行病学及统计模型来预测新冠疫情。从这些模型中得出的预测结果不太可靠，因为它有巨大的不确定性，缺乏相关数据支持。研究人员表明，与其他模型相比，机器学习模型更加稳健。

6.9.6 患者风险分层中的机器学习

在医疗保健中，风险分层被理解为将患者划分为不同风险类型的过程。这取决于从各种来源获得的数据，如患者的病史、健康指标及生活方式。风险分层的目标包括应对人口管理挑战，降低个性化治疗计划风险，将风险与护理级别相匹配，并将实践与基于价值的护理方法相结合。传统的风险预测模型主要依赖从业人员的专业知识和经验。而机器学习不需要人工输入来分析患者风险分层的临床和财务数据，通过利用可用的大量数据，如医疗报告、患者记录及保险记录，就可以应用机器学习提供最佳结果。

6.9.7 远程医疗中的机器学习

远程医疗是一个重要的行业。远程医疗使患者护理过程更为容易。这个行业正在世界范围内加速发展。医疗保健领域的机器学习等新技术的进步为医疗专业人员提供了真正可信的工具及资源来服务患者。机器学习可以用一种新的方法帮助这些专业人员分析及解释大量原始患者数据，为实现更好的健康结果提供有意义的见解及指导。

6.9.8　用于医学影像数据融合的多模态机器学习

多模态医学图像融合技术是通过从不同的多模态医学影像中提取互补信息来研究疾病的一种实用的重要技术。该技术在临床实践中得到了逐步应用。多模态图像调查和团队学习策略发展迅速，对临床应用具有显著的激励作用。在将这些学习策略应用于临床图像处理的持续成就的推动下，研究人员提出了算法设计，在组件学习级别、分类器级别和动态级别，通过交叉方法组合管理多模态图像调查。在这点上，一个依赖于深层卷积神经系统的图像分割框架得以执行。它利用多模态图像，包括来自回声成像、注册断层扫描和正电子放电断层扫描的图像，来塑造纤细组织肉瘤的损伤。与使用单个模态图像制作的系统相比，使用多模态图像制作的该系统的执行效果更好。

6.10　结论

机器学习被认为是人工智能技术最重要的应用。它能以多种方式支持医疗政策。它通过采取预防策略来照顾大量人群。它围绕以患者为中心的方法，包括患者支持及有效的劳动力和资源管理。不断使用机器学习，将为印度向大部分人口提供适当的医疗服务提供巨大的可能性。这将激励政府医疗部门满足普通民众的需求。事实上，机器学习有望成为使医疗服务更加主动的启动平台。这是一个从"疾病"护理到"健康"护理的喜人转变。

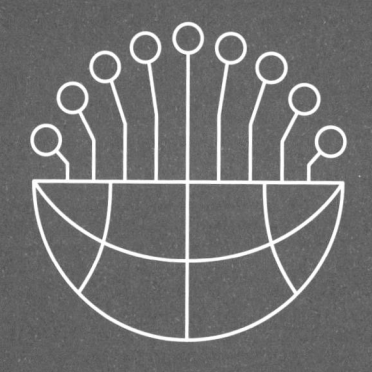

第7章

解密人工智能和机器学习在个性化护理中的能力

瓦伊迪克·巴特，P. 萨希卡拉

海得拉巴印度特许金融分析师协会高等教育基金会大学商学院运营与信息技术系（Department of Operations & IT）

7.1 引言

个性化护理是卫生系统的一种现代模式，其中的治疗不是基于"一刀切"的建议，而是基于特定的患者特征。随着流行病学数据系统在规模及复杂程度上继续蓬勃发展，利用人工智能和机器学习等具有影响力的方法从基础数据中分析与创建诊疗方案变得非常重要。通过这样的研究，机器学习可以通过预测来促进个性化医疗。其他人工智能技术也可以为患者所患的疾病提供个性化治疗，如糖尿病及心脏病。因此，我们就可以理解这些创新将如何鼓励更多个性化医疗的扩展任务，从而改变医疗环境。

随着现代化最先进医疗技术的引入，人们的生活水平与预期寿命大幅提高。如今，在现代化医疗技术的帮助下，医疗系统几乎可以为社会上的每个人提供个性化护理，在非典型性肺炎（SARS）及新冠病毒造成的疫情时代，我们的医疗系统认识到采用现代技术的重要性。随着预期寿命的显著增长，当前社会正在成为一个人口老龄化社会，因此会有许多老年患者。成年人及老年人需要持续的护理及支持，因为他们患有高血压、心律失常、糖尿病等由生活方式引起的紊乱症状。老年患者更需要个性化护理，因为他们无法控制自己的身体状况，需要不断寻求家人和医生的帮助。

个性化医疗的定义是，在预防、诊断与治疗乃至治疗后及进一步随访的所有阶段，都尽可能适应个人状况的一种医疗保健。一些与个性化医学一起使用的概念是基因组医疗、分层医疗及精准医疗。清楚理解这些术语有助于避免沟通错误。

个性化医学发展的主要动力是由基因组测序而产生的数据。个性化医疗的潜力在于根据基因组序列数据预测疾病风险、治疗反应及护理。可用于适应性医疗保健的各种数据与基因组序列数据相去甚远。因此，有必要对不赞同意见做出回应，该意见存在一个误解，认为个性化医学只是基因组预测。

临床实验室使用信息系统有助于合并报告、警告和结果，这些可以在电子健康记录及相关系统的帮助下得以应用。网关或基础设施可以提供基因数据访问并决定如何使用这些数据。目前，所需基础设施的发展尚处于初级阶段，精准医疗的基础设施也在不断发展。

在支持精准医疗方面，患者扮演的角色至关重要。通过收集尽可能多的信息，可以为每个基因测序独特的患者提供定制的精准医疗；可以借助技术，定位电子健康记录（EHR）来支持遗传信息。电子健康记录可以提供患者的完整信息以及遗传数据，来帮助临床医生做出诊断。所获得的信息应进行系统化演示，来帮助医生顺利诊断并做出与治疗相关的决策。

21 世纪医学面临的最大挑战是根据患者的精确生物状况提供定制的有效治疗方案，以促进个性化医疗解决方案。通常，在治疗开始之前，要制订患者评估方案，帮助医疗从业者给出准确的药物、剂量或干预措施。这就要求根据一些遗传特征对患者进行分类，这些遗传特征可以为均衡的营养及生活方式提供有效的模型。

2015 年年初，苹果宣布推出 ResearchKit，这是一款移动平台，可捕获全球 7 亿用户的苹果手机信息，用以识别对人体研究感兴趣的个人。这些应用程序包括一个工具包，可帮助用户参与帕金森病（mPower 应用程序）、心血管健康（MyHeart Counts）、乳腺癌（Share the Journey）、哮喘（Asthma Mobile Health）和糖尿病（GlucoSuccess）等疾病的观察性研究。这些研究与 17 个不同研究机构合作进行，这些机构大多位于美国。Research Kit 非常努力，非常富有创意，它致力于运用移动技术，与用于确定表型指标的可穿戴传感器以及用于确定血液、粪便和组织中的基因组、表观遗传、蛋白质组和代谢标记的极其精辟的机器相连接。新技术结合存储、共享、过滤及分析数据的计算设施，可以收集全人类的健康及疾病数据，这为生物医学研究提供了巨大的契机。

这项移动技术的另一个优点是，它提供了长期监测表型的能力。通过使用 mPower 应用程序，受访者可以跟踪帕金森病对患者步态、颤抖、情绪、认知、疲劳、言语及睡眠的日常影响。这有助于了解新的模式，这些模式或许就是揭示疾病发展及严重程度的指标。这样就可以获得足够的样本统计用于分析，有助于将该疾病分为精确定义的组群，有助于更快、更有效地进行诊断。

随着这些技术的出现及海量数据的产生，数据驱动和网络驱动的方法在个性化医疗的发展中变得至关重要。一些疾病具有可避免的风险特征，或者至少是风险的预测因素。正确阐明这些特征有助于开展个性化医疗，降低疾病风险。由于可能的风险因素很复杂，医生在与患者互动时很难单独分析实时数据。一般来说，医疗服务提供商会查看患者的既往病史，进行体检及诊断，以确定患者的健康状况，预测疾病风险。这种做法会因某些疾病、从业者的能力和专业知识以及人们迫在眉睫的紧迫性而受到限制。在这种情况下，需要一个分析框架来合并同化大数据，以从患者的电子病历中获得深入的知识，将患者的信息及影响与其他患者进行比较，为每个患者提供个性化的疾病风险概况。这要积极主动医疗，积极应对疾病。

大数据将对医疗保健，尤其是个性化医疗产生重大影响。根据美国卫生技术转型研究所（Institute for Health Technology Transformation）提供的报告，美国医疗机构产生了大量的医疗数据，在短期内，这些数据将持续增长。如果彻底信任这一海量数据并加以使用，则可以规避冗余治疗，减少药物灾难，最大限度地提高整体健康状况，最终建立一个高效的医疗体系，实现个性化医疗的目标。

在患者的正常活动期间，智能代理可以访问各种各样的数据，可以收集、处理、评估这些数据。移动云平台和基于传感器的物联网设备集成在一起，将数据共享给基于云的 mHealth 计划，从而实现实时患者健康监测，帮助患者做出明智决策。人工智能和机器学习是医疗系统中常用的智能代理的一部分，并通过 mHealth 云、无线手持设备（WHD）和大数据三位一体的大数据云进行集成。这些智能代理与一系列医疗代理合作，处理与健康相关的问题。该系统还可提供透明信息用来访问。

7.2　临时替代监护

医疗服务提供商可以通过信息技术、分析手段，来选择合适时间为患者及医生实施干预，为患有免疫性疾病的患者创造价值，然后根据改善的临床结果评估健康效益。医疗服务提供商可运用信息技术和分析，在适当的时间点识别、跟踪、分析慢性病患者的健康状况，进行临时替代监护。

该理论涉及慢性病治疗系统中的一个群体在何时何地消耗任务及服务，也包括个人如何接受治疗。该理论仅限于生活方式慢性疾病，不包括传染病治疗或急性疾病治疗中应遵循的协议。然而，在目前的情况下，这一理论也适用于一些急性及传染性疾病。生活方式障碍患者会乐于在医疗机构规定的治疗期间参与并合作。然而，有关研究已经确定Ⅱ型糖尿病患者仍然无法涵盖在该项目之中。

为了更好地替代护理间隔时间的干预，医疗服务提供商必须运用信息技术及分析，以便能够对时间因素、治疗类别、成本及后果进行编码。将信息同化到信息技术系统中，可以访问、捕获及传输知识，并传递指导及细节，从而扩大利益相关者之间的协作。

7.3　人工智能和机器学习在医疗保健中的应用

当患者已到医院时，专业医务人员无法确保对患者进行特定的手术是安全的。对于大约一半正在使用的药物及程序，没有关于这些药物及程序对患者的疗效或效用的数据，因为这些证据集中在极为有限的选定样本上，无法复制，研究结果只考虑了平均值。简单来讲，这就意味着医生手中没有足够多的细节来为患者制订准确的康复计划。然而，可以通过包含人工智能的未来目标来改进医疗保健，我们的医生可以更加智慧。人工智能可以成为医生的第二双值得信赖的眼睛。

人工智能对医疗保健有许多影响。人工智能支持放射科医生分析医学图像。最近，由美国食品和药品监督管理局（FDA）许可的 IDx – DR 人工智能设备，可以用来解释诊断为糖尿病的成年人中轻度糖尿病视网膜病变的结果，不需要临床医生干预。该人工智能系统可以对患者进行测试，如果结果不理想，则将患者转诊给眼科医生。患者需要在 12 个月内就诊。在人工智能和机器学习的帮助下，针对个人预防性医疗的适应性技术得以开发和评估，正在为利用人工智能促进青年健康创造机会。人工智能支持的定制技术具有多种潜在优势。人工智能可以用来影响青少年以及成人及老年用户如何使用自适应技术来创造特征及知识。

如今，已经开发了许多智能手机应用程序，这些程序可以方便地用于生理方面的专业护理。尽管正在朝着个性化医疗方向发展，但仍存在一些问题，例如可扩展性、安全性及保密性。此外，这些应用程序可以提供患者表明生理状况的图片，但暂时尚无法提供整体健康状况。

人工智能对医疗保健有许多影响。已经开发出多种智能手机应用程序，可以方便地用于针对患者生理状况的专业护理。

随着传感器网络研究的最新发展，我们可以朝着在家庭及生活环境中植入创新的低成本医疗监测系统的方向迈进。这将演变出环境智能系统（AMI）。环境智能系统覆盖更为深远，人们更乐于接受，而且更具适应性及普遍性。环境智能系统更能推动医疗领域的发展。它不仅可以用来监测患有慢性病的老年患者的健康状况，还可以为他们提供适当的身心护理。环境智能系统可以用来开发服务，提高影响力，帮助人们过上健康的生活，增进人民的福祉。最后，它还可以帮助医疗专业人员以透明、适度的方式提供沟通及监测健康的先锋工具。环境智能系统还可以与各种情况和设备结合利用，提供连续的服务。

机器学习算法可以与网络应用程序相结合，帮助医疗专业人员进行确定性预测。可以使用可穿戴设备及移动传感器监控年轻人的身体行为，简化社会评估，并提供个性化智能反馈。戴在手腕上的心率计可以持续监测患者的心率，数据然后通过模糊技术演示，以了解远程心脏康复设置。

人们接纳了物联网，就可以在日常活动中使用这些设备，通过活动目标进行电子教学。例如，患有神经系统疾病的患者在日常活动中使用这些设备时经常会遇到困难，他们对操作设备的顺序感到困惑，或者可能会忘记对某一特定设备应采取的行动。而电子教学可将不确定性最小化，在活动目标上使用灯光及音频来影响运动。

7.4　可穿戴健康设备

物联网——确切地讲，医疗物联网及可穿戴健康设备等医疗技术具有生成及传输重要数据的巨大能力。如今，市场上有许多可穿戴设备，可以精确测量心率、体温和其他生命体征。一些高级可穿戴设备会在患者承受压力时通知患者，并为其提供引导呼吸训练，以恢复脉氧饱和度——氧气水平，其中一些其他设备具有生成及共享心电图的能力。表 7.1 给出了可供印度用户使用的可穿戴设备的详细信息。图 7.1 显示了印度当前及未来可能的医疗保

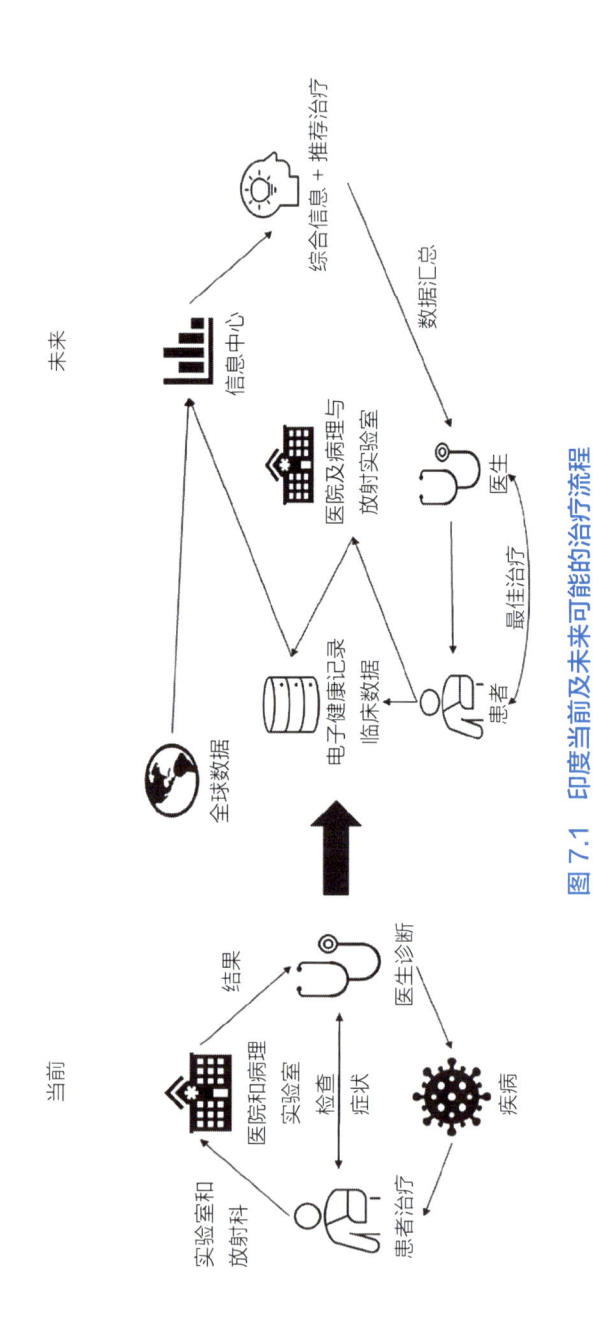

图 7.1 印度当前及未来可能的治疗流程

健实践。图 7.2 显示了印度未来智慧城市中的医疗保健实践。

表 7.1　各种可穿戴健康设备

设备	健康功能
三星运动手表	睡眠周期监测、压力水平、引导呼吸训练、运动追踪、血压、心率等
Fitbit 智能手表	心电图、心率、训练跟踪、训练建议、睡眠周期跟踪等
苹果智能手表	睡眠周期监测、睡眠冥想、锻炼、心电图、心率、体温、血压等
小米智能手环	心率、步数、有氧和无氧活动跟踪器等
真我（Realme）智能手表	氧气水平、训练和运动跟踪，睡眠周期监测、加强睡眠的步骤、压力监测、心率、新陈代谢和卡路里燃烧等

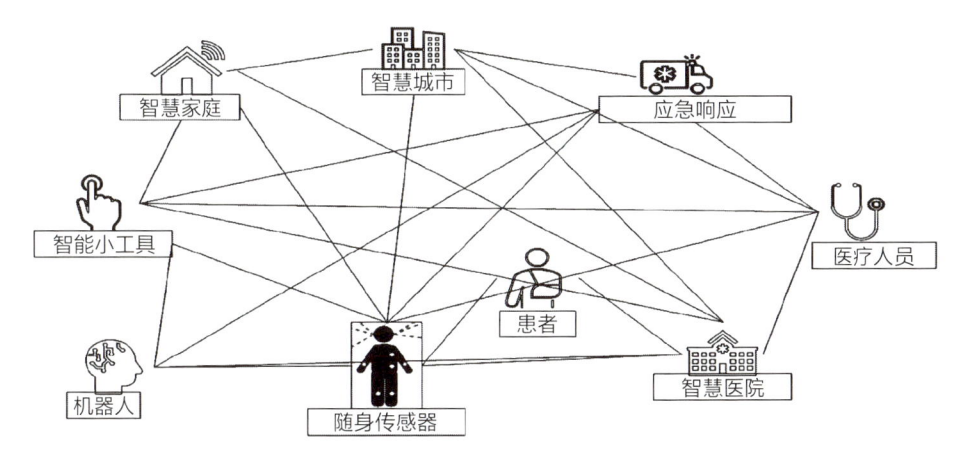

图 7.2　印度未来智慧城市中的医疗保健实践

7.5　结论

要实施精准医疗，患者的角色至关重要。通过收集尽可能多的信息，可以为基因测序独特的每位患者提供定制的精准医疗。电子健康记录可以提供患者的完整信息和遗传数据，简化临床医生的工作。所获得的信息将被系统化验证，能够帮助医生顺利做出诊断，并做出与患者治疗评估方案相关的决策。这有助于医疗专业人员在治疗开始前确定确切的药物剂量或干预措施。

这样一来，就可以根据一些遗传特征对患者进行分类，为给其制定均衡的营养及生活方式提供了有效模式。因此，可以得出结论，随着人工智能的出现，这种精准医疗将对医疗保健产生巨大影响。使用可穿戴设备及智能手机有助于根据患者的生理状况为其提供专业护理。

随着传感器网络的不断发展，医疗保健领域的研究开始转向在家庭及生活环境中植入创新的低成本医疗保健监测系统。

第8章

人工智能与第四次工业革命

阿洛克·库马尔·萨海，纳米塔·拉特
库塔克斯里大学管理学院

8.1 引言

在整个历史进程中，技术进步带来了社会与政治信仰以及社会物质财富的广泛变化。

技术一词来源于两个希腊词，这两个词的意思是对艺术及工艺的系统处理。技术一词定义了如何利用科学知识来实现所需的结果。技术变革提高了人力技能，合理部署应用自然资源，取得了竞争优势。人口增长、环境及竞争的挑战越来越大，人们要开发工具，以最大限度地优化人类劳动。设计与开发机器的目的是减少或取代人类劳动，并将电能与机械能转换为物质及形态。于是经济发生了变化，从狩猎采集到农业经济，再到工业经济。名词"工业"表示使用技术及机器生产商品和服务。工业化则意味着更大规模的工业发展。工业革命始于 18 世纪后期。18 世纪 70 年代的工业革命标志着世界从农业社会向以工业扩散为中心的工业社会的转变。自工业革命以来，各国的人口和财富激增。消费者对商品及服务需求激增，引发了第二次工业革命和第三次工业革命。

8.2 工业革命

西方最先开始工业化，东方紧随其后，但二者因为地理及技术进步的差异走上了不同的道路。人们认为，从 18 世纪 70 年代到 19 世纪 70 年代这段时期为工业革命时期，这一时期的技术飞跃使得我们能够利用电能及机械能来改善社会。于是，制造及生产方式发生了巨变。人们开发了新的交通形

第 8 章
人工智能与第四次工业革命

式,并获得了极大发展,为社会的大部分地区创造了基础设施,反过来又导致了人口的地理扩张。英国成为全球工业的中心,将技术浪潮传播到其广阔的殖民地。

20 世纪初,世界人口超过 16 亿,世界国内生产总值相应增加,发电及配电迅速发展,商品大规模生产,全球化开始,更快的交通方式出现。到 20 世纪中叶,世界经历了两次世界大战,工业化加速。战争需要改变机械及设备的有效生产方式。新的全球电力平衡出现,核电和消费电子产品取得了进步。随着大型计算机的兴起,电子设备逐渐成为日常生活的一部分。随着信息系统及制造系统自动化的兴起,第三次工业化浪潮曙光初现。电信发展缩小了世界的范围。20 世纪的最后 25 年,生物科学、运输、媒体、工程、通信技术不断开疆拓土,朝着新前沿迈进。第一波工业化浪潮起源于欧洲,而第二波则聚焦于欧洲和美国。在电子产品领域,亚洲国家走在前列,中国、日本和韩国主导着消费电子产品及电子零件的制造及开发。由巴西、俄罗斯、印度、中国和南非组成的金砖国家崛起,成为世界经济舞台上的一个巨大力量。英国因寻找靛蓝和棉花而对印度进行殖民统治,积累了资金,推动了国内的工业革命。亚洲巨头印度和中国成为美国信息技术市场合格而廉价的信息技术专家的来源。印度和中国都经历了大规模工业化,使得这两个国家成为西方国家的主要贸易伙伴。

太空竞赛是第三次工业化浪潮的另一个主要方面。苏联的第一颗轨道卫星"伴侣号"(Sputnik)开始了将第一人送入太空的太空竞赛。这场竞赛由美国和苏联主导。第二次世界大战产生了第一批火箭,后来在太空竞赛中发挥了作用。后来,火箭及其推进装置为通信卫星提供了急需的动力,而通信卫星是未来 40 年即将出现的信息技术革命的跳板。个人电脑出现于 20 世纪 80 年代,改变了第三次工业革命的加速方式。

随着第三次工业化日趋成熟,出现了以知识经济为核心的社会变革及经济增长，标志着第四次工业化的开端。正如在第一次工业化浪潮和第二次工业化浪潮中所看到的那样，能源转换的重点从一种形式转成另一种形式。21世纪，基于信息技术的系统日渐成熟，以知识为基础的数字革命迎来曙光（见表8.1）。

表 8.1 四次工业革命

阶段	第一次工业革命	第二次工业革命	第三次工业革命	第四次工业革命
时间周期	1780—1870 年	1880—1930 年	1950—1990 年	2000—2030 年
特征	机械化生产	批量生产	互联网及信息技术服务	移动计算、社交媒体和治理、区块链、电子商务、电子客户关系管理
重点技术	机械能转换	电力及化石燃料能源转换	模拟数字转换、信息技术	生物物理转化，物联网，纳米技术，生物技术和智能网络系统
兴盛领域	交通	电气	电子信息技术、柔性制造、精益制造、全面质量管理（TQM）、准时制（JIT）、六西格玛	网络物理技术、增材制造、纳米技术、生物技术和人工智能

在现代化之前，工作和旅行由人和动物的体力劳动所主导。很长一段时间，人们使用来自风、水和火的机械能，例如帆船及水车。蒸汽机由托马斯·萨弗里（Thomas Savery）于1698年发明，用于在煤矿中提水。1712年，托马斯·纽科门（Thomas Newcomen）修改了蒸汽机的设计，使其更适用于多种用途。詹姆斯·瓦特（James Watt）改良了蒸汽机，他的设计是将热能转化为机械能的突破，标志着欧洲工业革命的曙光。到1886年，蒸汽机可以产生1万马力，可用于推动大型轮船及长途蒸汽机车。世纪之交，汽油发动机问世，戴姆勒（Daimler）制造了第一辆汽车。

第三次工业革命的标志是数字革命或微电子及半导体的发展，超大规

第 8 章
人工智能与第四次工业革命

模集成电路（VLSI）和集成电路（IC）可以将越来越多的晶体管放入单个芯片中。

数字电子加速了从模拟技术到数字技术的旅程，涵盖了从媒体到通信到制造和计算的各个行业。企业级计算主要由总部位于美国的公司以及其他日本及韩国公司主导，如国际商业机器公司（IMB）、惠普（HP）和微软（Microsoft），以及日本电报电话公司（NTT）、索尼（Sony）、富士通（Fujitsu）和三星（Samsung）等。阿帕网（Arpanet）是互联计算机系统互联网的先驱，它永久性地改变了技术局面。20世纪最后十年的互联网发展为数据处理及存储、搜索引擎、在线贸易、移动计算甚至社交媒体革命奠定了基础。谷歌、苹果、脸谱网、推特（Twitter）及其他许多公司都站在数字及社会革命的前沿。第三次工业革命的标志是大规模的互联工作空间。有了这项技术，设备就可以通过电信主干网及超级计算服务器的无缝连接来支持全球数拍字节（PB）的信息传输。数据交换事务发生在大型机服务器阶段以及小型化及移动数据计算阶段。从大型机到个人电脑，再到移动数据计算，第三次工业化浪潮将指挥权交给了行动中的个人。互联网奇迹可以让全球机器相互通信。4G（第四代移动通信）不仅支持模拟语音，还支持文件交换及视频消息乃至视频通话，数据中继线每秒传输可达千兆字节。频谱和移动电信的使用为运输、能源及公用事业基础设施领域的商业实体开辟了新前景。数字销售平台及市场一片繁荣景象。这一切的反面则是数字鸿沟或人们互联网接入的不平等。在印度这样一个国家，人们发现，并不是全国范围内都可以使用互联网及光纤网络，还需要填补一些暗点或数据漏洞，才能让所有人都实现互联网访问。

生物科学、空间科学、材料科学以及医疗保健和医学领域的技术进步，如机器学习和人工智能，可能会导致生活质量及智能工作的便利性发生巨大变化，反过来也预示着所谓的第四次工业革命的开始。

8.3 第四次工业革命的各种技术

世界经济论坛（World Economic Forum）创始人兼执行主席克劳斯·施瓦布（Klaus Schwab）于 2016 年创造了"第四次工业革命"一词用来描述新兴技术与生物及物理世界迄今未知的融合。无独有偶，德国政府呼吁在 2010 年年初开发"工业 4.0"。2006 年，海伦·吉尔（Helen Gill）创造了信息物理系统（Cyber Physical Systems, CPS）一词，用于描述构成智能工厂核心的机器对机器自动化。所有这一切现在都包含在第四次工业革命以及随之而来的经济、社会及技术变革之中。

8.3.1 物联网

20 世纪 70 年代早期，计算机进入了制造系统，工厂采用了计算机集成制造（CIM）、准时制（JIT）和约束理论（ToC）。这些很快就促成了计算机的更深入使用，比如计算机辅助设计（CAD）和计算机辅助制造（CAM）。帕洛阿托[①]（Palo Alto）研究中心的马克·维瑟（Mark Weiser）开创了物联网的概念。凯文·阿什顿（Kevin Ashton）用物联网这一术语描述支持射频识别（RFID）的供应链优化（Supply Chain Optimization）。这个想法可以让用户将其资产管理分散到工厂、仓库、设计、制造及交付流程。物联网发展迅速，很快就将大范围的压力传感器、太阳能电池板、热电、大量家用电器以及通过语音激活互联网连接的其他设备纳入其中。这种以客户为中心的物联网受到了通用电气（General Electric）的挑战，通用电气提出了工业物联网（IIoT）的概念，其重点涵盖设计、开发及制造到最终客户物流的生命周期

---

① 又译帕罗奥多或帕罗奥图，美国加州旧金山湾区的一座城市，隶属于圣克拉拉县。——译者注

方案。

物理材料中的微纳米技术促成了微型化。增材制造（俗称 3D 打印）是一种数字技术，用于创建数控复合材料。分子水平的纳米技术运作，带来了半导体设计、碳纳米管及分子工程在医学科学应用中的突破。纳米技术主要涉及基因工程和分子生物学，如基因疗法、基因剪接、基因嫁接和转基因作物等。物联网将囊括智能电网、智能自适应供应链、开放式银行系统、下一代防御系统、智能公路及高速公路系统、机器人制造及更多发展领域。

第四次工业革命的组成模块是各种技术，这些技术将材料、地点和机器与生物过程结合在一起。物理、生物和数字领域与这些新技术以集成的方式结合起来，产生了人工智能和机器学习。

长期以来，人们一致认为国际象棋是对人类智力的一种测试，20 世纪见证了第一次人工智能对人类的公开比赛。1996 年，IBM 公司开发的超级计算机深蓝（Deep Blue）首次测试，与世界冠军卡斯帕罗夫（Kasparov）对弈。卡斯帕罗夫输掉了比赛，请求次年再战，但深蓝在 1997 年 5 月的比赛中赢得了第六局的决胜局。有趣的是，苹果 iPhone 8 手机的功能比深蓝还要强 7 倍，但却可握于掌心。随着小型化及功率需求的降低，计算机的计算能力呈指数级增长。

8.3.2 第四次工业革命：新技术

第四次工业革命展示了工程、科学及医学领域的突破性技术以及这些技术所带来的方方面面的影响。令人惊讶的是，第四次工业革命的许多突破性技术都起源于 20 世纪中叶。物联网、虚拟现实、增强现实、人工智能、纳米技术、机器人及可穿戴技术都是在 20 世纪中叶发现或者完善的。

8.3.3　人工智能和机器学习

1956 年达特茅斯会议首次提出"人工智能"的概念。20 世纪 70 年代，人工智能概念与图形用户界面（GUI）、硬件技术、编程语言不断进步，超大规模集成电路及半导体技术迅速发展，二者齐头并进。接下来的十年见证了神经网络及智能代理的发展。10 年后，随着超级计算设备的出现，深度神经网络得到了发展。

人工智能和机器学习的市场规模可以通过机器自动化所用芯片组的市场规模来估计。这些芯片组的市场容量可能达到 160 亿美元，从 2016 年到 2022 年，复合年增长率达到 63%。

人工智能和机器学习涵盖预测营销、风险分析、业务分析、欺诈检测、预测故障维护以及业务与网络分析等领域。现在，越来越多行业都在应用人工智能，其中最引人注目的是营销、媒体、广告、制造、银行、运输及汽车产业。

8.3.4　互联网、微电子传感器与生物传感器技术

物联网是围绕射频识别技术开始的，在近几年中已经取得了长足进步。如今，物联网采用了各种传感器及遥测技术。在物理融合领域，物联网应用于喷气推进发动机涡轮、汽车状态监测器、核电站、供应链自动化、机器人、气象测量及优化。无人驾驶飞机通过传感器读取精准信息及地面图像信息，然后使用机载计算机降落到计划位置。显微镜物联网传感器可以通过插入皮肤、摄入或注射等方式来监测宿主的生物健康指标。对于使用诸如移动及基于互联网的平台（如 mHealth 和 eHealth）的移动健康监测以及远程医疗及诊断来说，这些微型传感器非常有使用价值。如今，可穿戴技术可用于测量心理及生理压力水平，可与分析结合使用，更好地监控及整合数据。

物联网市场的规模一直呈指数级增长。高德纳（Gartner）预计 2017 年

将有 85 亿互联对象，而思科（Cisco）预计到 2020 年将有 500 亿互联对象。国际数据公司（IDC）估计，到 2020 年，市场规模将达到 8.6 万亿美元，有 2120 亿互联对象。波士顿咨询公司（BCG）预测市场规模为 2760 亿美元。Gartner 预测，到 2020 年，50% 以上的主要企业都会加入物联网的某些要素，物联网安全将成为下一个重大问题。

8.3.5　机器人科学

软件只是人工智能一半，需要硬件来做另一半，人工智能才算完整。机器人中的物联网传感器可以帮助实现智能自动化。智能多功能机器人是第四次工业革命的突破，涉及制造、危险材料处理及危险生物实验。从无人驾驶飞行器到无人引导飞行器，自动飞行机器人领域涵盖特定领域的特定计算、分布式智能及工业机器人。亚洲市场（尤其是中国）在汽车及重工业中使用工业机器人。欧洲率先在电子、金属加工、焊接、橡胶及汽车领域应用机器人。

8.3.6　虚拟现实、增强现实与混合现实

伊万·萨瑟兰[①]（Ivan Sutherland）于 1968 年创建了第一个虚拟现实显示系统。三维虚拟现实模型代表真实的物理环境或想象的环境，给用户带来身临其境的体验。到 20 世纪 90 年代，商用虚拟现实耳机已经上市，由世嘉（Sega）和任天堂（Nintendo）生产，应用在电子游戏市场 。在接下来的 20 年里，虚拟现实游戏被工业应用所取代，例如用于医疗成像、建筑及土地应用中使用的地理信息系统（GIS）。消费品中，著名的虚拟现实产品包括谷歌眼镜（Google Glass）和微软 HoloLens。增强现实使用数码捕获设备（如相机

---

① 或译伊凡·苏泽兰。——译者注

或手机）将数字对象添加到真实对象中。混合现实将数字对象与物理对象实时混合，这是通过一个称为"数字孪生"的概念实现的。

8.3.7　3D 打印与增材制造

计算机辅助设计与计算机辅助制造日益普及，催生了一种新形式的工业设计及制造，最终发展为离散制造系统（DMS）、可调节制造系统（AMS）和柔性制造系统（FMS）或可重构制造系统（RMS）。所有这些制造系统都得益于使用机器学习及机器人技术。

增材制造或 3D 打印是光刻技术的最新发展。3D 打印现在更加灵活，通用电气在可重构制造系统中使用 3D 打印制造喷气发动机部件。

8.3.8　神经形态计算

神经形态计算想要复制生物元素的计算特性，即生物存储信息以及修改、更新及适应环境触发因素的能力。目前的趋势是利用混合信号技术，使用替代的硅基材料来模拟有机碳基材料。欧洲大脑项目（European Brain Project）是一个合作项目，旨在模拟大脑功能，并在生物系统可能达到的速度基础上加速学习及处理。

随着最新研究的重点转向以自然及生物系统工作方式的大规模计算建模，备受推崇的摩尔计算定律（Moore's law）不再适用。这种方法的主要优点是显著降低了功耗。一般而言，人工智能需要巨大的电力资源，但新形态芯片只消耗 70 毫瓦的电力，仅为同等能力英特尔（Intel）芯片消耗电力的千分之一。

8.3.9　生物芯片

生物计算涉及结合生物学及自然的纳米形态细胞，以脱氧核糖核酸

（DNA）作为存储介质。纳米工程及生物技术并置是第四次工业革命一个绝佳的例子。生物和技术系统的融合将对能源系统及计算速度产生重大影响。生物及磁阻传感器、混合动力汽车电池及车载网络设备等设备代表了第四次工业革命的展开。

8.4 第四次工业革命中的人工智能应用

人工智能已经触及人类生活的许多方面，它通过分析来预测各种工业应用中的数据。人工智能的加入不仅提高了基础设施的运营效率，而且还降低了成本。本节描述第四次工业革命所特有的人工智能的一些产业应用。

8.4.1 游戏产业

2015 年全球游戏市场价值 1520 亿美元，到 2025 年可能达到 2570 亿美元，复合年增长率为 17%。从棋类游戏到交互式战略游戏，人工智能无处不在。卡内基梅隆大学开发了一个名为 Libratus 的神经网络。这种深度学习算法可以进行统计预测。Libratus 不是为了学习象棋游戏之类的策略而设计的，但是它能按照规则及其他玩家提供给它的信息来下棋。Libratus 可以基于不完善的信息做出响应，非常高效。Libratus 的深度学习计划包括相当于 1500 万小时的培训，用来完善其策略。Libratus 后来赢得了为期 20 天的扑克锦标赛。

8.4.2 监控及人类行为营销

监控及人类行为跟踪是关键领域，人工智能在这些领域创造了有效利基。机器学习用于检测员工的异常行为。各国都在使用监控来标记员工违反常规行为模式所产生的安全风险。

在这些领域，机器学习捕获数据，例如常规选择的文件以及选择的文件是否在特定员工的领域之外。这样，可以及早发现各个行业甚至政府中的窥探员工行为或员工的间谍活动。这样一来，可以减少安全威胁。

例如，如果员工开始制作未经授权的文件副本，或者窃取竞争对手可能感兴趣的信息，他们就会被发现。监控还检查员工对网络钓鱼攻击的响应或在电子邮件中打开任何恶意软件的情况。

8.4.3 身份管理

随着银行安全信息访问量的增加，使用语音激活身份验证的数字钱包的安全风险越来越高。人工智能可将用户声音的振动与已知模式相匹配，让数字助理根据是否建立了音频匹配进行响应，否则数字助理将停止响应。

物联网与机器学习相结合，可用于比较用户的语音及语音调制，以防骗子通过模仿进行身份盗用。语音身份证明与生物特征相结合是确保无线设备安全的一种非常有效的方法。手机和谷歌助手使用语音训练及识别来接受用户命令。

8.4.4 聊天机器人

拥有高客户流量及大量查询服务的网站正在使用人工智能辅助聊天机器人来处理客户查询。亚马逊使用聊天机器人处理客户关于销售或交付问题的咨询。大学网站可以全天候处理与课程相关的查询，卫星直播电视（DTH）运营商 TataSky 使用聊天机器人处理及解决大多数客户问题。研究人员对多达 20 万个问题及其 80 万个答案进行深度神经训练，其结果是，一个聊天机器人就可以检测问题类型及其相关语境，用友善的语气向用户提供答案，从而显著降低成本，提高效率。

8.4.5 医疗保健

人工智能在英国用来解决皮肤癌的早期检测问题。在早期发现患者患有皮肤癌可将 5 年生存率提高到 97%，但只能由训练有素的皮肤科医生及早发现。斯坦福大学的研究人员使用 10 万多张训练图像应用机器学习来识别皮肤癌，经过机器训练后，人工智能算法从收集的图像中分离出致命与非致命的皮肤癌。与 21 位经验丰富的临床医生相比，人工智能算法具备匹配模式识别能力。

8.4.6 可穿戴式健康监测仪

可穿戴技术是最近出现的一种技术，新的可穿戴设备正在进入市场。现在，消费电子市场上的智能手表及智能手环价格实惠，很容易购得。这些可穿戴小工具从用户那里收集数据，以确定基线数据，然后在读数达到报警水平时，根据基线数据发出警报。它们可以通过监测体温、脉搏、血氧水平等来检测患者是否会生病。因此，可穿戴设备在管理用户健康方面发挥着重要作用。

8.4.7 资产监控及维护

建筑物内的供暖及通风装置配有传感器。关键位置的电梯及运动传感器通过跟踪温度、湿度及电力使用情况，收集关乎火灾发生可能性的重要信息。大坝的电力设施采用基于人工智能的自动资产监测系统测量大坝墙壁上的超载压力，指示即将发生的危险或故障。通过输入数年的数据，机器学习可以测试系统是否能够成功检测到下一次灾难，从而实现了深度学习。

8.4.8 监控社交媒体上的虚假新闻

社交媒体的使用量呈持续上升趋势，脸谱网的用户数量可能比世界上人口最多国家的居民还要多。这种态势构成了巨大威胁，会产生虚假新闻，虚假新闻在脸谱网、WhatsApp 和推特等社交媒体平台上的传播速度很快。在任何社交媒体平台上输入的误导信息都会很容易地获得关注，流行开来。在这一领域，人工智能可以标记可疑内容，防止其大量传播。例如，WhatsApp 可检测到在一系列文本消息中转发的消息，并禁止将其发送给多个个人。人工智能可以标注假新闻并传播此标记信息。例如，谷歌可根据标题元数据标记可能的垃圾邮件。人工智能还可以通过监控社交媒体的喜好和分享行为模式，帮助摧毁虚假新闻经济。脸谱网发起了一场识别及消除虚假新闻传播的运动。这场运动在 14 个国家同时推广，旨在提高人们的洞察力及防范意识。

8.4.9　家具设计

Autodesk Dreamcatcher 是一个设计制造机器学习软件包，用于设计椅子。设计师决定要使用的材料及面料，然后交由该软件接管。将座椅的高度及承载能力等基本设计以及座椅的三维模型输入到软件中，软件经过几次改进后，便可做出最佳家具。任何多余的金属或木材都会被去掉。经过几次迭代后，该软件优化了椅子的接头位置，从而可以高效节约地创建出最终产品。

8.4.10　航空工程设计

航空工程设计的问题就是要在飞机上制造更轻更坚固的隔板，将飞行员区与乘客区分隔开来。飞行员坐在由这些隔板支撑的折叠座椅上，因此要求隔板足够坚固。欧洲客机制造商空中客车（Airbus）与 Autodesk 合作，根据对这些材料的轻质及强度要求设计隔板。最终产品为基于骨增长方式生产的 3D 打印分区，比原始产品轻 50% 以上，大大超过 30% 的减重目标。

8.4.11 自动驾驶车辆

自动无人驾驶汽车将机器学习、图像识别、传感器、执行器、机器人及神经网络等多种技术集成在一个盒子里。大多数现代汽车都内置了一定程度的人工智能，车载计算机从发动机罩下安装的各种传感器收集数据，并根据发动机转速、温度及气流决定燃油的燃烧。车载计算机在多点燃油喷射系统的帮助下，优化了发动机动力性能及经济性能。

人工智能在汽车应用的下一步是辅助停车，在各种摄像头的帮助下，车载计算机执行汽车驶入停车位的操作。自动无人驾驶汽车需要采集更多数据，对道路上以不同速度移动的物体进行分析。配备人工智能的汽车即使遇到意外，如事故、前方汽车突然刹车或前方出现行人等，也能快速响应。这就需要更多的内置处理能力来运行由交互人工智能子系统组成的复杂神经网络。无人驾驶汽车已经处于原型阶段，特斯拉（Tesla）和福特（Ford）已经启动了各自的自动驾驶汽车项目。福特在"Argo人工智能"项目中投资了10亿美元，用于开发自动驾驶汽车技术。

8.4.12 人工智能电网

电力需求逐年增长，管理电网中各个节点的需求及供应就显得非常重要。随着能源从化石燃料发电机转向风能、太阳能及地热能等更清洁的能源，电力公司需要考虑如何应对替代能源发电能力的大幅波动。世界各地的国家电网正在转向支持人工智能的智能电网，用来管理电网节点的电力需求。谷歌 DeepMind 正在使用机器学习，提供比人工电网运营商更多的解决方案。基于人工智能的系统可以使用机器学习来更好地预测需求及供应，在不需要任何额外基础设施投资的情况下节省约 10% 的年需求。

8.5 结论

自 20 世纪 40 年代以来，人工智能经历了一段曲折的发展历史，做了许多承诺，也有许多奇妙的预测，夸大了其可以解决当时问题的能力及技术。当今的多层神经网络与传统的已知计算机技术相去甚远。这种方法从神经及认知科学中找到动力，获得灵感。它不是对机器进行编程，而是教机器学会像人类一样寻找解决方案。机器学习、大数据及计算能力的融合让机器思维成为可能。机器智能正在植入日常设备中，例如使用模糊逻辑工作的小型自动洗衣机。机器学习及人工智能是第四次工业革命的核心，就像之前第三次工业革命中的计算机及微处理器、第二次工业革命中的电力、第一次工业革命中的蒸汽动力一样。

新一代人工智能我们以前从未见过。在我们寻求建立并不断改进我们的机器，使其能够根据事情的来龙去脉思考解决方案的过程中，我们需要从指令集算法转向神经科学及认知科学领域。在使用谷歌 Speech 时，我们使用了 10~12 层深度神经网络技术。

回顾历史，第四次工业革命不是由单个技术驱动的，而是由尝试为复杂问题提供不断发展的新颖解决方案的技术组合驱动的。机器学习可以让生成性设计生成新颖的设计，而这些设计很难使用传统制造方法来创建。

人工智能技术越来越多地用于解决其商业部门特有的复杂商业问题，从医疗保健到教育，再到制造业以及监控、安全及休闲领域。人工智能技术或以人工智能为中心的技术为企业提供了竞争优势。我们生活在一个技术发展速度极快的时代，只有想象力可以限制第四次工业革命的商业机会，世界各地的研发实验室正在开发这些商机。如何把事情做得更好、更有效率，这是所有创新人工智能技术的首要问题。世界经济论坛全球议程理事会（World Economic Forum's Global Agenda Council）对 800 名高管进行了一项调查，以

第 8 章
人工智能与第四次工业革命

评估这些企业领导人如何评价第四次工业革命改变游戏规则的技术在公共领域的推广状况。调查报告列出了人工智能在工业应用中的 21 个主要变化及其触发点，其中一些变化见表 8.2。

表 8.2　人工智能在工业应用中的深刻转变及其触发点

范式转换	触发点	附加信息
植入式技术	第一款商用植入式手机	人们与设备的联系越来越紧密，这些设备不仅可以佩戴，还可以植入体内，实现通信、定位和生命健康信号监测。耳蜗植入物、牙齿植入物和起搏器就是一些例子。诺华公司开发的一种可生物降解的药丸有一个可生物降解装置，该装置与用户手机通信，以告知其药物动力学信息
新的视觉界面	10% 的阅读课程连接到互联网	谷歌眼镜是将眼镜、眼戴设备和耳机智能化并连接互联网的一个例子。这些眼镜可以让用户流畅地操纵三维世界的物体
可穿戴式网络	10% 的人会穿联网衣服	通过嵌入芯片连接物品和主人，移动电话通讯将比如今的移动电话更接近主人。这对医院或个人监护婴儿很有用
物联网	将有一万亿个传感器连接到互联网	随着硬件价格的下降，将任何东西连接到互联网都很经济实惠。智能传感器随处可见，价格很有竞争力。这些设备联网后可以相互通信
智慧城市	第一个拥有至少 5 万人且没有红绿灯的城市	智能城市将服务、道路或公用设施连接到互联网。智慧城市管理其能源消耗、材料流、物流和交通。新加坡和巴塞罗那已经开始推出数据驱动服务、智能泊车系统以及自动垃圾收集系统
大数据与决策制定	第一个用大数据源取代人口普查的政府	各国政府可能都会开始转向大数据技术，使其项目自动化，提供创新服务。大数据分析将有助于更好更快地做出决策
人工智能与决策制定	公司董事会层面的人工智能决策制定	人工智能可以用于分析过去的数据及情况，以根据情况将复杂的决策过程自动化
服务机器人	机器人药剂师	机器人技术已经应用于农业和制造业。现代汽车从制造到包装 75% 是由机器人完成的；服务机器人将是下一波浪潮
3D 打印及制造	正在生产第一辆 3D 打印汽车	增材制造或 3D 打印可以创建复杂对象，不需要复杂设备。打印机可以利用各种输入材料（如塑料、铝、钢、陶瓷或某些合金）打印多个对象。3D 打印将取代工厂中的大量设备，使设备变得更小

续表

范式转换	触发点	附加信息
神经技术	人工记忆芯片植入人脑	世界上资助最多的两个研究项目，即欧盟的人类大脑计划（Human Brain Project）和美国的通过推进创新神经技术开展大脑研究（Brain Research through Advancing Innovative Neurotechnologies，BRAIN），专注于科学及医学研究
医疗保健中的3D打印	人类肝脏的首次移植	未来生物打印技术可能会使用多种材料打印人体器官，如用钛打印骨骼，或用陶瓷打印牙齿等定制部件。医院可以通过修复印刷为每位患者定制身体部位、夹板、植入物等
无人驾驶车辆	道路上所有汽车中，有十分之一是无人驾驶汽车	无人驾驶汽车已经处于试验阶段，具有更高安全潜力，可以减少尾气排放及道路拥堵，改善物流状况

我们可能无法完全理解第四次工业革命的发展速度及范围。数十亿人通过互联网及移动电话互联，这产生了巨大的规模处理能力、云存储及前所未有的知识获取途径。机器学习、人工智能、神经网络、物联网、增材制造、纳米技术、能量存储及材料科学进步的融合带来了技术突破。其中一些创新尚处于起步阶段，但有望成为革命的核心。这些技术已经达到临界质量，它们将塑造第四次工业革命并加速其发展。最新发展的商业模式正在全面改变行业及企业的面貌。各个政府及各大机构都目睹了医疗、通信及交通等支柱产业的范式转变经历了巨大变化。第四次工业革命的技术组合将如何从这里展开，我们不得而知。我们必须就新技术如何在社会、经济及文化背景下改变我们的生活，形成一种全球公认的共同观点。

第9章

人工智能评估帮助学生通过在线系统学习

尼迪·舒克拉（Nidhi Shukla）

印度勒克瑙（Lucknow）圣拉姆斯沃普纪念大学（Shri Ramswaroop Memorial University）商业与经济管理学院（Institute of Management Commerce and Economics Department）副教授

K. S. 佩里亚纳亚加姆（K.S.Perianayagam）

印度撒哈拉网络有限公司（Sahara Net Corp Ltd.）首席技术官

阿南德·辛哈（Anand Sinha）

印度勒克瑙撒哈拉网络有限公司运营负责人

目前有多种不同的在线学习及评估方法，包括虚拟教室、视频/音频教程、电子书等。几乎没有证据表明人工智能可以作为在线教学工具。我们想介绍一下人工智能技术，以评估在线学习方法的效用。这里介绍的技术独立于当前描述的评估方法。最常见的学生测试系统是问答法，该方法依赖于某个主题的基于样本的问卷调查，并收集学生的回答。评估将在课程结束时进行。利用这种方法进行的评估仅限于答案是否正确，我们以此推断学生对该学科知识的掌握。在本文中，我们建议应该对学生进行持续评估。这种类型的评估是以对学生进行分级量表测试为基础，这与测试学生是否符合"及格"或"不及格"的标准有所不同。我们的目标是关注人工智能技术在在线学习环境中帮助对学生的表现进行评分，并提供反馈以改进学习过程。为了理解这种方法，我们演示了一个基于马尔可夫决策过程（Markov Decision Process）的简单实现。

9.1　问题描述

在线学习环境由学习材料（课程及相关问题）、课程交付机制及评估过程组成。这三个实体发挥着非常重要的作用，可以保证学习过程有效。要注意，这些实体中的每一个都是互相关联，共享反馈，以提高学习过程的效用，这一点很重要。学生评估是一个持续的过程，直到学生完成在线课程。评估以问答模型为基础。这些问题主要是为了测试学生最近所学的科目。

在本文中，我们将重点关注以人工智能技术为驱动的评估过程。评估将定期进行。可以从学生获得的知识或技能来衡量学习系统的效用，这是一个公认的事实。因此，表现评估应尽可能准确，以便向学习环境提供反馈，从而改进学习过程。

因此，问题归结为：通过在线方法评估学生的学习情况，提高学生在学习过程中的表现，为学习环境提供良好的反馈。

9.2　在线学习环境

内容交付及评估流程是在线学习环境的关键组成部分。其主要目标是为学生提供一个获得所需知识和技能的环境。内容交付主要负责课程导航。评估流程负责执行定期评估并提供反馈。评估学生的流行方法是布置任务（作业）、开展问答环节、进行测验等。最流行、最合适的反馈机制是问答法。然而，安·波卢斯（Ann Polus）等人的分析表明，反馈的效用不只在于传递方式和及时反馈，还包括给出反馈的讲师的可信度。在无教师的环境中，自动反馈机制应该具有这种可信度。典型的在线学习环境如图9.1所示。

9.2.1　内容交付流程

内容交付的主要任务是向学生展示学习材料（文本、音频、视频），模拟课堂环境。经验丰富的教师在课堂上面对面授课，他/她通过分析学生在回答问题时的反应，了解学生对所教主题的理解程度。然后，老师可以强化主题、解释主题，帮助学生学习。如果我们能够模拟这个过程，那么我们就可以创造一个有效的在线学习环境。在课堂上，教师面对的是一群具有不同学习能力的学生，因此内容交付应根据每个学生的情况定制内容。因此，有必要单独评估每个学生。

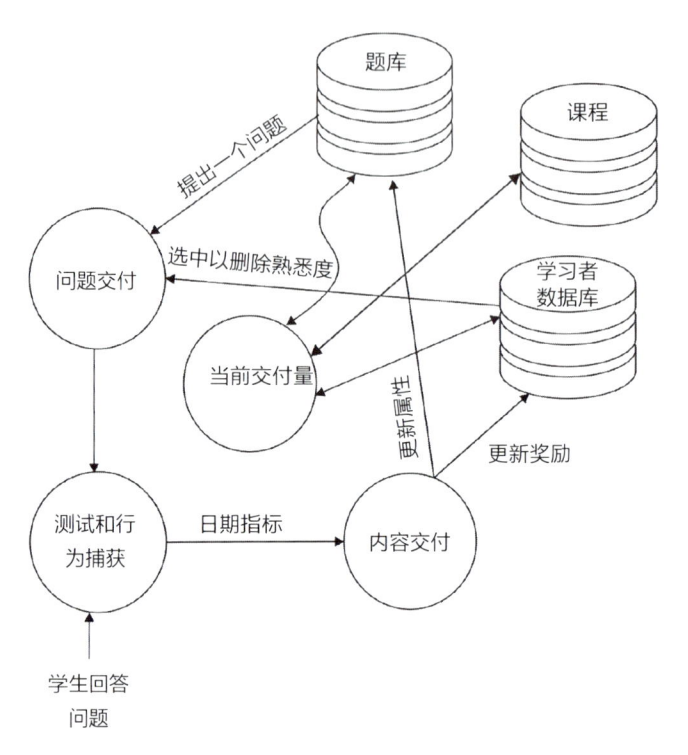

图 9.1　典型的在线学习环境

9.2.2　评估流程

评估流程在评估学生的表现后,向内容交付流程提供关于学生的反馈。这个流程在很大程度上取决于问题的质量、选择问题的策略、在回答时捕捉学生的行为。为了强化问题的生成,研究人员于 2014 年提出了自动问题生成。《国际教育人工智能杂志》(*International Journal of Artificial Intelligence in Education*,IJAIED)上发表的一篇评论文章建议要进一步改进实验报告,协调评估指标,并研究其他更为可行的评估方法。评估流程包括问题提交、测试与行为捕获、评估及提供反馈。

在线学习环境中的问题传递机制应该持续关注学生,以避免问题重复。这与在线测试不同,在线测试的目的是在课程结束时测试更广泛的学科知识。南达库马尔（Nandakumar）等人提出了应用马尔可夫链（Markov Chain）来评估问题分类的可靠性，并根据一段时间内处理难度水平的达成情况对学生的表现进行分类。

9.3　问答模型

通常，问答模型随机选择问题提交给学生，并根据答案来判断学生的知识掌握情况。这些问题用来判断特定主题（主题或概念）的知识。如果答案正确，我们推断学生知道这个主题，否则他/她不知道这个主题。

尽管问答法已被广泛接受，但该方法可能无法准确地确定学生是否已获得所需的知识。主要原因是回答具有随机性。要想理解这一点，我们将首先讨论一下问题的类型，并对问题进行分类。

最广泛使用的问题类型

最简单、最广泛使用的问题是"是（正确）"或"否（错误）"类型。这类问题的答案具有二元属性。这也包括"这或那""正确或错误"类型的问题。例如：

示例1：

- 蟒蛇是一种蛇
- 是
- 否

对蛇一无所知的学生可能会回答"是"。但如果有人说"不"，那么我们很可能推断出他/她不知道蛇的种类。

示例2：

- Python 是一种编程语言

- 正确

- 错误

不懂编程语言的学生可能会回答"是"。但如果有人说"否",那么我们有很大概率推断出他/她的确不懂 Python 编程语言。

示例 3:

- 哪种金属更重?

- 铝

- 铜

回答"铜"的学生可能并不知道铜的密度(8940 千克/立方米)和铝的密度(2710 千克/立方米)。

总之,从这些类型的问题中很难推断出学生的知识掌握情况。

广泛使用的第二类问题是多项选择题(MCQ)。这个问题提供了一些选项,并要求学生从中选出答案。正确答案可以是所给选项列表中的一个或多个。

示例 4:

- 对于给定面积,哪个形状的周长最小?

- 方形

- 三角形

- 五角形

- 圆形

- 不知道

如果学生选择"圆形",我们是否可以推断他/她具有计算各种形状的面积及周长以及优化技术的知识? 不可以,因为如果学生对这个问题有先验知识或熟悉这个问题,那么他/她就可以选择正确的答案。然而,如果学生选择了"圆形"以外的任何答案,我们都可以推断他/她不知道如何使用优化技术。我们可以假设这个学生知道如何计算不同形状的面积和周长吗？这个问题的目的应该是寻找知识的一个方面。因此，如果问题的目的是测试关于各种形状的面积或周长的知识，那么我们应该重新定义问题。

示例 5：

- 以下哪些是 Python 中的可变对象？
- Int
- String
- List
- Dictionary
- Tuple
- 不知道

让我们来根据学生的回答分析可能的答案及其相应的推论：

- List 和 Dictionary——正确。知道给定列表中的可变及不可变对象。在 Python 中，这个人可能会也可能不会列出可变和不可变对象的完整列表。

- List、Dictionary 和 String——错误。不知道 String 是不可变的。

- List 和 String——错误。不知道 Dictionary 是可变的，String 是不可变的。

- String 和 Tuple——错误。不知道可变和不可变对象有哪些。

- 不知道——错误。不知道可变和不可变对象有哪些。

总之，这些类型的选择数量有限。它们也不受回答者的熟悉程度或先前事件的影响。

我们还有其他类型的问题，学生需要输入答案，像"纠正句子""填写缺失的字段""给出替代解决方案"等问题。

我们看看下面给出的示例：

示例 6：

- 使用括号，让以下表达式有效。

- $7^2+6^2-5^2-4^2\times3^2-2^2\times1=0$

这个问题旨在测试学生对表达式顺序的了解。如果学生回答正确，那么我们可以推断他们具备所需的知识。答案评估需要与正确的已知结果进行简单比较。由于答案是输入的，而不是选择的，因此推断将更准确。

总之，随着我们越来越多地让学生参与解决问题，而不是选择或猜测答案，关于学生知识掌握得如何的推断将更加准确。

还有更多类型的问题，我们不再逐一详述。本文给出的方法适用于所有类型的问题，前提是它们符合下面这套规则：

规则1：问题的目的应该集中在测试学生在一个逻辑独立的主题中的知识。不建议在一个以上相关或无关的主题中提出复合问题进行测试。在这种情况下，需要对问题进行分层分解，形成一组逻辑相关联的问题，而不是单个问题。

规则2：应该有大量的问题来解决相同的意图。这将有助于提高交付的随机性。例如，可以生成一百万个关于表达式评估的问题。

（以上规则是作者/老师的责任，他们希望得到关于学生表现的反馈。）

规则3：在多项选择题中，不应使用"以上都不是"的选项。相反，应使用"不知道"选项。

规则4：每个问题都应该有一个"生命"。生命结束后，问题会进入休眠期，并可能再次重生。这有助于我们关注学生是否熟悉问题。

规则5：每个问题都应该有一个冷却期，以避免重复。

规则6：如果同一个人已经成功提问，则不应重复提问该问题。如果问题回答不正确，则可以以低优先级再次提出该问题（若无法从库中选择新问题）。

规则7：如果是多项选择题，可以修改答案的措辞/顺序以避免学生熟悉问题。

规则8：如果学生没有回答该问题，则认为答案是"不知道"。

问题生成实施过程不在本文的当前考虑范围内。我们将侧重于在评估过程中使用人工智能技术。

9.4 人工智能和机器学习简介

1950 年，阿兰·图灵（Alan Turing）在其题为《计算机器与智能》的论文中提到，"机器学习的一个重要特征是，尽管老师可能在某种程度上仍然能够预测'学生'的行为，但它通常对内部发生的事情一无所知。"这与使用机器进行计算时的正常程序形成了鲜明对比，此时，人的目标是在计算过程中的每一时刻都能清楚地了解机器的状态。阿兰·图灵使用的"老师"一词暗指用于学习的计算机和算法。值得注意的是，他使用了三个重要的实体：学习机器、教师和学生。阿兰·图灵还提到，学生的行为在某种程度上是可以预测的。机器学习算法的目标是使预测尽可能准确。

1956 年，一群科学家在达特茅斯的计算机科学会议上首次提出（创造）"人工智能"这一术语。这群科学家的目标是制定一个框架来更好地理解人类智力。这群科学家确定了机器模拟人类因素的关键因素是机器学习。

机器学习是一组用于解决特定现实问题的算法、数据结构及模型。机器学习是人工智能的一个子集，用于理解及改进其性能，而不改变实施过程（编程）。机器可以学习执行特定任务。机器学习的常见任务包括从数字图片中识别物体或预测买家在线购物的行为。机器学习在很大程度上促进了与人工智能相关的各种应用。

9.5 选择机器学习算法来解决我们的问题

对于每种学习范式，都会有一个问题和一个解决方法。通常，学习范式使用输入数据并产生输出来解决问题。我们将考虑广泛使用的三种主要机器学习范式，即有监督学习、无监督学习和强化学习。

有监督学习是指使用一组已知的标记培训数据进行学习。每个训练数据集都存在一个输出对象。有监督学习的目标是映射样本数据集中未包含的未发现样本，并生成可接受的结果。相对于训练集中指定的目标，有监督学习可以最小化模型预测输出的误差。这种学习范式最适合分类、识别、预测类型的问题。

在无监督学习中，我们解放机器，以便在数据集中找到隐藏的模式。我们不会针对数据集提供任何已知的输出。因此，在无监督学习中，数据集中的隐藏模式可以被识别出来，作为输出结果。无监督学习算法包括聚类及主成分分析（PCA），用于数据挖掘类型的应用程序，以发现模式或行为。主成分分析是一种无监督算法，用于输入数据降维及特征提取。主成分分析努力收集数据中匹配的信息，并通过分组得出结论。

强化学习在一系列决策问题中使用一组控制措施。与已知数据集固定的有监督学习及无监督学习算法不同，强化学习使用连续变化的数据集。强化学习以一种反馈机制为基础，即对代理行为进行评估的环境反馈。正是反馈的存在使强化学习不同于无监督学习。此外，如果我们想使用有监督学习或无监督学习算法，那么我们需要问大量学生每个问题，并收集他们的回答，以创建一组固定的已知数据。这项任务不太容易完成。在本文中，我们使用强化学习技术来解决我们的问题。

强化学习

强化学习框架有四个主要元素，即智能体、行动、环境及策略。

- 智能体：

智能体是主要因素。它根据当前情况执行操作。

- 行动：

智能体可以执行的各种操作。

- 环境：

环境是智能体执行的背景。由状态（State）、动态（Dynamics）及回报（Rewards）组成。

状态代表着环境的所有可能存在。智能体将根据当前情况逐步处理环境中的状态。

动态描述了动作如何影响环境状态。回报描述智能体的目标或环境反馈。

- 策略描述了智能体的行为。智能体通过遵循策略进行选择。

我们现在将把这些因素与我们的问题对应起来。

我们将详细介绍评估机制。在在线学习环境中，我们有更多的智能体，如内容交付、问题生成等。评估流程的操作包括：

- 选择问题
- 执行测试
- 收集指标
- 分析指标
- 更新学生级别
- 更新问题属性

对于实施，我们将重点分析指标、更新学生水平及更新问题属性。

环境包括：

- 问题及其属性
- 学生水平（年级）
- 差或无法评分（0级）
- 初学者（1级）
- 平均（2级）

- 良好（3级）
- 优秀（4级）
- 环境状态（开始、基本、一般、良好和较差）
- 问题回报（来自评估过程的反馈）
- 内容交付回报（来自评估过程的反馈）

策略是智能体用来执行的逻辑。这一逻辑是根据问题的属性、学生的反应指标及学生的当前水平构建的。需要依据这些策略来：

- 选择问题
- 衡量学生水平
- 更新问题的属性

9.6 评估流程

如上所述，学习环境有两个相关实体：内容交付及评估流程。内容交付不在我们目前讨论的范围之内。但我们将讨论将内容交付与评估过程结合起来所需的必要反馈要素。我们将继续构建评估过程的模板工具，用来演示强化学习技术的使用。

评估流程要执行的主要任务是：

1. 问题交付
2. 执行测试
3. 指标收集
4. 评估
5. 向其他代理人提供反馈

9.6.1 问题交付

问题交付包括一系列问题选择，这些选择要以当前评估状态、学生级别和问题属性为基础。问题被选中后，就会呈现给学生回答。这不是我们的主要讨论范围，因此我们将向学生指定一个问题。评估流程的反馈非常重要，可以确保问题按照表 9.1 中提到的规则进行管理。

表 9.1 各种规则及其与评估过程的关系

要关联的规则	问题交付	提出问题	评估反馈
规则 4	用于防止提出问题	无	更新数据以保持周期计数
规则 5	用于防止提出问题	无	更新数据以保持出现
规则 6	用于防止提出问题	无	相应地更新数据
规则 7	无	用于提出问题	无
规则 8	无	无	生成反馈

9.6.2 问题属性

所需问题的属性分为静态和动态两种。表 9.2 中给出的静态属性仅在评估过程中提及。静态属性在问题的生命周期内不会改变，在创建新问题时也不会进行分配。动态属性主要通过评估流程进行更新，以便向学习环境提供反馈。

表 9.2 问题的静态属性

属性名称	描述
标识符	在编程环境中识别问题
内容	问题陈述（文本、音频、视频）
类型	问题类型，如多项选择题、是非判断题等
答案选择列表	列表中的每个元素都有一组选项用来选择正确的答案。如果没有，则需要学生输入答案。提供该列表是为了重新定义遵循规则 7 的选择
正确答案列表	与选项列表相对应的正确答案列表
最多出现次数	一个问题可以出现的最多次数
预期回答时间	了解主题的人回答问题所需的时间

续表

属性名称	描述
出现的间隔	在出现此问题之前，问题池中要提出的其他问题的数量
可见时长	这个问题将在可见时长结束时消失

表 9.3 中给出的动态属性在学生回答完问题后更新。

表 9.3　问题的动态属性

名称	描述	评论	推论
应答时间	正确回答问题所需的时间	存储为列表，这是响应时间列表的子集	应计算最长时间、最短时间（最佳回答时间）和平均花费时间
响应时间	此人花费的总时间	存储为列表	可以得出可见时间是否合适
部分回答时间	部分正确回答所需的时间	存储为列表，这是响应列时间列表的子集	
正确答案数量	回答正确的人数		数字越大，表示问题越简单
错误答案数量	回答错误的人数		若数字较大则表示问题难以解决或问题表达不清楚
部分正确答案的数量	部分正确回答的人数	例如：在多项选择题中，正确答案可能不止一个，而某个人选择了几个，而不是一整套正确答案，与某些类型的问题无关	这个人缺乏相关知识或时间不足
部分正确和部分错误答案的数量		例如：在多项选择题中，正确答案可能不止一个，而此人选择了几个正确的、几个错误的，与某些类型的问题无关	这个人还没有完全理解这个主题
第一次尝试正确答案的次数	第一次回答的人数，在提交答案之前未更正答案	该值将小于或等于正确"人数"，此计数不包括部分正确答案	这个人对答案很有把握
未回答	未回答人数（可能是由于超时）		此数字越大，表示问题越不清楚，需要重新定义
当前出现次数	每次出现后递增的序列号		表明问题的成熟度及评估结果

静态属性用于选择要呈现的问题。由于我们没有实施问题交付流程，我

们将使用一个属性最小的问题来测试我们的实施情况。

9.7 评估因子状态及行动

评估因子使用简单的马尔可夫决策流程（MDP）实现。马尔可夫决策流程状态及动作如图 9.2 所示。马尔可夫决策流程有五种状态：开始、基本、一般、良好和较差。使用当前状态、从学生对问题的回答中收集的指标以及学生级别更改评估因子的状态。

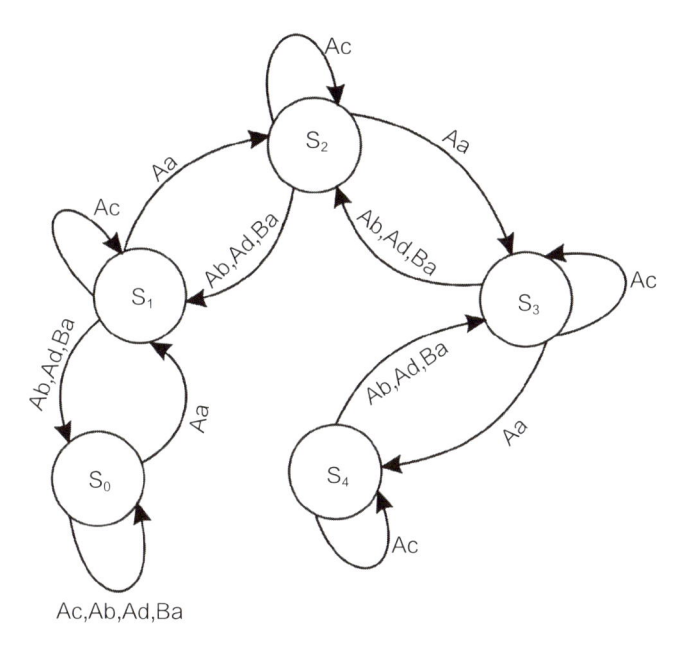

图 9.2 马尔可夫决策流程评估因子状态及行动

评估因子的初始状态为 S1（开始）。创建评估因子用来测试学生的新科目时，需指定此状态。观察学生在回答问题时的行为，收集行为作为指标。指标如下所示：

A. 已回答

a. 第一次试答答案正确

b. 迭代答案正确

c. 部分答案正确

d. 回答错误

B. 未回答

状态转换逻辑（State Transition Logic）及采取的措施如下：

A. 已回答

a. 如果在第一次尝试中正确回答了问题，则状态及学生级别都会提高。

b. 如果问题回答正确，但经过迭代，并且当前状态不等于学生级别，则状态和学生级别将递减，否则不变。

c. 如果问题回答部分正确，则学生等级将降低。

d. 如果问题回答错误，那么状态及学生级别都会降低。

B. 未回答

a. 如果问题没有得到回答，那么该状态将被降低。

状态转移矩阵如表 9.4 所示。

表 9.4　评估器状态转换矩阵

行为	当前状态	下一个状态	学生级别——当前级别	学生级别——下一级级别
第一次尝试回答正确	S_i	S_{i+1}	L_i	L_{i+1}
通过迭代更正答案	S_i	如果当前状态不等于学生级别，则为 S_i，否则为 S_{i-1}	L_i	如果当前状态不等于学生级别，则为 L_i，否则为 L_{i-1}
部分正确答案	S_i	S_i	L_i	L_{i-1}
回答错误	S_i	S_{i-1}	L_i	L_{i-1}
未回答	S_i	S_{i-1}	L_i	L_i

当学生开始学习某一特定科目时，我们将 1 级分配给学生。接着开展评估流程，定期衡量学生的进步。根据回答问题时收集的指标对学生级别及评

估因子状态进行修改。除此之外，评估流程还对问题本身的质量提供反馈。由于设计问卷很重要，因此问题反馈有助于实现有效的学习环境。此外，这还将有助于实施规则 1 和 2，用来维护题库。

评估流程取决于答题人的行为。收集的指标用于更新问题的动态属性。上述马尔可夫决策流程仅使用少数属性（已应答 / 未应答、完全正确 / 部分正确，第一次尝试 / 重复）。我们还有其他一些属性，如回答时间、正确答案与错误答案的比例，可以用来改进机器学习过程。

9.8 实施

示例评估因子流程是用 Python 3.8x 编写的。清单 1 包含了所有必需的类，清单 2 是一个测试实现的测试程序。

9.8.1 清单 1

```python
    # evaluator.py
"""
"""
class Student:
    """
    """
    def __init__(self, name):
        """
        Initializer
        Args:
            name : Name of the Student
        """
        self.level = 1
        self.name = name
        self.top_level = 4
        self.bottom_level = 0

    def reset(self, subject):
        """
```

    Resets the Evaluator state to the Beginning
    Args:
        subject(str): Subject Name
    """
    self._level = 1
    self._subject = subject

def begin_course(self, subject):
    """
    Creates an Evaluator for the course
    Args:
        subject = Name of the Subject
    """
    self.subject = subject
    self.evaluator = Evaluator()

def answer_correctly_firstattempt(self, question):
    """
    Simulates the behaviour of the student responding with correct answer in first attempt.
    Args:
        question: Question for which the behaviour is observed and metrics collected
    Returns:
        metrics object of type Answer.
    """
    metrics = Answer()
    metrics.sample_answer_metrics(question, True, 1, True, 70.9)
    return metrics

def answer_correctly_with_iteration(self, question):
    """
    Simulates the behaviour of the student responding with correct answer with iteration.
    Args:
        question: Question for which the behaviour is observed and metrics collected
    Returns:
        metrics object of type Answer.
    """
    metrics = Answer()
    metrics.sample_answer_metrics(question, True, 1, False, 100)
    return metrics

def answer_partly(self, question):
    """

Simulates the behaviour of the student responding with partly correct answer.
Args:
question: Question for which the behaviour is observed and metrics collected
Returns:
metrics object of type Answer.
"""
metrics = Answer()
metrics.sample_answer_metrics(question, True, 2, False, 200)
return metrics

def answer_wrongly(self, question):
"""
Simulates the behaviour of the student responding with wrong answer.
Args:
question: Question for which the behaviour is observed and metrics collected
Returns:
metrics object of type Answer.
"""
metrics = Answer()
metrics.sample_answer_metrics(question, True, 0, False, 100)
return metrics

def did_not_answer(self, question):
"""
Simulates the behaviour of the student did not answer.
Args:
question: Question for which the behaviour is observed and metrics collected
Returns:
metrics object of type Answer.
"""
metrics = Answer()
metrics.sample_answer_metrics(question, False, 0, False, 100)
return metrics

class Question:
"""
This class is created to test the Evaluator Class
"""
def __init__(self, expected_answer_time, max_no_appearances,
interval_between_appearances, visibility_time):
"""
Initializer to intialize attributes of the question
"""

```python
    # The following attributes are initialized while the question object is created
        self._expected_answer_time = expected_answer_time
        self._max_no_appearances = max_no_appearances
        self._interval_between_appearances = interval_between_appearances
        self._visibility_time = visibility_time

    # The following attributes are updated everytime after the question is answered
        self.no_of_appearances = 0;
        self.no_correctly_answered = 0
        self.no_of_first_attempted_correct_answers = 0
        self.no_of_partly_answered = 0
        self.no_of_wrongly_answered = 0
        self.no_of_unattempted = 0
        self.visibility_time = visibility_time
        self.list_of_answer_times = [expected_answer_time]# time taken to answer correctly by students
    def present_question(self):
        """
        Presents the question and collect answer
        """
        #Presenting the question is out of our scope

class Answer:
    """
    This class is created to test the logic used in
    the Evaluator Class
    """

    def __init__(self):
        """
        Initialize to set default values for an answer.
        """
        self.answered = False
        self.correct_answer = 0
        self.first_attempt = False
        self.answer_time = 0

    def sample_answer_metrics(self, question, answered, correct_answer, first_attempt,
                    answer_time):
        """
        To create a metrics based on the response from the student given as arguements
        and update the dynamic attributes of the question
        Args:
            question: The question being answered
            answered: True if answered or False
```

    Corrrect_answer: 0 for wrong answer, 1 for correct answer, 2 for part correct answer
    first_attempt: True if first ateempt, False for Iterated
    answer_time: time taken to answer
    """

   self._question_answered = question
   self.answered = answered
   self.correct_answer = correct_answer
   self.first_attempt = first_attempt
   self.answer_time = answer_time
   question.no_of_appearances +=1
   question.list_of_answer_times.append(answer_time)
   if answered:
    if correct_answer == 1:
     if first_attempt:
      question.no_of_first_attempted_correct_answers += 1
    elif correct_answer == 2:
     question.no_of_partly_answered += 1
     elif correct_answer == 0:
      question.no_of_wrongly_answered = +1
   else:
    question.no_of_unattempted +=1

class Evaluator:
 """

 A simple evalautor to implement the MDP
 """

 def __init__(self):
  """

  Constructor for the Evaluator Class
  """
  self._state = 1
  self._lower_state = 0
  self._upper_state = 4

 def evaluate(self, student, metrics):
  """

  This function evaluate and update of the state of the Evaluator. Also updates the level of the student as a feedabck to the content delivery
  Args:
   answered: Boolean. TRUE if answered or FALSE
   correct_answer: Integer 0 for Not Correct, 1 for all correct, 2 for partial correctness

first_attempt: Boolean. True for answered without iteration or False answer_time: in Seconds
Returns:
Return the Performance score after evalauting the student based on the input arguments.
"""
if metrics.answered:
   if metrics.correct_answer == 1 **and** metrics.first_attempt:
      if self._state != self._upper_state:
         self._state += 1
      if student.level != student.top_level:
         student.level +=1
   elif metrics.correct_answer == 1 **and** metrics.first_attempt== False:
      if student.level == self._state:
         if self._state != self._lower_state:
            self._state -= 1
         if student.level != student.bottom_level:
            student.level -=1
   elif metrics.correct_answer == 2:
      if student.level != student.bottom_level:
         student.level -= 1
   elif metrics.correct_answer == 0:
      if self._state != self._lower_state:
         self._state -= 1
      if student.level != student.bottom_level:
         student.level -=1
else:
   if self._state != self._lower_state:
      self._state -= 1

 # print("The Evaluator State is {} and the Student {} Level is {} ".
 #   format(self._state, student.name, student.level))
return (self._state + student.level)

#End of Listing 1

9.8.2 清单 2

#testcases.py **from** evaluator **import** *

#Create Seven Students and Register them for Algebra Class

studentA = Student(**'Anand'**)

studentA.begin_course('**Algebra**')

studentB = Student('**Bob**')

studentB.begin_course('**Algebra**')

studentC = Student('**Charlie**')

studentC.begin_course('**Algebra**')

studentD = Student('**Dravid**')

studentD.begin_course('**Algebra**')

studentE = Student('**Eshwar**')

studentE.begin_course('**Algebra**')

studentF = Student('**Fred**')

studentF.begin_course('**Algebra**')

studentG = Student('**Glen**')

studentG.begin_course('**Algebra**')

#Create Sample Question Templates

#Question(ExpectedAnswerTime, MaximumNumberOfAppearances,

IntervalBetweenAppearances, VisibilityTime)

question1= Question(120.0, 100, 20, 360)

question2= Question(100.0, 100, 20, 400)

question3= Question(200.0, 100, 20, 500)

question4= Question(100.0, 100, 20, 360)

question5= Question(150.0, 100, 20, 300)

question6= Question(100.0, 100, 20, 300)

question7= Question(200.0, 100, 20, 400)

question8= Question(200.0, 100, 20, 400)

#Evaluate the students as per the Table 9.4

#Evaluate StudentA

print("Evaluating {} (StudentA)".format(studentA.name))

metricsA = studentA.answer_correctly_firstattempt(question1)

studentA.evaluator.evaluate(studentA,metricsA)

metricsA = studentA.answer_correctly_firstattempt(question2)

studentA.evaluator.evaluate(studentA,metricsA)

metricsA = studentA.answer_correctly_firstattempt(question3)

studentA.evaluator.evaluate(studentA,metricsA)

metricsA = studentA.answer_correctly_firstattempt(question4)

studentA.evaluator.evaluate(studentA,metricsA)

metricsA = studentA.answer_correctly_firstattempt(question5)

studentA.evaluator.evaluate(studentA,metricsA)

metricsA = studentA.answer_correctly_firstattempt(question6)

studentA.evaluator.evaluate(studentA,metricsA)

metricsA = studentA.answer_correctly_firstattempt(question7)

studentA.evaluator.evaluate(studentA,metricsA)

metricsA = studentA.answer_correctly_firstattempt(question8)

performance_scoreA = studentA.evaluator.evaluate(studentA,metricsA)

#Evaluate StudentB

print("Evaluating {} (StudentB)".format(studentB.name))

metricsB = studentB.answer_correctly_firstattempt(question1)

studentB.evaluator.evaluate(studentB,metricsB)

metricsB = studentB.answer_correctly_firstattempt(question2)

studentB.evaluator.evaluate(studentB,metricsB)

metricsB = studentB.answer_correctly_firstattempt(question3) studentB.evaluator.evaluate(studentB,metricsB)

metricsB = studentB.answer_correctly_firstattempt(question4)

studentB.evaluator.evaluate(studentB,metricsB)

metricsB = studentB.answer_correctly_with_iteration(question5)

studentB.evaluator.evaluate(studentB,metricsB)

metricsB = studentB.answer_correctly_with_iteration(question6)

studentB.evaluator.evaluate(studentB,metricsB)

metricsB = studentB.answer_correctly_with_iteration(question7)

studentB.evaluator.evaluate(studentB,metricsB)

metricsB = studentB.answer_correctly_with_iteration(question8)

performance_scoreB = studentB.evaluator.evaluate(studentB,metricsB)

#Evaluate StudentC

print("Evaluating {} (StudentB)".format(studentC.name))

metricsC = studentC.answer_correctly_firstattempt(question1)

studentC.evaluator.evaluate(studentC,metricsC)

metricsC = studentC.answer_correctly_with_iteration(question2)

studentC.evaluator.evaluate(studentC,metricsC)

metricsC = studentC.answer_correctly_firstattempt(question3)

studentC.evaluator.evaluate(studentC,metricsC)

metricsC = studentC.answer_correctly_with_iteration(question4)

studentC.evaluator.evaluate(studentC,metricsC)

metricsC = studentC.answer_correctly_firstattempt(question5)

studentC.evaluator.evaluate(studentC,metricsC)

metricsC = studentC.answer_correctly_with_iteration(question6)

studentC.evaluator.evaluate(studentC,metricsC)

metricsC = studentC.answer_correctly_firstattempt(question7)

studentC.evaluator.evaluate(studentC,metricsC)

metricsC = studentC.answer_correctly_with_iteration(question8)

performance_scoreC = studentC.evaluator.evaluate(studentC,metricsC)

#Evaluate StudentD

print("Evaluating {} (StudentD)".format(studentD.name))

metricsD = studentD.answer_correctly_with_iteration(question1)

studentD.evaluator.evaluate(studentD,metricsD)

metricsD = studentD.answer_correctly_firstattempt(question2)

studentD.evaluator.evaluate(studentD,metricsD)

metricsD = studentD.answer_correctly_with_iteration(question3)

studentD.evaluator.evaluate(studentD,metricsD)

metricsD = studentD.answer_correctly_firstattempt(question4)

studentD.evaluator.evaluate(studentD,metricsD)

metricsD = studentD.answer_correctly_with_iteration(question5)

studentD.evaluator.evaluate(studentD,metricsD)

metricsD = studentD.answer_correctly_firstattempt(question6)

studentD.evaluator.evaluate(studentC,metricsC)

metricsD = studentD.answer_correctly_with_iteration(question7)

performance_scoreD = studentD.evaluator.evaluate(studentD,metricsD)

#Evaluate StudentE

print("Evaluating {} (StudentE)".format(studentE.name))

metricsE = studentE.did_not_answer(question1)

studentE.evaluator.evaluate(studentE,metricsE)

metricsE = studentE.did_not_answer(question2)

studentE.evaluator.evaluate(studentE,metricsE)

metricsE = studentE.did_not_answer(question3)

studentE.evaluator.evaluate(studentE,metricsE)

metricsE = studentE.did_not_answer(question4)

studentE.evaluator.evaluate(studentE,metricsE)

metricsE = studentE.did_not_answer(question5)

studentE.evaluator.evaluate(studentE,metricsE)

metricsE = studentE.answer_correctly_with_iteration(question6)

studentE.evaluator.evaluate(studentE,metricsE)

metricsE = studentE.answer_correctly_firstattempt(question7)

studentE.evaluator.evaluate(studentE,metricsE)

metricsE = studentE.answer_correctly_with_iteration(question8)

performance_scoreE = studentE.evaluator.evaluate(studentE,metricsE)

#Evaluate StudentF

print(**"Evaluating {} (StudentF)"**.format(studentF.name))

metricsF = studentF.did_not_answer(question1)

studentF.evaluator.evaluate(studentF,metricsF)

metricsF = studentF.did_not_answer(question2)

studentF.evaluator.evaluate(studentF,metricsF)

metricsF = studentF.did_not_answer(question3)

studentF.evaluator.evaluate(studentF,metricsF)

metricsF = studentF.answer_correctly_with_iteration(question4)

studentF.evaluator.evaluate(studentF,metricsF)

metricsF = studentF.answer_correctly_with_iteration(question5)

studentF.evaluator.evaluate(studentF,metricsF)

metricsF = studentF.answer_correctly_firstattempt(question7)

studentF.evaluator.evaluate(studentF,metricsF)

metricsF = studentF.answer_correctly_firstattempt(question8)

performance_scoreF = studentF.evaluator.evaluate(studentF,metricsF)

#Evaluate StudentG

print(''Evaluating {} (StudentG)''.format(studentG.name))

metricsG = studentG.did_not_answer(question1)

studentG.evaluator.evaluate(studentG,metricsG)

metricsG = studentG.answer_correctly_firstattempt(question2)

studentG.evaluator.evaluate(studentG,metricsG)

metricsG = studentG.did_not_answer(question3)

studentG.evaluator.evaluate(studentG,metricsG)

metricsG = studentG.answer_correctly_firstattempt(question4)

studentG.evaluator.evaluate(studentG,metricsG)

metricsG = studentG.did_not_answer(question5)

studentG.evaluator.evaluate(studentG,metricsG)

metricsG = studentG.answer_correctly_firstattempt(question6)

studentG.evaluator.evaluate(studentG,metricsG)

metricsG = studentG.did_not_answer(question7)

studentG.evaluator.evaluate(studentG,metricsG)

metricsG = studentG.answer_correctly_firstattempt(question8)

performance_scoreG = studentG.evaluator.evaluate(studentG,metricsG)

#Print the summary of performance score for each of the above students

print(''Performance Score of {} is {}''.format(studentA.name, performance_scoreA))

print(''Performance Score of {} is {}''.format(studentB.name, performance_ scoreB))

print("Performance Score of {} is {}".format(studentC.name, performance_scoreC))

print("Performance Score of {} is {}".format(studentD.name, performance_scoreD))

print("Performance Score of {} is {}".format(studentE.name, performance_scoreE))

print("Performance Score of {} is {}".format(studentF.name, performance_scoreF))

print("Performance Score of {} is {}".format(studentG.name, performance_scoreG))

End of Listing 2

9.8.3 执行细节

在 evaluator.py 中，我们创建了：

- 学生类
- 问题类
- 答案类
- 评估因子类

学生类具有以下功能：

- 创建新学生
- 开始新课程
- 回答问题
- 第一次尝试纠正
- 通过迭代进行纠正

- 部分正确
- 错误
- 不回答问题

应答函数使用应答对象来收集相关指标。

编写问题类只是为了显示静态及动态属性的执行。

其他函数（如演示等）未执行，因为不在我们的范围内。

回答类支持收集各种回答场景的指标，使评估因子能够做出状态更改的决策。它还更新问题的动态属性。

评估因子类评估度量指标并决定状态转换。它还更新学生级别并计算学生的表现作为回报。评估因子类将此性能作为反馈返回给内容交付。

9.8.4　测试评估因子

为了测试评估因子，我们创建了以下内容：

- 七名学生
- 八个问题
- 每个学生回答问题时的行为样本

清单 2 中给出的 Python 程序用于实现上述内容并收集结果。

我们在表 9.5 中显示了学生行为和学生在回答问题结束时的表现（评价因子状态总和 + 学生水平），显示为进步。需要注意的是，在回答了每个问题后，表现都可获得，此处未显示。

表 9.5　评估因子结果汇总

学生	问题1	问题2	问题3	问题4	问题5	问题6	问题7	问题8	评估因子状态（最终）	学生等级（最终）	状态及等级的总和（表现）
学生 A	1	1	1	1	1	1	1	1	4	4	8 良好

第 9 章
人工智能评估帮助学生通过在线系统学习

续表

学生	问题1	问题2	问题3	问题4	问题5	问题6	问题7	问题8	评估因子状态（最终）	学生等级（最终）	状态及等级的总和（表现）
学生 B	1	1	1	1	2	2	2	2	0	0	0 较差
学生 C	1	2	1	2	1	2	1	2	1	1	2 较差
学生 D	2	1	2	1	2	1	2	1	0	0	0 较差
学生 E	0	0	0	0	0	2	2	1	1	2	3 差
学生 F	0	0	0	2	2	2	1	1	2	3	5 一般
学生 G	0	1	0	1	0	1	0	1	1	4	5 一般

9.8.5 测试用例输出

在 *testcases.py* 中执行测试用例后的输出如下所示：

评估阿南德（Anand）（学生 A）

评估鲍勃（Bob）（学生 B）

评估查理（Charlie）（学生 C）

评估德拉维德（Dravid）（学生 D）

评估埃什瓦尔（Eshwar）（学生 E）

评估弗莱德（Fred）（学生 F）

评估格伦（Glen）（学生 G）

阿南德的表现分数为 8

鲍勃的表现得分为 0

查理的表现得分为 2

德拉维德的表现得分为 0

埃什瓦尔的表现得分为 3

弗莱德的表现分数为 5

格伦的表现得分为 5

上述结果可分为以下几类：
- 表现为 7 或 8，则良好
- 表现为 5 或 6，则为一般
- 表现为 3 或 4，则为差
- 表现为 0 或 1 或 2，则为较差

9.9 结论

事实证明，只需简单地在一个评估流程中执行马尔可夫决策流程就可以帮助评估学生的进步，并向其他流程提供反馈。我们可以扩大评估因子的原则，以考虑学生的更多行为属性。选择正确的问题是评估者的一项重要任务，我们没有将其纳入我们的范围。这个小练习揭示了人工智能技术改善在线学习环境的力量。

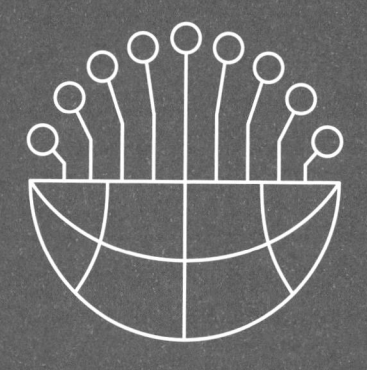

第10章

调查新冠疫情期间人工智能在电子学习革命中的应用

普亚·拉尼（Pooja Rani）
印度哈里雅纳法里达巴德基督教青年会（YMCA），贾格迪什·钱德拉·博斯科技大学管理研究系研究学者

拉奇纳·阿格拉瓦尔（Rachna Agrawal）
印度哈里雅纳法里达巴德基督教青年会，贾格迪什·钱德拉·博斯科技大学管理研究系副教授

10.1　引言

2019年年末，新冠疫情暴发。意大利是最先受新冠疫情严重影响的国家之一。2020年3月4日，意大利宣布全面封锁。2020年1月30日，印度发现了第一例该病毒病例，此后，该疫情传播到了印度的很多地区。截至2020年4月9日，印度报告的确诊可观察病例总数为5734例，死亡166人，这给卫生官员及政府带来了很大压力。控制感染的唯一干预措施是保持社交距离及封锁。新冠疫情大流行不仅影响人们的生活和健康，而且对该地区的所有行业都有不利影响。教育部门是受这一流行病影响最大的部门之一。封锁导致中小学校及大学因疫情而关闭，扰乱了教学日程，也导致家长、教师及学生产生紧张和焦虑。所有大学都已开始在线上课，并修改了教学日历，以应对疫情。对于教职员工及学生来说，这种在线课堂系统在学习模式方面取得了巨大进步。评估人员发现，人们的人工智能知识和意识有所增加，创造了新的独特技术，改进了学习和教学。有经验的教师需要高级创作工具来开发包含人工智能技术的教材。现在，预计人工智能技术的成本效益是现实的。其中一个好处是，人工智能培训与传统的计算机辅助培训（CBT）相比并不昂贵，而且明显比其他方法更具成本效益。

本研究的主要目的是检验人工智能在新冠疫情期间网络学习中的表现，第二个目的是探讨人工智能在后新冠疫情时代网络学习中的未来发展。本研究在几个方面与之前的研究有所不同。有一项早期重要研究侧重于疫情期间实施电子学习的最佳实践。本研究的重点是将人工智能投入在新冠疫情期间，用于电子学习革命，并对数据进行分析，以期得出一些创新的实际意义。

第 10 章
调查新冠疫情期间人工智能在电子学习革命中的应用

10.2 现有文献综述

在亚洲，印度确诊的病例数量很多。2020 年 3 月 24 日，印度总理宣布在全国范围内实施封锁，影响到印度的 13 亿人口（来源：美国消费者新闻与商业频道世界新闻）。由于强制封锁，人们只能待在家里，在家工作。印度的各种学校都开设了在线课程。本研究调查新冠疫情期间人工智能在电子学习革命中的应用，旨在填补研究空白。

法瓦尔（Favale）和若利韦（Jolivet）等人解释说，拯救经济的唯一步骤是让人们保持社交距离和封锁。由于封锁，人们必须改变他们的行为习惯，接受在线学习服务，例如个人使用微软团队协作网络 Teams、VPM、zoom、WebEx 等。在新冠疫情期间，拉米杰（Ramij）和苏丹娜（Sultana）、杰格尔（Jæger）和布拉拜克（Blaabæk）就发展中国家的在线课堂准备情况做了报告。因此，该分析是针对来自不同大学的 402 名学生的采访，使用二元逻辑回归模型评估结果。作者的研究结果表明，所有学校都已关闭，为了弥补学生的损失，在线课程必须保证学生的心理健康。

但这项研究并不适用于所有情况，因为发展中国家面临许多困难，如互联网速度、移动数据价格、家庭财务状况及学生的心理健康。所有发展中国家的政府都需要关注当前的制约因素，帮助将在线学习引入更广泛的学生群体（德夫和森古普塔）。人工智能是计算机科学的一个分支，能够执行通常需要人类智能的任务。人工智能技术有助于提高营销、广告、酒店业等所有分支机构的效率。布尼蒂鲁（Bounitirou）、利姆（Lim）以及法雷（Farré）等人研究了人工智能对服务公司影响的案例。据研究人员称，人工智能技术使企业能够准确洞察购买模式，助力优化实时数据，推动员工提高工作效率，帮助免除重复任务，协助预测决策，以实现预期结果。

佛邦（Phobun）、维奇安帕尼亚（Vicheanpanya）以及费迪格（Ferdig）

等人研究了自适应智能教学系统，用于在线学习系统，并预测人工智能可以在在线学习过程中充当多智能体系统。在人工智能的帮助下，培训师能够检测远程学习期间学习者的情绪。布纳蒂鲁（Bounatirou）、利姆（Lim）以及克莱默（Kraemer）等人认为，采用人工智能技术有助于创造持续的财务效益及竞争优势。人工智能是一种使用启发式编程和自然语言接口的技术，可以提高在线服务中数据的易用性及组织性。以前，在线搜索困难，在线数据库服务缺乏集成，直接影响服务质量。人工智能技术应用于在线数据库服务，进一步说明了人工智能的重要性。人工智能承诺改善基础设施，并改进只读光盘（CDROM）软件的要素。

在线教学带来了许多挑战。新冠疫情期间，斯卡尔（Scull）等人（2020年）、金（King）等人对教师教育的发展进行了研究，根据他在新冠疫情期间的研究，在澳大利亚，所有研究都是通过在线模式进行的。从面对面环境过渡到完全在线环境并不是一项简单任务。在这段时间里，所有学校教师都需要许多创造性实践。在线学习表明，人们远程工作、以电子方式举行会议，使得人们能够更有效地使用信息技术。在线跨专业教育让教师和学生都能在虚拟世界中保持人际互动、小组学习和透明度。

从上述讨论回顾中可以得出结论，新冠疫情带来了教育部门的范式变化。对于所有教育机构的学生来说，网络学习是一个新平台。人工智能是一门科学学科，有助于刺激人类智力扩展。本研究逐步讨论人工智能技术的应用如何导致教育部门的转变，而这一转变在疫情之前和之后都没有得到过探讨。

10.3　研究目标

本研究的目的是研究人工智能在电子学习革命中的应用，并探索人工

第 10 章
调查新冠疫情期间人工智能在电子学习革命中的应用

智能在后疫情时代的未来发展。因此，本研究的两个基本目标与上述事实一致，如下所示：

- 研究新冠疫情期间人工智能在电子学习中的表现。
- 研究人工智能在后疫情时代电子学习中的未来。

10.4 研究方法

研究方法的重点放在目标群体、抽样技术、数据收集及数据分析技术上。调查问卷用在线谷歌表格创建，目的是从各个私立大学及公立大学的教师那里收集关于在疫情流行期间采用在线学习方法的决定的信息。我们对教师进行问卷调查，要求教师们提供他们对在这场疫情期间使用人工智能进行在线教育革命的意见，收集并研究直接相关的几个方面的主要数据。在这项分析中，我使用了五点李克特量表（Likert scale）来测试教师的观点。回答有五个选项，分别是强烈同意（SA）、同意（A）、中立（N）、不同意（DA）和强烈不同意（SD）。

10.5 数据分析及讨论

人们认为，人工智能是一门具有多种方法的跨学科科学，人工智能技术的进步让虚拟产业转变为技术产业。人工智能的方法有助于模拟人类语言、翻译语言、诊断人类癌症、起草法律文件及游戏娱乐。由于这场疫情，人工智能管理的重要性得以凸显，人工智能管理引起了极大的关注，如表 10.1 和表 10.2 所示。

表10.1　新冠疫情期间人工智能在网络学习革命中的应用

应用领域	数集	最小	最大	均值	标准差
你认为人工智能技术能为在线学习过程遇到的问题提供实时解决方案吗？	204	2.0	5.0	4.059	0.8284
你认为人工智能技术有助于人类语言的处理吗？	204	1.0	5.0	3.966	0.9064
你认为人工智能技术有助于提供个性化的辅导课程吗？	204	1.0	5.0	3.245	1.0067
你认为人工智能技术有助于获取新知识吗？	204	1.0	5.0	3.245	1.0165
你认为人工智能技术有助于新冠疫情期间的技术升级吗？	204	1.0	5.0	3.270	1.0127
你认为人工智能技术有助于在网络学习过程中改变学习材料吗？	204	2.0	5.0	3.946	0.8257
你认为人工智能技术有助于在网络学习期间有效管理数据吗？	204	2.0	5.0	3.912	0.8076
你认为先进的人工智能技术有助于减少人力资源吗？	204	2.0	5.0	3.902	0.8004
你认为人工智能技术有助于减少错误吗？	204	1.0	5.0	3.877	0.8479

资料来源：研究人员计算及编制。

表10.2　人工智能在后疫情时代电子学习中的未来

应用领域	数集	最小	最大	均值	标准差
你认为人工智能技术能够提供对未来研究有用的技术工具吗？	204	2.0	5.0	3.917	0.8173
你们认为由于人工智能的进步，在后疫情时代，人们将来会有更多的职业选择吗？	204	2.0	5.0	3.936	0.7946
你认为人工智能技术有效地强调了未来后疫情时代需要改进的网络学习领域吗？	204	2.0	5.0	3.897	0.8270
你认为未来的人工智能技术将有助于创造身临其境的体验，而不是远程学习课程吗？	204	2.0	5.0	3.882	0.8339
你认为因为人工智能技术，大数据分析会更快、更简单吗？	204	1.0	5.0	3.892	0.8411
你认为人工智能技术将有助于让未来网络学习的大部分内容充满希望吗？	204	2.0	5.0	3.877	0.8001
你认为人工智能技术会帮助学生深入探索网络学习吗？	204	2.0	5.0	3.897	0.8089

续表

应用领域	数集	最小	最大	均值	标准差
你认为在未来的网络学习中，人工智能教员会比人类教员更专注、知识更渊博吗？	205	2.0	5.0	3.941	0.7961
你认为人工智能技术有助于在未来提供智能学习内容吗？	205	2.0	5.0	4.063	0.7988
你认为网络学习中的人工智能技术会起到虚拟促进者的作用吗？	205	2.0	5.0	4.107	0.8033

资料来源：研究人员计算及编制。

我们用社会科学统计软件包（SPSS）分析数据。最大人数参与者强烈同意人工智能给教育行业带来了一场革命，未来人工智能技术也将有效地推动教育行业的进步。

由于封锁，所有数字交易（如数字支付、在线培训、在线预订）以及所有数字活动（如在线学习及在线研讨会或其他会议）都有所增加。关于人工智能的研究已经做了很多，但还有更多的工作要做。理解人工智能技术将在许多方面对知识管理及人力资源管理大有裨益。之前的研究是针对人工智能技术在旅游业、医疗保健业等不同行业中的适应性进行的。因此，我们扩展了我们的文献，以确定人工智能技术在新冠疫情期间给教育行业带来的革命潜力以及人工智能技术在后疫情时代的未来。

10.6 启示与结论

研究结果发现了人工智能给教育行业带来的技术进步，这将对行业中的决策者、学习者及政府都很有益处。新冠疫情完全改变了教育部门的课程。可以发现，新冠疫情导致的封锁改变了人们的行为，人们开始采用在线服务。从面对面过渡到完全在线并非易事。在新冠疫情期间，在人工智能技术的助力下，学校有效地实施了在线课程。在人工智能技术的帮助下，教育行业发生了如下一场革命。

- 在人工智能的帮助下，所有教科书都实现了数字化。
- 借助人工智能，数据分析速度更快，理论开发更容易。
- 人工智能技术可以取代人类教育者。

这项研究为未来的研究打开了大门，因为人工智能的范围不仅限于教育部门，还包括经济的各个部门，其范围是无限的。最后，可以得出结论，人工智能技术将成为人类专家的支持系统。

10.7　局限及未来范围

该研究的局限性为未来的研究提供了一些机会。虽然本研究的样本量有限，无法进行全面分析，从而限制了当前研究结果的推广，但这已成为一条明确的前进道路。本论文仅限于在新冠疫情期间将人工智能用于在线服务的研究。一些部门正处于人工智能应用旅程的开端，如媒体、客户服务、医疗保健业、制造业及运输业。因此，其他部门也需要进行广泛研究。人工智能正在建设一个现代的未来时代。未来的研究有更多的空间，可以了解使用先进人工智能技术后在线课程的未来发展。

第11章

使用人工智能进行员工流失管理

■ 苏加塔·普里扬巴达·达什（Sujata Priyambada Dash）
印度兰奇梅斯拉比拉理工学院管理系
普拉多什·库马尔·甘塔亚特（Pradosh Kumar Gantayat）
印度奥里萨邦库塔克唐吉（Tangji）DRIEMS 自主工程学院计算机科学工程系部
桑比特·莫汉蒂（Sambit Mohanty）
印度海得拉巴 CTSC 软件开发者

11.1 引言

在这个全球数字化时代，劳动力是各类企业的重要资产。各个组织在有效管理这些劳动力方面面临着各种各样的问题，人力资源管理部门的职能在这里发挥了作用。人力资源管理不仅管理员工的生命周期，从招聘员工到批准员工离开组织，还管理员工培训及发展，使各个组织能够发挥最佳绩效。在这一过程中，人力资源管理部门在管理这些任务方面面临着许多困难，在这里，人工智能可以发挥重要作用，帮助人们以智能快捷方式管理这些事情。

在本章中，我们尽力开发一个机器学习模型，该模型可以帮助典型的人力资源管理部门处理员工流失问题。通过使用此模型，我们可以通过有意义地分析组织以前的数据集来预测哪些员工在不久将离开组织。如果人力资源管理人员能尽早获得这些信息，他们就可以采取措施管理这些员工，为组织的利益而采取行动。各种研究表明，获得一名熟练员工比留住他更难。因此，任何组织都不想失去这样的劳动力。为了开发该模型，我们考虑了工资、满意度、绩效评估及工作事故率等因素。我们已经实现了各种机器学习算法，如随机森林、XGBoost 算法、K 近邻算法，并努力获得更精确的模型，以提供更好的性能。

11.2 拟定方法

为了找到预测员工流失的最佳分类器，我们提出了一种方法，该方法将使用数据集并找到了解决此问题的最佳分类器。

图 11.1 显示了员工流失的分类。

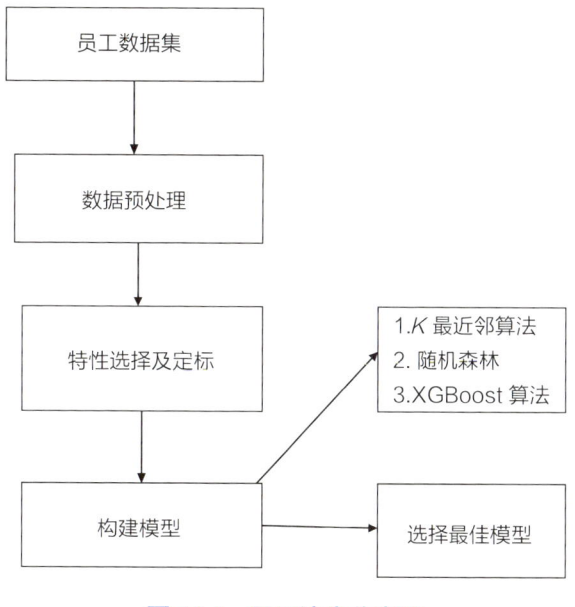

图 11.1　员工流失分类器

11.2.1　数据集评述

我们从 Kaggle 平台收集了这个数据集，这是一个面向数据科学研究者及数据爱好者的开源平台，也是一个用于分析的数据集存储库。数据集以逗号分隔值（CSV）格式显示。

我们使用 Python 作为分析数据集的编程语言，因为 Python 开源、可免费使用，并且有大量的免费库支持数据集分析。我们还使用 Jupyter notebook 作为此类工作的编辑器，因为 Jupyter notebook 是开源的，并且支持数据分析。Python 有一个名为 Pandas 的库，该库主要用于加载及读取数据集，它还具有许多功能，有助于进一步的数据分析。要加载和读取逗号分隔值文件，我们将使用 Pandas 的内置函数 read_csv（），要查看数据集的前 5 行（表 11.1），需要使用 head（）。图 11.2 显示了函数 read_csv（）。

表 11.1　数据集将显示具有这些列的前 5 行

满意度	上次评估	项目数量	平均每月工时	公司经历	工伤事故	离职	过去五年晋升	部门	薪资
0.38	0.53	2	157	3	0	1	0	销售	低
0.80	0.86	5	262	6	0	1	0	销售	中等
0.11	0.88	7	272	4	0	1	0	销售	中等
0.72	0.87	5	223	5	0	1	0	销售	低
0.37	0.52	2	159	3	0	4	0	销售	低

```
data = pd.read_csv("HR_comma_sep.csv")
data.head()
```

图 11.2　显示函数 read_csv（）

该数据集由 14999 条员工记录组成，每条记录由 10 个属性组成，包括目标特征。要了解更多关于该数据集及其属性的信息，我们可以使用 Pandas 库的 info（）。

该数据集功能描述如图 11.3 所示。

```
data.info()
<class 'pandas.core.frame.DataFrame'>
RangeIndex: 14999 entries, 0 to 14998
Data columns (total 10 columns):
satisfaction_level     14999 non-null float64
last_evaluation        14999 non-null float64
number_project         14999 non-null int64
average_montly_hours   14999 non-null int64
time_spend_company     14999 non-null int64
Work_accident          14999 non-null int64
left                   14999 non-null int64
promotion_last_5years  14999 non-null int64
Departments            14999 non-null object
salary                 14999 non-null object
dtypes: float64(2), int64(6), object(2)
memory usage: 1.0+ MB
```

图 11.3　数据集特征描述

该数据集由以下特征组成，例如：

满意度水平：员工满意度，范围从 0 到 1，该数据类型为浮点型数据。

上次评估：由雇主评估绩效，范围从 0 到 1，该数据类型为浮点型数据。

项目数量：分配给员工的项目数量，其数据类型为整数。

平均月工时：员工每个月平均工作小时数，该数据类型为整数。

公司经历：公司经历是指员工经验，员工在公司工作的年数，其数据类型为整数。

工伤事故：员工是否发生过工伤事故，该数据类型为整数。

最近五年晋升：员工在过去 5 年内是否有晋升，该数据类型为整数。

部门：员工的工作部门，数据类型为字符串。

薪资：员工的薪资级别，如低、中、高，数据类型为字符串。

离职：员工是否离开了公司，该数据类型为整数。其结果是结果变量或目标变量。这里 0 表示员工目前在公司工作，1 表示员工已从该公司辞职。

探索性数据分析：为了更多地了解数据集，我们会做一些更深入的数据分析，当我们使用 describe（）时，我们将获得一些关于数据集的更有意义的故事。

目前在组织中工作的员工数据集如图 11.4 所示。

```
data.describe()
```

	satisfaction_level	last_evaluation	number_project	average_montly_hours	time_spend_company	Work_accident	left	promotion_last_5years
count	14999.000000	14999.000000	14999.000000	14999.000000	14999.000000	14999.000000	14999.000000	14999.000000
mean	0.612834	0.716102	3.803054	201.050337	3.498233	0.144610	0.238083	0.021268
std	0.248631	0.171169	1.232592	49.943099	1.460136	0.351719	0.425924	0.144281
min	0.090000	0.360000	2.000000	96.000000	2.000000	0.000000	0.000000	0.000000
25%	0.440000	0.560000	3.000000	156.000000	3.000000	0.000000	0.000000	0.000000
50%	0.640000	0.720000	4.000000	200.000000	3.000000	0.000000	0.000000	0.000000
75%	0.820000	0.870000	5.000000	245.000000	4.000000	0.000000	0.000000	0.000000
max	1.000000	1.000000	7.000000	310.000000	10.000000	1.000000	1.000000	1.000000

图 11.4　当前在组织中工作的员工数据集

在这个数据集中，只有两种类型的员工：目前在公司工作的员工及离开公司的员工。因此，如果将两者进行比较，那么我们将获得更多关于员工行为的信息。

离开公司的员工数据集如图 11.5 所示。

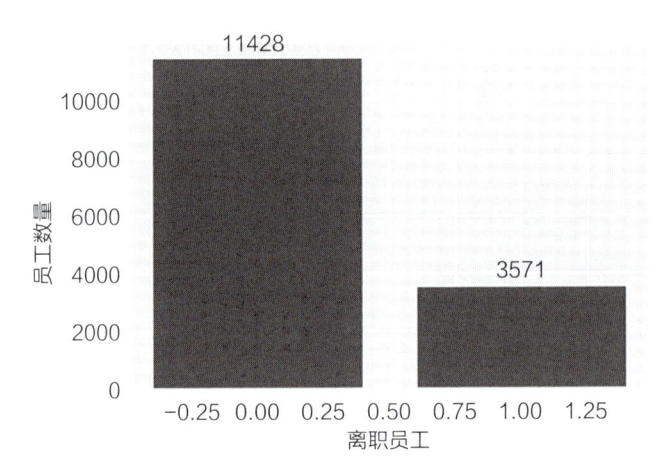

图 11.5　公司离职员工数据集

图 11.5 显示，在 14999 名员工中，11428 名员工目前正在工作，3571 名员工离开了公司。因此，总共约有 23.8% 的员工离开了公司。

离职员工与在职员工如图 11.6 所示。

离职	满意程度	绩效评估	项目数量	平均每日工作时长	为公司服务的年限	工作事故	过去5年是否升职	部门	薪资水平
0	0.666810	0.715473	3.786664	199.060203	3.380032	0.175009	0.026251	5.819041	1.3477…
1	0.440098	0.718113	3.855503	207.419210	3.876505	0.047326	0.005321	6.035284	1.3458…

图 11.6　离职员工与在职员工

从图 11.6 中我们可以得出结论，与在公司在职员工相比，公司离职员工满意度较低，晋升程度和薪水较低，但做的工作更多。因此，我们可以说，可能是这些因素驱使员工离职。为了更好地理解这些，我们需要更深入地分析数据。

让我们通过使用 Python 的 seaborn 模块绘制图形来分析数据集的所有

特性。

该数据集的特征如图 11.7 所示。

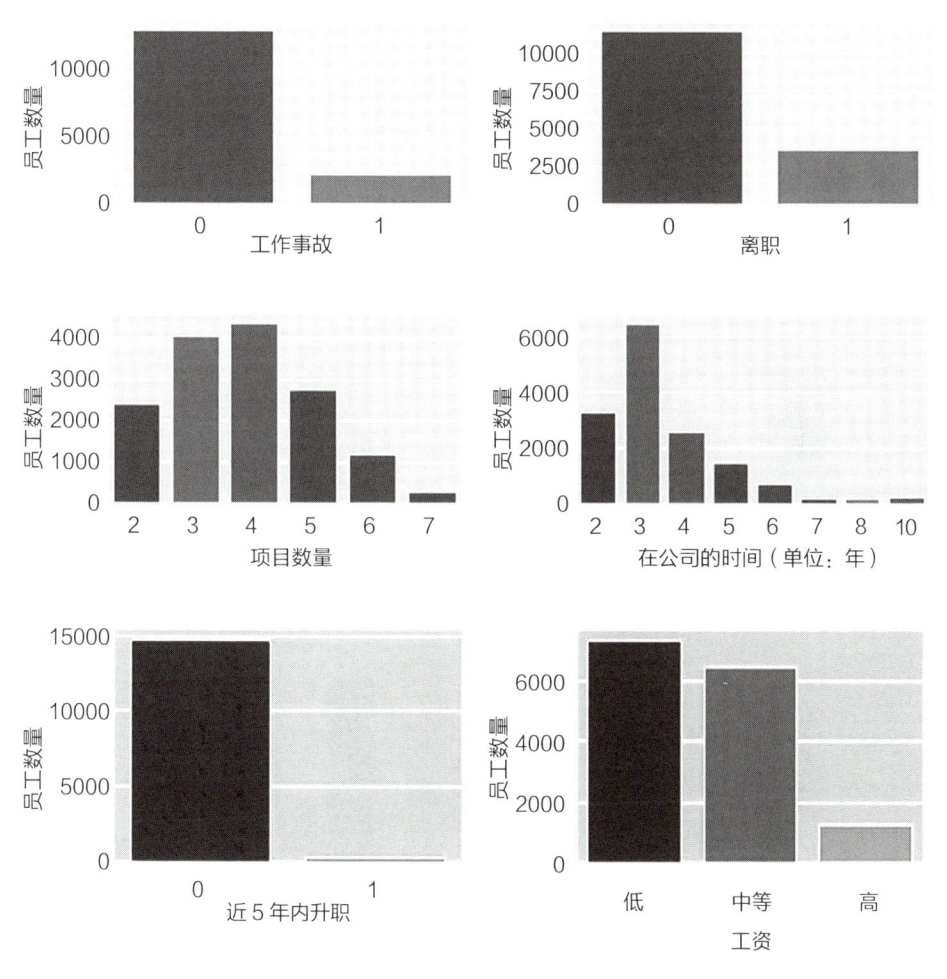

图 11.7　数据集特征

从图 11.7 中,我们可以得出关于数据集的一些重要观点,例如大多数员工从事三到五个项目,五年内升职较少,大多数员工的工资处于中低水平。

为了获得更多关于离职员工和现有员工的信息,我们绘制了与离职员工及现有员工相关的所有特征的图，如图 11.8 所示。

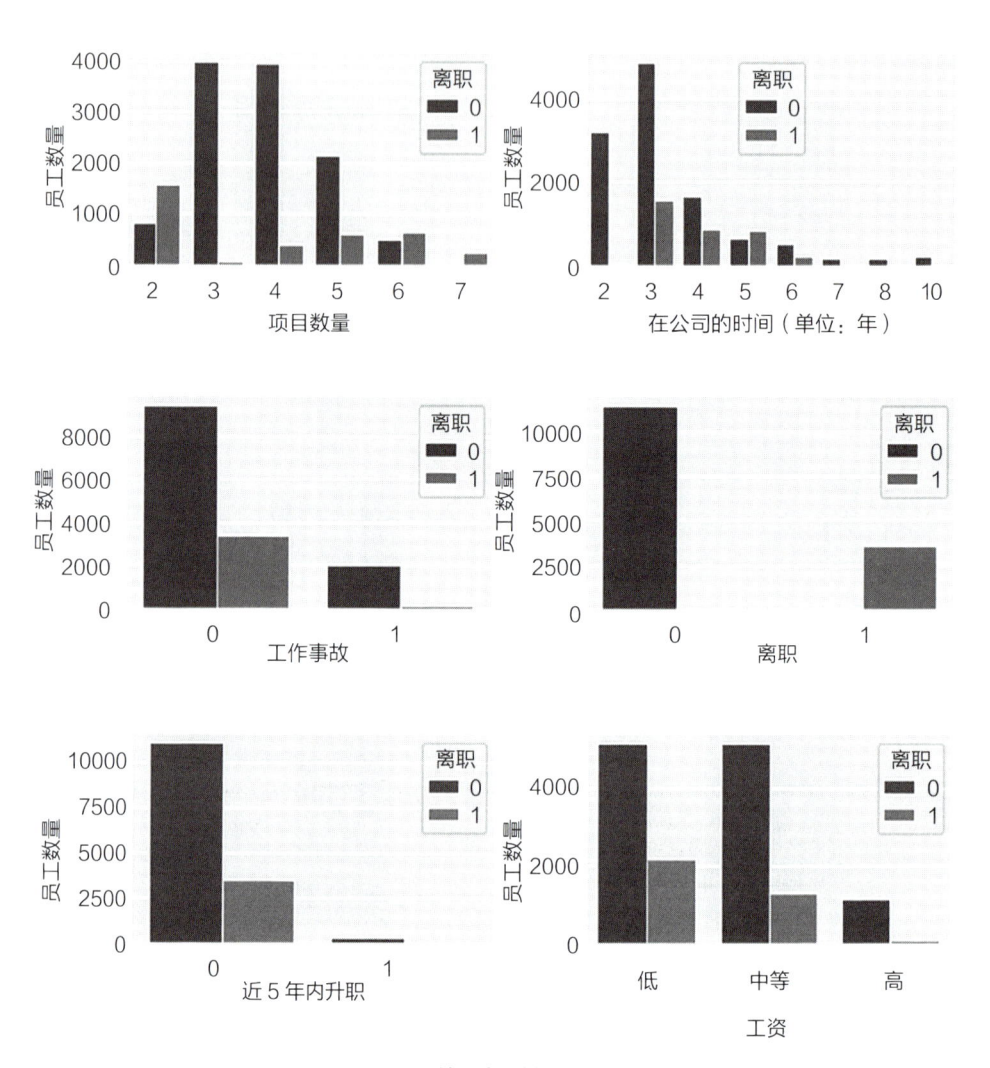

图 11.8　员工数量与数据集的所有特征

从图 11.8 中可以看到，同时拥有五个以上项目的员工正在离开公司，那些有三至五个项目的人对离开公司不感兴趣，一些项目较少的员工离开了公司。另一个重要的问题是，大多数员工工作超过三年就要离开公司。在公司有三至五年工作经验的人将离职，但在公司工作超过六年的人对离职不太感兴趣。如果员工在这些年内没有得到晋升，他们将离开公司。另一个主要问题是，工资低或中等工资的员工正打算离开公司。

11.3 构建模型

在为数据集构建模型之前，我们需要确保数据集已经得到清理和结构化处理。我们检查了数据集的空值和其他问题，发现没有出现任何问题。此数据集包含九个特征，其中两个是非数字特征。因此，这两个特征需要转换为数字形式。这两个特性是"工资"和"部门"。由于工资和部门包含各种类别或级别，因此用"标签编码器"将这些类别值转换为数字形式。为此，我们需要使用 Python 的 sklearn 库。

转换为数字形式后，工资包含三个级别：低等→1，中等→2，高等→3。同样，根据部门名称将部门分为七类。为了建模，我们需要将数据集分为两部分，即特征或自变量与标签或因变量或结果。这里，名为"离职"的列是结果，或者从属部分，其余列是独立部分。现在我们将数据集分为 X 和 Y 两部分，其中 X 包含独立特征，Y 包含结果。

如果留意数据集，我们可以看到所有的特征都不是在一个尺度上，这意味着所有的列值都有不同的范围。所以，为了得到一个更精确的模型，我们需要把所有的数值降到相同的尺度上。为此，需要使用 sklearn 模块的"Standard scaler"类，将所有列值转换为相同的比例。量化后，值如图 11.9 所示。

```
scalar = StandardScaler()
X_scaled = scalar.fit_transform(X)
```

```
X_scaled
```

```
array([[-0.93649469, -1.08727529, -1.46286291, ..., -0.14741182,
         0.39372503, -0.55495458],
       [ 0.75281433,  0.84070693,  0.97111292, ..., -0.14741182,
         0.39372503,  1.04300352],
       [-2.02247906,  0.95755433,  2.59376348, ..., -0.14741182,
         0.39372503,  1.04300352],
       ...,
       [-0.97671633, -1.08727529, -1.46286291, ..., -0.14741182,
         0.74231612, -0.55495458],
       [-2.02247906,  1.42494396,  1.7824382 , ..., -0.14741182,
         0.74231612, -0.55495458],
       [-0.97671633, -1.14569899, -1.46286291, ..., -0.14741182,
         0.74231612, -0.55495458]])
```

图 11.9 量化输入特征

11.3.1 训练试验分流

为了开发模型，我们需要输入数据，因此我们将整个 X 数据集和 Y 数据集分为两部分，即训练数据集和测试数据集。训练数据集或 X_Train 和 Y_Train 用于模型的建模或学习；测试数据集或 X_test 用于测试模型的性能，或者是不可见的数据，有助于我们了解模型的准确性及性能。

对于培训需要多少数据，测试需要多少数据，并没有严格的约定。

在我们的案例中，75% 的数据用于培训，25% 的数据用于测试。现在，可以使用不同的机器学习算法构建模型了。

11.3.2 构建模型

K 近邻算法

K 近邻算法是一种非参数调节学习计算，它根据给定的数据集构建模型结构。在 K 近邻算法中，K 是一个选择最近邻数的数字，用于为数据集提供最佳结果。"a" 是标记为预期的点，然后，我们需要找到最靠近 "a"

的最近点。这些点形成了一个具有最近信息的特定类。利用几种可用的距离算法，如欧几里得（Euclidian）距离、汉明（Hamming）距离、曼哈顿（Manhattan）距离等，可以形成不同的类。找到信息索引的 K 最佳值是一项艰巨的任务。对于每个信息集，K 最佳值都是唯一的。无论如何，一些假设认为 K 最佳值是一个奇数，它能产生最好的结果。我们可以说，K 的估值是这个问题的控制因素。检查表明，如果我们认为 K 是一个较小的数字，那么就可能会引发过拟合问题；选择合适的 K 值非常重要，否则会对实际预测产生较大影响。如果我们赋予 K 进行更大的估值，那么这将导致计算非常困难。沿着这些思路，我们必须找到 K 的理想估值。我们可以通过利用各种 K 值来执行信息收集程序，从而找到最佳 K 值。给出最佳结果的 K 最佳值将用于特定信息集。

应用 K 近邻算法后，我们对训练数据进行了测试，获得了 0.9688861232109521 的准确率，但当我们用未发现的数据（在模型创建之前已经分离的测试数据集）测试模型时，我们获得了 0.9562666666666 的准确率。

我们使用了 Sklearn 模块中的 GridSearchCV。它为我们提供了一组更好的参数，可以提供更好的精度。在得到一组最佳参数后，我们用这些最佳参数再次训练模型，并用训练后的数据集对其进行测试，得到了 0.9799093252733576 的准确率，这比以前使用的一组参数要高。现在，我们用未发现的数据再次测试了模型，得出的准确率为 0.9586666666666，这个结果也比以前更好。

因此，在超参数调谐后，我们获得了略高的精度。

11.3.3　随机森林分类器

随机森林是一种集合技术，用于回归及分类问题。它包含大量的决策树，用来查找输出。每个决策树都使用自己的东西来寻找更好的结果。然后，在从这些决策树中获得所有结果后，随机进行森林轮询，以找到最佳输出。分类问题及获得最大投票权的类成为随机森林模型的输出。对于回归任务，分数的平均值是模型的最终输出。随机森林总是从数据中寻找更好的特征，而不仅仅是获取所有数据。它从根节点开始，向叶节点移动，最终输出总是出现在叶节点中。对于分类任务，叶节点包含预测类。虽然决策树与随机森林工作方式相似，但在操作上存在差异。在深度决策树中，可能存在过拟合的问题，但随机森林通过提取特征子集并使用这些子集特征构建较小的树来处理这种情况。然后，它将这些较小的树组合起来，得出最终结果。与决策树相比，随机森林提供了更好的结果，因为决策树存在低偏差和高方差问题，所以它可能无法给出准确的预测值。因此，为了克服随机森林中的此类问题，需要使用许多决策树，以便减少高方差问题，并提供更准确的预测。随机森林的主要问题是，决策树数量增加会使处理速度变慢。

由于随机森林算法能够很好地处理不平衡数据集，因此我们应用了随机森林算法来构建模型。在构建模型后，我们用训练数据集对其进行了测试，返回的准确率为 0.9978664770201796。但当我们用未看到的数据或测试数据集对模型进行测试时，它给出了 0.9864 的准确率，这个准确率很好。

11.3.4　XGBoost 算法

XGBoost 算法是一种新的机器学习算法，它是一种针对速度及性能而设计的梯度增强决策树的实现。XGBoost 算法是硬件和软件的完美结合，可以解决机器学习问题。与其他算法相比，XGBoost 耗时非常少，并且提供的结果更好。它也被称为"极限梯度增强算法"。增强算法是一种集成技术，其中添加了新模型以纠正现有模型的错误。

XGBoost 算法使用并行方法构建顺序决策树，比其他基于树的算法耗时更少。此算法旨在有效利用硬件资源，比如正确使用缓冲区，从而加快速度。XGBoost 算法支持回归及分类问题。应对大多数问题，XGBoost 算法也不需要超参数调整，自然而然，该算法会表现得更好。因此，XGBoost 算法是现代数据科学家最喜欢的算法。

我们在数据集上使用了 XGBoost 算法来查看其性能。当我们用训练数据测试模型时，我们得到了 0.9959107476220108 的准确率，但当我们用看不见的数据或测试数据测试模型后，我们得到的准确率为 0.987733333333334，略低于训练数据。

11.4 比较

为了比较这些算法的性能，我们使用了各种参数，如混淆矩阵[①]（Confusion Matrix）和 F1 分数（表 11.2）。混淆矩阵是具有 4 个不同参数的二维表格，即真阳性、真阴性、假阳性和假阴性。

表 11.2 模型性能比较

算法模型	准确率	混淆矩阵	F1 分数
K 近邻算法	0.9586	[2766 88] [67 829]	0.9145
随机森林算法	0.9864	[2846 8] [43 853]	0.9709
XGBoost 算法	0.9877	[2863 8] [38 841]	0.9733

混淆矩阵如图 11.10 所示。

---

① 也称"误差矩阵"。——译者注

真实值

	阳性（1）	阴性（0）
预测值 阳性（1）	真阳性	假阳性
预测值 阴性（0）	假阴性	真阴性

图 11.10　混淆矩阵

F1 分数是一个指标，为我们提供了关于模型的准确信息。F1 分数平衡了查全率和查准率。F1 分数有助于使用调和平均值同时测量查全率和查准率。F1 分数的计算方法如图 11.11 所示。

$$综合评价指标（F1 分数）= \frac{2 \times 召回率 \times 准确率}{召回率 + 准确率}$$

图 11.11　F1 分数

AUC‑ROC 曲线

AUC 是接收器特征算子曲线下面积（Area Under Curve），它主要用于将我们的模型良好表现可视化。ROC 是接收者操作特征，用于绘制真阳性与假阳性的分类问题。AUC 是衡量模型优劣的指标。当 AUC 值为 1 时，这意味着模型完美，且正确地将真阳性和假阴性进行了分类。当 AUC 值为 0 时，这模型错误地将所有假阴性分类为真阳性，反之亦然。当 AUC 值为 0.5 时，这意味着模型无法区分真阳性和假阴性。当 AUC 值介于 0.5 和 1 之间时，模型很有可能正确分类真阳性和假阴性。

K 近邻算法的 ROC 曲线如图 11.12 所示。

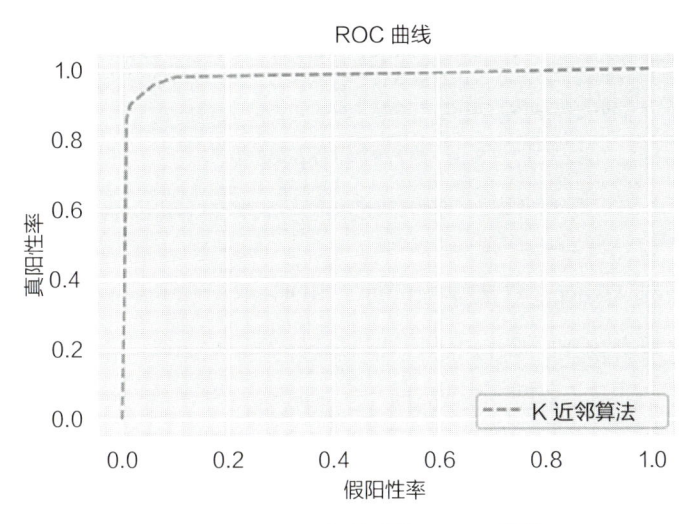

图 11.12　K 近邻算法的 ROC 曲线

随机森林的 ROC 曲线如图 11.13 所示。

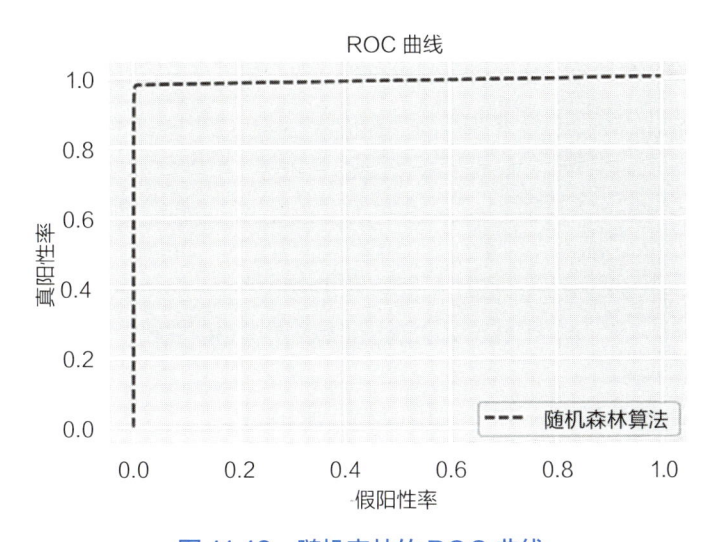

图 11.13　随机森林的 ROC 曲线

如果看一下 K 近邻算法和基于随机森林算法的模型的 AUC 值，那么我们就可以看到随机森林分类器模型的得分略高于 K 近邻算法分类器。

K 近邻算法和随机森林算法的 ROC 得分如图 11.14 所示。

```
auc_score1 = roc_auc_score(y_test, pred_prob1[:,1])
auc_score2 = roc_auc_score(y_test, pred_prob2[:,1])
print(auc_score1,auc_score2)
```
0.9791176023517265 0.9877824238680089

图 11.14　K 近邻算法和随机森林的 ROC 值

我们还对 XGBoost 算法模型进行了 ROC–AUC 分析，以了解该模型的性能，与以上两者相比，我们得到了相对较好的分数。

XGBoost 算法的 ROC 曲线如图 11.15 所示。

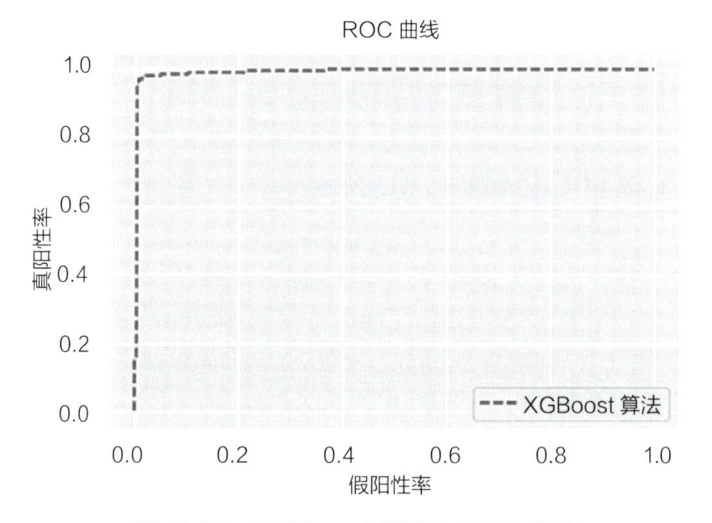

图 11.15　XGBoost 算法的 ROC 曲线

XGBoost 算法的 ROC 得分如图 11.16 所示。

```
[25] auc_score1 = roc_auc_score(y_test, pred_prob1[:,1])
    print(auc_score1)
    0.9940309153384559
```

图 11.16　XGBoost 算法的 ROC 得分

XGBoost 算法的 AUC 值为 0.99403091，这个分值很好。我们还绘制了所有模型的单个 ROC‒AUC 图，以便将不同模型的曲线下面积可视化。

K 近邻算法、随机森林及 XGBoost 的 ROC 曲线如图 11.17 所示。

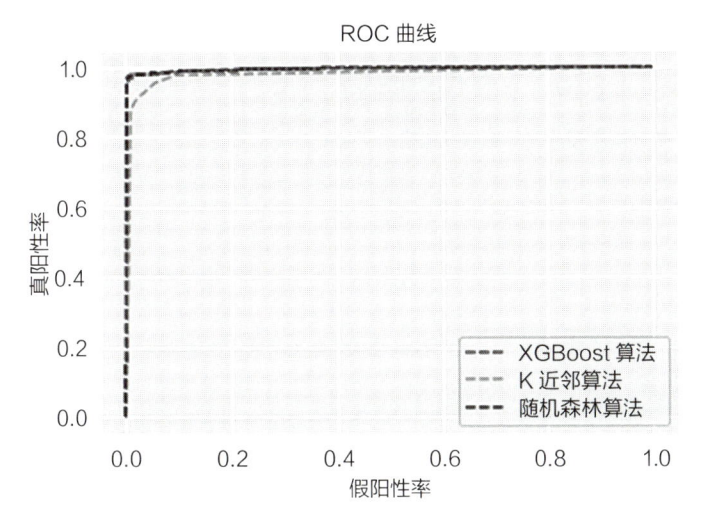

图 11.17　K 近邻算法、随机森林算法及 XGBoost 算法的 ROC 曲线

11.5　结论

在本章中，我们在员工流失数据集上使用了三种不同的机器学习算法，并观察到 XGBoost 算法与随机森林算法和 K 近邻算法相比性能更好。还有其他算法和深度学习技术可应用于此数据集以检查性能。我们可以使用不同类型的超参数调整方法来获得更好的结果。通过使用这种模式，各个组织可以跟踪其人力资源，也可以帮助他们制定更好的战略，以保持资产，并从员工那里获得更好的绩效。使用人工智能，将改善人力资源管理系统，在管理员工方面为组织带来更好的绩效。对于任何组织来说，熟练员工都可以提高绩效，缩短产品或服务的交付时间。因此，没有哪个组织会希望失去这些员工，所以各个组织都在努力提高员工满意度，减轻员工的压力。一些组织会根据工作环境创造不同类型的互动乐趣，这样员工就不会承受巨大的工作压力。最后，可以说，对于任何组织中的任何员工来说，工资、晋升、工作压力及工作环境都是决定该员工是否留在该组织的重要因素。因此，为了预测这些类型的员工行为，这些模型将大有帮助，各个组织可以相应地采取行动，改善工作环境及其他相关活动。

第12章

机器学习开启统计预测方法主导的新时代

维杰·尚卡·潘迪（Vijay Shankar Pandey）
印度勒克瑙大学管理科学学院助理教授

12.1 引言

机器人具有像人类一样的感知能力。这些机器中使用基于算法的人工智能开启了科学之旅的新时代。从语音识别到人类情感感知，再到超越系统模式的工作，人工智能已经完全改变了统计模型预测的结果。基于试验及错误的人工智能技术不断变化，每次结果都有所改善。

利用人工智能预测时间序列数据逐渐成为吸引学术界的一个特殊课题。以神经网络形式使用机器学习获得了良好的发展势头。许多基于机器学习的研究论文提出了提高未来预测准确性的进步方法。近年来，股票价格预测势头强劲，在预测领域占据主导地位。股票价格预测分为两个分支：一个叫基本面分析，另一个叫技术分析。基本面分析是基于公司的财务报表分析，而技术分析则结合公司过去的历史数据来寻找未来的趋势。预测结果的准确性取决于是否使用了适当模型对数据进行建模。据此，作者分析了在著名出版商（即 Science Direct、Elsevier、Francis &Taylor、Springer 和 JSTOR 等）主持下发表的一些著名研究。

12.2 杰出研究分析

汉森（Hansen）等人借助指数平滑、自回归滑动平均（ARIMA）、部分自适应估计自回归滑动平均模型和机器学习模型分析了时间序列数据，用于捕捉趋势、周期、季节及随机成分的特征。结果表明，支持向量机器学习系统比其他模型略胜一筹，并且在九个不同数据集中的八个数据集中取得了最佳结果。

卡尔博诺（Carbonneau）等人使用了先进的机器学习技术，包括神经网络、递归神经网络和支持向量机，用以预测由于牛鞭效应（bullwhip effect）而扭曲的供应链需求。他们将结果与传统模型（朴素预测、移动平均线以及线性回归）进行了比较。他们的发现表明，机器学习技术优于传统技术，但二者在预测结果上的差异在统计上并不显著。这意味着他们没有对传统技术进行重大改进。

乔杜里（Choudhary）和加尔格（Garg）使用基于遗传算法（GA）和支持向量机的混合机器学习模型预测股市数据。他们的发现表明，混合模型优于独立的支持向量机系统。技术分析师从市场策略中获得持续成功，引发了对有效市场假说（EMH）的质疑。在当前十年中，为了预测给定的成功结果，人们使用人工智能技术的趋势越来越明显。根据这些结果，在目前的情况下，研究人员认为有效市场假说是预测股市数据的无效假设。

蔡（Tsai）和王（Wang）曾使用混合机器学习技术预测中国台湾证券交易所上市公司的股价。使用决策树和人工神经网络能够实现较好的预测能力。决策树和人工神经网络混合模型的预测精度为77%。他们的发现表明，人工神经网络基于生物神经系统，就像人脑一样，具有良好的预测能力，但缺乏对结果的解释力。他们的建议是使用支持向量机建模股票价格，使用遗传算法获得更好的预测。

艾哈迈德（Ahmed）等人试图预测M3数据，包括3003个日度、季度、月度时间序列数据。该数据集由《国际预测杂志》（International Journal of Forecasting）生成，用于组织一场比赛。用于比较的模型有多层感知器、贝叶斯神经网络（Bayesian neural network）、径向基函数网络、广义回归神经网络（也称为核回归）、分类回归树（CART）、支持向量回归及高斯过程。这些方法与机器学习预测模型结合使用。该发现表明，多层感知器和高斯过程两种模型比其他使用过的模型表现更好。

乞迦迦（Cheggaga）试图借助神经网络改进风速预测。该技术的特点是能够将随机输入向量映射到相应的输出向量，不需要假定它们之间存在任何固定的关系。带有列文伯格－马夸尔特算法（LM 算法）的多层感知器用于预测风速。该模型的发现显示出的结果令人鼓舞。

常（Chang）等人开发了灰色轮廓系数，用来创建适用于预测小样本的混合模型。在使用灰色轮廓系数模型之前，先使用一些单一模型来寻找实际序列的趋势。研究结果表明，使用多模态方法可以减少预测误差，改善小样本预测结果。本研究的作者声称，统计方法、数据挖掘及人工神经网络等流行的预测技术无法准确预测小样本。

陈（Chen）等人试图根据微博及实时社交媒体预测电影观众，以便更好地安排收入和支出。遗传算法用于特征选择和五个机器学习模型，即多元线性回归（MLR）、决策树回归（DTR）、随机预测回归（RFR）、支持向量回归（SVR）和神经网络回归（NNR），用来预测每周的电影观众。研究结果表明，与用于预测工作的线性模型相比，机器学习模型的预测能力较强。

伊尔迪兹（Yilddiz）等人对回归模型和机器学习模型进行了比较分析，用以预测商业建筑的电力负荷，从而最大限度地减少环境危害，提高经济效益。在模拟校园负荷的情况下，人工神经网络和贝叶斯规则反向传播的平均绝对百分比误差小于单个建筑负荷。但回归模型仍然比高级机器学习模型表现更好。

马克里德基思（Makridakis）等人应用了八类机器学习模型，称为多层感知器、贝叶斯神经网络（BNN）、径向基函数网络、广义回归神经网络（GRNN），也称为核回归、K 近邻算法、分类回归树、支持向量回归和高斯过程。根据对称平均绝对百分比误差、多层感知器对这些模型进行排名，然后分别对贝叶斯神经网络、高斯过程、广义回归神经网络、K 近邻算法、支持向量回归、分类回归树和径向基函数网络进行排名。除此之外，他们还使用了另外两种模型，称为递归神经网络和长短期记忆网络。将顶级 M3 模型与六种统计模型进行比较，这六种模型称为随季节性调整的随机游走模型、简单指数平滑（SES）、霍尔特（Holt）指数和阻尼（Damped）指数平滑，第五种是三种指数平滑方法的组合，第六种模型被称为西塔（Theta）法。与 M3 模型相比，西塔法取得了更好的结果。这些发现表明，虽然机器学习比传统使用的模型具有优势，但并不显著。

穆哈达姆（Moghadam）等人使用机器学习方法寻找哈拉兹（Haraz）流域（伊朗马赞达兰省）的洪水敏感性。他们使用的八个独立模型是人工神经网络、分类回归树、灵活判别分析（FDA）、广义线性模型（GLM）、广义加性模型（GAM）、增强回归树（BRT）、多元自适应回归样条（MARS）和最大熵（MaxEnt），以及七个集成模型，即集成模型委员会平均（EMca）、集成模型置信区间下级（EMcilnf）、集成模型置信间距上级（EMciSup）、估计变异系数的集成模型（EMcv）、估计均值的集成模型（EMmean）、估计中值的集成模型（EMmedian）、基于加权均值的集成模型（EMwmean）。该模型的性能通过 AUC 值进行统计显示。根据统计显著性，用于预测的所有模型均具有高度显著性，所有模型值均小于 0.05（Sig=0.000）。在单个模型中，增强回归树和地理标记语言（GML）是集合模型中最好的模型，估计中值的集成模型和基于加权均值的集成模型是可以用于预测的最佳模型。尽管机器学习模型和集成模型之间没有显著差异，但从泛化能力及预测精度的可持续性的角度来看，穆哈达姆（Moghadam）等人更倾向于集成模型。

奥（Oh）和苏（Suh）在波浪预报模型上研究了气象变量的时滞。使用人工神经网络等机器学习及混合模型，结合经验正交函数和小波分析预测有效波高及周期。使用小波分析使人工神经网络模型能够处理非平稳数据。本研究还分析了方法数据的时滞效应。研究结果表明，在使用时间滞后的情况下，精度最高。

帕塔克（Pathak）等人使用混合机器学习模型预测混沌过程。与过去使用的基于知识的模型相比，机器学习提供的结果很好。机器学习和基于知识的技术相结合，填补了旧技术的空白。

佩查切克（Pechacek）等人使用机器学习算法开发了军事保留预测模型。这项研究的目的是预测个别服役人员何时离开军队。该模型获得了较高的预测精度，其中一年的预测精度为88%，四年为80%，更长时间为78%。

史（Shi）等人研究了用于风能的风速预测精度，提出了基于时空相关理论（SC）及小波相干变换分析（WCT）的预测模型。结果表明，相邻风机与目标风机之间存在较强的相关性。本研究使用深度神经网络模型，并与用于风速预测的传统方法进行了比较。结果表明，机器学习的均方根误差、平均绝对误差和平均绝对百分比误差最低。总体结果表明，用于风预测的混合模型优于未来使用的模型。

孙（Sun）等人使用机器学习及互联网搜索指数预测中国的游客人数，并与谷歌指数及百度指数进行了比较。研究结合百度指数及谷歌指数的旅游量序列，采用核心极限学习机（KELM）模型进行预测，得到了较好的结果。以"旅游量系列＋百度指数＋谷歌指数"的形式对旅游数据进行建模，提供了更准确、更稳健的结果。

费扎巴迪（Feizabadi）使用机器学习技术预测需求和供应链绩效。带有外生变量的自回归综合移动平均模型（ARIMAX）和神经网络以其混合形式用于预测因多级供应链扭曲而产生的需求及供应链信息的方差放大。使用机器学习建模显著改善了预测结果。

使用机器学习技术预测时间序列数据的杰出研究，如表12.1所示。

第 12 章
机器学习开启统计预测方法主导的新时代

表 12.1 使用机器学习技术预测时间序列数据的杰出研究

序号	作者	研究方法	成果
01	汉森等人	使用的方法包括指数平滑、自回归综合移动平均模型（ARIMA）、部分自适应估计自回归综合移动平均模型和改进的机器学习技术，称为支持向量机学习	本研究的目的是比较支持向量机学习模型与其他三种已证明的模型的效率。结果表明，支持向量机学习弱于其他模型，并且在九个不同数据集中的八个数据集中取得了最佳结果
02	卡尔博诺等人	将神经网络技术与先进的机器学习技术、递归神经网络和支持向量机相结合，用于预测扭曲需求（牛鞭效应）	他们将结果与传统模型进行了比较，即朴素预测、移动平均线以及线性回归。他们的发现表明机器学习技术优于传统技术
03	乔杜里和加尔格	用于预测股票价格的技术，基于遗传算法及支持向量机	他们的发现表明遗传算法－支持向量机优于独立的支持向量机系统。技术分析师从市场策略中不断获得成功，这对有效市场假说提出了质疑
04	哈姆扎克·埃比等人	采用人工神经网络迭代直接法对多周期时间序列数据进行预测。并与自回归综合移动平均和部分自适应估计技术进行了比较	指令法是基于观测数据的一步超前法，优于迭代法。在迭代法中，预测日期成为下一时间段的输入，导致预测误差增加。总体而言，人工神经网络方法优于用于比较的其他模型
05	蔡和王	使用决策树和人工神经网络技术预测股票价格	使用决策树＋人工神经网络和决策树＋决策树模型预测中国台湾股市。就预测精度而言，混合模型（决策树＋人工神经网络）的预测精度为 77%，是最好的模型之一
06	艾哈迈德等	对多层感知器、贝叶斯神经网络、径向基函数网络、广义回归神经网络（也称为核回归）、分类回归树、支持向量回归和高斯过程进行了比较。这些方法与机器学习预测模型结合使用	研究结果表明，多层感知器和高斯过程两种模型比其他使用的模型表现更好
07	乞迦迦	采用多层感知器技术和列文伯格－马夸尔特算法预测风速。该模型用于预测 $t+1$ 天	用于预测风速的带有列文伯格－马夸尔特学习算法的多层感知器。该模型的发现显示了令人鼓舞的结果

续表

序号	作者	研究方法	成果
08	邓	使用源自人工神经网络的深度学习或机器学习技术。深度学习大致分为三个部分，即生成性深层架构、区分性深层架构和混合式深层架构	本文简要介绍了深度学习的历史。单一深度学习技术可用于所有类型的分类。因果推理和决策是深度学习技术的最重要成果。机器学习可有效执行语音识别、机器翻译和信息检索
09	张等	本研究采用两阶段程序预测商业早期的小样本。第一阶段称为灰色关联分析，第二阶段是用于创建混合预测模型的灰色轮廓系数	将所建立的模型用于预测目的，结果表明该模型的预测效果得到了显著改善。新开发的模型 MM 的结果与流行的预测模型进行了比较，显示出显著的改进。MM 与线性回归、反向传播神经网络（BPN）算法、支持向量回归和弹性图匹配（EGM）的比较表明，在预测方面有显著改善
10	陈等	遗传算法用于特征选择，五个机器学习模型，即多元线性回归、决策树回归、随机预测回归、支持向量回归和神经网络回归，用于预测每周的电影观众	研究结果表明，与用于预测工作的线性模型相比，机器学习模型的预测能力较强
11	张和苏甘坦	人工神经网络技术用于分析随机数据	本文综述了利用人工神经网络技术作为随机方法学习预测能力的文献。本文讨论了随机标准前馈神经网络、随机向量函数链神经网络、径向基函数网络、递归神经网络、深度神经网络和常规神经网络、核矩阵方法等技术。随机反向传播和近似方法是可用于未来工作的最佳方法
12	萨拉肯等	用极限机器学习（EML）技术寻找转换学习（TL）算法的算法	本研究深入探讨了基于极限机器学习的转移学习算法在预测、分类和聚类等不同领域的应用过程。本研究有助于机器学习工具的用户使用基于极限机器学习的转换学习技术分析未来的数据

第 12 章
机器学习开启统计预测方法主导的新时代

续表

序号	作者	研究方法	成果
13	伊尔迪兹等	将热模型、自回归综合移动平均模型、人工神经网络、支持向量机和回归树用于不同自变量的商业建筑用电量预测	在模拟校园负荷的情况下,人工神经网络和贝叶斯规则反向传播的平均绝对百分比误差低于单个建筑负荷。但是机器学习模型的复杂性仍然使人们有机会选择回归模型
14	马克里德基思等	机器学习工具用于预测。与传统预测技术进行了比较	比较八类机器学习模型,分别为多层感知器、贝叶斯神经网络、径向基函数网络、广义回归神经网络、K近邻算法、分类回归树、支持向量回归和高斯过程。排名基于对称平均绝对百分比误差(对称平均绝对百分比误差),多层感知器排名为1,然后分别为贝叶斯神经网络、高斯过程、广义回归神经网络、K近邻算法、支持向量回归、分类回归树和径向基函数网络。总的来说,与带有机器学习的鲍克斯-詹金斯(Box-Jenkins)系列模型(如自回归综合移动平均和广义自回归条件异方差模型)相比,后者具有更好的预测能力
15	穆哈达姆等	他们使用人工神经网络、分类回归树、灵活判别分析、广义线性模型、广义加性模型、增强回归树、多元适应回归样条和最大熵八个单个模型,以及集成模型委员会平均、集成模型置信区间下级、集成模型置信间距上级、估计变异系数的集成模型、估计均值的集成模型、估计中值的集成模型、基于加权均值的集成模型七个集成模型	AUC用于评估单个和整体模型的性能。AUC值越大,表明模型的性能越高。因此,在单个模型中,增强回归树和地理标记语言是最好的模型。在集成模型中,估计中值的集成模型和基于加权均值的集成模型是用于预测的最佳模型

续表

序号	作者	研究方法	成果
16	奥和苏	将经验正交函数分析和结合经验正交函数和小波分析模型相结合，采用了一种混合模型。结合经验正交函数和小波分析模型用于发现空间分布气象变量与波浪预测模型之间的关系，并同时预测多个台站的波浪	研究结果表明，在使用时间滞后的情况下，精确度最高。24 小时提前期的归一化均方根误差（NRMSE）值在 0.038 到 0.069 之间
17	帕塔克等	将基于知识的方法与机器学习方法相结合，构建了一个用于天气预报的混合模型	与过去使用的基于知识的模型相比，机器学习技术提供了很好的结果。机器学习和基于知识的技术的结合填补了旧技术的空白
18	佩查切克等	用于开发军事保留预测模型的机器学习算法	这项研究的目的是预测个别服役人员将脱离军队。由于该模型在一年内的预测准确率为 88%，在四年内为 80%，在更长时间内为 78%，因此该模型具有较高的准确率
19	史等	使用基于时空相关理论和小波相干变换分析的预测模型，重点是长短期记忆网络深度学习模型，它来自深度神经网络家族	结果表明，相邻风机与目标风机之间存在较强的相关性。本研究使用深度神经网络模型，并与用于风速预测的传统方法进行了比较
20	孙等	使用机器学习技术和互联网搜索指数预测中国游客人数，并与谷歌和百度搜索引擎生成的结果进行比较	结合百度指数和谷歌指数的旅游量序列的核心极限学习机模型给出了更好的预测结果
21	费扎巴迪	本研究工作基于 ARIMAX 和神经网络的混合形式，基于机器学习技术	ARIMAX 和神经网络的混合形式用于预测多阶段供应链扭曲导致的需求和供应链信息。使用机器学习建模显著改善了预测结果

12.3 结论

上述文献综述表明，机器学习方法在时间序列数据预测领域发挥着关键作用。穆哈达姆等人使用八个独立模型和马克里德基思等人使用八大类机器学习模型的研究结果表明，机器学习比传统模型有更好的前景。陈等人和常等人使用遗传算法和两阶段程序在商业早期预测小样本，结果表明，与传统模型相比，结果有所改进。对用于预测时间序列数据的模型和技术进行的研究结果表明，机器学习技术将成为预测领域未来的学习工具。

第13章

基于递归神经网络的外汇预测长短期记忆网络模型

■ 麦奈克西·茹特（Minakhi Route）、迪拉吉·巴塔拉伊（Dhiraj Bhattarai）、阿杰·库马尔·耶纳（Ajay Kumar Jena）
奥迪沙布巴内斯瓦尔卡林加工业技术学院（视为）大学计算机工程学院

13.1　引言

外汇数据预测是短期及长期财务决策中的一项具有挑战性的关键任务。准确预测外币汇率有助于金融机构处理全球进出口业务，因为这样做可以最小化与之相关的风险。因此，投资者及经济学家总是渴望预测未来的外汇价值。由于外汇汇率具有动态性质，几乎不可能以百分之百的准确率来确定其未来价值。在该领域引入人工神经网络，通过在每次迭代中用计算的误差调整模型参数，可降低误差百分比。此外，复杂的神经网络结构将与高频金融时间序列相关的错误及风险降至最低。它还可以处理复杂的非线性数据，能够以更好的精度预测长期汇率。因此，在本研究中，我们得到激励，使用高级形式的神经网络，即深度学习神经网络来预测汇率。

本章余下的部分结构如下：第 13.3 节描述外汇预测领域迄今为止所做的相关工作，第 13.4 节阐述拟议的基于深度学习的长短期记忆网络模型的工作原理，该模型用于第 13.5 节讨论的汇率预测、模拟、结果分析，最后，第 13.6 节描述了该工作的结论。

13.2　相关工作

外汇预测领域的许多研究人员已经使用各种基于机器学习的预测模型，以便提高模型的准确性。在统计模型上，日外汇数据在对数率上的标准偏差、日高及日低价格预测的加权平均值在经验上优于日收盘价格预测。使用三个人工神经网络 [标准反向传播（SBP）、标度共轭梯度（SCG）和贝叶斯正则化反向传播（BPR）]预测外汇汇率的效果优于传统的自回归综合移动平均模型。五个移动平均技术指标用于开发和估算结果，其中标度共轭梯度给出了三个人工神经网络中最好的输出结果。金融市场的技术分析采用神经网络对美元和英镑汇率进行预测，并结合其他形式的技术和基本面分析，预测均方误差（MSE）值较低。短期汇率预测通常比长期汇率预测更准确。使用周、月、季度数据集可以提高长期预测的准确性。对比不同频率的输入数据，由于周数据具有适当的汇率波动信息，因此提前一周预测优于提前一天或提前一个月预测。为了提高模型的整体性能，许多研究人员开发了混合模型，融合了不同的单独方法。为了提高集成模型的准确性，每个单独模型必须性能良好。一种应用遗传算法与局部回归模型集成的混合人工神经网络[遗传优化自适应人工神经网络将遗传优化学习算法与扩展卡尔曼滤波器（EKF）相结合]用来训练多层神经网络，拟建模型的结果显著提高了一周前的预测精度。另一种混合结构由两个并行系统[最小均方（LMS）和自适应函数链人工神经网络（FLANN）]组成，提供了比单个最小均方和自适应函数链人工神经网络更准确有效的结果。递归笛卡尔遗传规划（Recurrent Cartesian Genetic Programming）能够选择最佳的可能特征、网络结构及连接模式，决定是使用递归连接还是前馈连接。模型的准确性随着反馈路径的数量而增加，提高了网络的能力。随着汇率预测得到普及，各种人工神经网络技术的使用也越来越多。新开发的深度信念（Deep Belief）技术比典型的预测方法（如前馈神经网络）有一些改进，并给出了更好的结果。这种使用连续受限玻尔兹曼机器的改进模型具有对连续数据建模的能力。自适应平滑神经网络（Adaptive Smoothing Neural Network）使用自适应平滑技术自动调整人工神经网络学习参数。该模型在动态变化环境下跟踪信号，加快了网络训练过程及收敛速度，使网络的泛化能力比传统的多层前馈网络（MLFFN）更强。类似地，正则化动态自组织多层感知器网络使用免疫算法改进了金融时间序列预测。多层感知器使用旧的统计技术，如简单移动平均（SMA）和自回归综合移动平均作为输入，并与单层感知器（SLP）、多层感知器、径向基函数网络和支持向量机进行比较。一篇关于支持向量机的论文证明支持向量机比基于自回归综合移动平均的模型的预测性能更好。基于单层人工神经网络的非线性输入模型使用过去的数据进行训练，有效预测外汇汇率，得到了很好的预测结果，可以提前一个月进行预测。基于 Bootstrap 的多神经网络（用于每日及每周）时间序列预测，用于对比多个学习模型，并借助组合函数组合每个模型的输出。该模型优于传统的单一模型（神经网络、支持向量机等）。两阶段混合预测模型结合了参数（自回归综合移动平均和向量自回归）和非参数（多层感知器和支持向量回归），能够通过确定因变量及自变量先前值的数量来估计数学模型的参数。对于二次凸规划问题，支持向量回归优于多层感知器，获得全局最优解。具有单层或多层或混合神经网络的简单人工神经网络早先已应用于各种学习算法。然而，这些模型很难解决长期依赖问题。因此，任何通过存储先前数据而具有记忆单元的神经体系结构都能够通过模型处理长期依赖性问题，所以这个模型可以用来最小化错误以及提高模型的性能。基于深度学习的神经网络模型具有精确处理长序列数据的特点，日益受到欢迎。这些模型具有多功能特性，广泛应用于各种机器学习应用程序。语音识别就是其中的一个应用，作者在中提出了用于语音识别的深度双向长短期记忆网络，并证明了经过良好训练的循环神经网络能够提供更好的结果。另一项研究报告使用基于循环神经网络的预测模型进行股票市场预测。由于股票价格的波动性和非线性特征，很难对其进行准确预测。利用循环神经网络体系结构的长短期记忆网络存储器的优势，可以更精确地预测股票价值。长短期记忆网络在旅游流领域的应用也有报道，实验表明，长短期记忆网络模型的性能优于自适应模型（自回归综合移动平均模型和反向传播神经网络）。堆叠长短期记忆网络模型成功地用于情绪强度预测，并优于先前研究中提出的基于词典、回归及传统神经网络的方法。因此，我们期望使用长短期记忆网络进行汇率预测，以达到较高的精度。

13.3　长短期记忆网络的工作原理

长短期记忆网络由霍克雷特（Hochreter）和施米德胡贝（Schmidhuber）于1997年首次提出，其他研究人员在广泛的研究领域对其进行了修改及推广。其长时间存储信息的特性能够克服循环神经网络体系结构的中长期依赖问题。由于循环神经网络的这一特点，它可以模拟基于人类经验的理解过程，通过类似网络的循环来保存预测未来价值所需的信息。

在本文中，长短期记忆网络是一种特殊类型的循环神经网络，具有学习长期相关性的能力，已用于预测外汇汇率。

在该模型中，研究人员使用反向传播算法对长短期记忆网络进行一段时间训练，解决了梯度消失问题。因此，可以开发复杂的循环神经网络来实现不同的序列问题。长短期记忆网络模型在神经元的位置有记忆区块。一个区块包含一个门，它决定组件应该选择哪个单元状态和输出。单元状态（c_{t-1}或c_t）是长短期记忆网络的灵魂，作为传送带运行，执行一些简单的线性计算。长短期记忆网络能够在称为门的神经结构的帮助下删除旧信息并添加新信息。门（遗忘门、输入门和输出门）由激活的S层和逐点乘法组成。S层输出0到1之间的值，并决定通过多少及通过哪一个值。

长短期内存网络单元如图13.1所示。

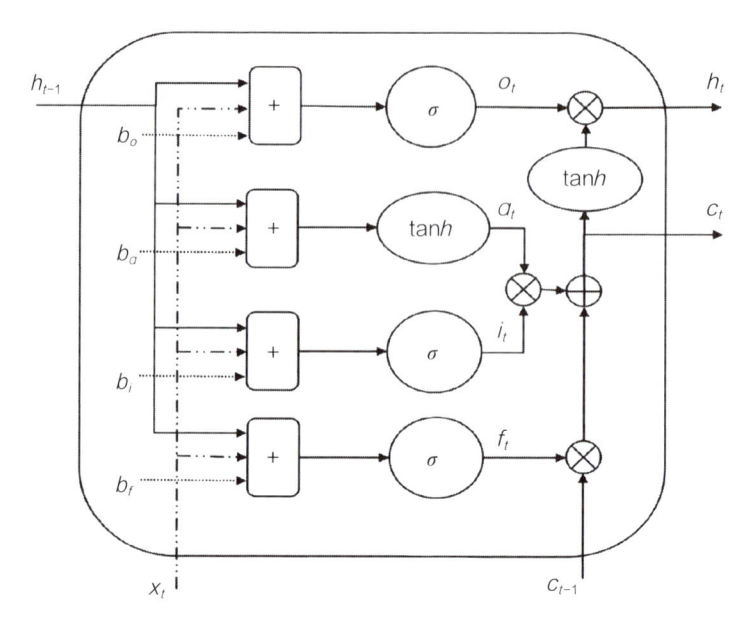

图 13.1 长短记忆网络单元

输入变量通过区块，并使用 S 形函数激活。遗忘门（f_t）决定在输入值 h_{t-1} 和 x_t 上使用 Sigmoid 激活函数 $\left(s = \dfrac{1}{1+e^{-x}}\right)$ 状态下必须丢弃的信息，其中 h_{t-1} 是来自前一个隐藏层的输入，x_t 是来自网络外部的输入。

$$f_t = \sigma\left(W_f \bullet x_t + U_f \bullet h_{t-1} + b_f\right) \quad (13.1)$$

下一步决定哪些将新信息存储在单元状态中。在此步骤中，S 层（即输入层）输出更新值，tanh 层 $\left(\tan h = \dfrac{e^x - e^{-x}}{e^x + e^{-x}}\right)$ 处创建一个矢量值 a_t。

$$\begin{aligned} i_i &= \sigma\left(W_i \bullet x_t + U_i \bullet h_{t-1} + b_i\right) \\ a_t &= \tan h\left(W_a \bullet x_t + U_a \bullet h_{t-1} + b_a\right) \end{aligned} \quad (13.2)$$

将单元状态 c_{t-1} 更新为 c_t 时使用这两层的逐点乘法。通过将 f_t 与旧状态 c_{t-1} 相乘再加上 $i_t \bullet c$ 来执行更新。

$$c_t = f_t \bullet c_{t-1} + i_t \bullet a_t \quad (13.3)$$

最后，执行输出操作。将单元格状态的过滤版本作为输出。首先，输出门决定要输出的单元状态值。我们让单元状态通过 tanh 层，然后与输出门的结果相乘，得到最终的输出。

$$o_t = \sigma(W_o \cdot x_t + U_o \cdot h_{t-1} + b_o)$$
$$h_t = o_t \cdot \tan h(c_t)$$
（13.4）

为了简化计算，我们将上述参数重新组合为矩阵形式。

$$s_t = \begin{bmatrix} a_t \\ i_t \\ f_t \\ o_t \end{bmatrix}, W = \begin{bmatrix} W_a \\ W_i \\ W_f \\ W_o \end{bmatrix}, U = \begin{bmatrix} U_a \\ U_i \\ W_f \\ W_o \end{bmatrix}, b = \begin{bmatrix} b_a \\ b_i \\ b_f \\ b_o \end{bmatrix}$$
（13.5）

在使用长短期记忆网络方法反向传播实际值及预测值的差异之前，我们必须计算模型的损失函数或误差。

$$e = \frac{(o - \hat{o})^2}{2}$$
（13.6）

对于反向传播，我们必须计算损失函数的导数。

$$\delta e = \Delta t = o - \hat{o}$$
（13.7）

现在是长短期记忆网络模型的反向传播。

$$\delta h_t = \Delta t + \Delta h_t$$
（13.8）

Δh_t 其中 Δt 是后续各层输出之间的差值，是下一步长短期记忆网络计算的输出差值。

$$\delta c_t = \delta h_t \cdot o_t \cdot \left[1 - \tan h^2(c_t)\right] + \delta c_{t+1} \cdot f_{t+1}$$
$$\delta a_t = \delta c_t \cdot i_t \cdot (1 - a_t^2)$$
$$\delta i_t = \delta c_t \cdot a_t \cdot i_t \cdot (1 - i_t)$$
$$\delta f_t = \delta c_t \cdot c_{t-1} \cdot f_t \cdot (1 - f_t)$$
$$\delta o_t = \delta h_t \cdot \tan h(c_t) \cdot o_t \cdot (1 - o_t)$$
$$\delta x_t = W^t \cdot \delta s_t$$
$$\Delta h_{t-1} = U^t \cdot \delta s_t$$
（13.9）

内部参数的最终更新计算如下：

$$\delta W = \sum_{t-0}^{T} \delta s_t \bullet x_t$$

$$\delta U = \sum_{t-0}^{T-1} \delta s_{t+1} \bullet h_t \qquad (13.10)$$

$$\delta b = \sum_{t-0}^{T} \delta s_{t+1}$$

要想调整神经网络模型，必须通过添加学习率的和权重矩阵变化的乘积来更新权重矩阵的先前权重值。

$$W^{new} = W^{old} - \lambda \bullet \delta W$$
$$U^{new} = U^{old} - \lambda \bullet \delta U \qquad (13.11)$$
$$b^{new} = b^{old} - \lambda \bullet \delta b$$

其中 W^{new}、U^{new} 和 b^{new} 是新权重及新偏差值，W^{old}、U^{old} 和 b^{old} 的旧值以及 δW、δU 和 δb 是权重及偏差的变化值，λ 是神经网络的学习速率。

13.4 结果及模拟研究

在本研究中，我们实现了三种神经网络模型、反向传播神经网络、自适应函数链人工神经网络和长短期记忆网络，用于预测外汇价值。我们考虑并比较了五种不同的货币兑换值，以便使用这三种模型进行预测。历史汇率值不能直接应用于预测模型，因此我们需要根据第 13.5.1 节中的解释从历史数据中提取特征，准备数据的细节，以及评估预测准确性，我们需要依靠一些性能指标，如第 13.5.2 节中所述。

13.4.1 数据准备

从印度财务预测中心（www.forecasts.org）下载历史外汇数据集。在 2012 年 1 月至 2018 年 4 月期间，获得了五种不同的货币（印度卢比、澳元、加元、英镑和日元）（以 1 美元计）。每个汇率数据集中都获得了 1570 个日汇率样本。

下载数据集后，这些样本最初使用最大－最小标准技术（max‑min normalization techniques）在 [0,1] 范围内进行标准化。利用滑动窗口的概念，从标准化样本中确定输入特征模式。同样，通过一次滑动一步窗口大小等方式提取后续输入特征模式。从每个滑动窗口的样本中提取三个特征，即第 12 个值、平均值及标准偏差。数据具有 N 个样本数和 W 个滑动窗口大小，模式生成总数为（$N-W+1$）。对于这项研究，我们采用的窗口大小为 12，因为许多研究人员在该领域的分析中报告的窗口大小同样是 12。分割 80% 的样本用于训练，20% 的样本用于测试，将提取的特征模式进一步划分为两个不同的集合。

13.4.2　性能衡量

为了评估及验证预测模型的性能，我们使用了两种广泛接受的误差衡量法，即平均绝对百分比误差和均方根误差。在预测的测试阶段，我们获得的绝对百分比误差和均方根误差值越小，预测模型越准确。这两个误差测量值用如下公式计算：

$$平均绝对百分比误差 = \frac{1}{n}\Sigma \frac{|d_a - d_f|}{d_a} \times 100\% \quad (13.12)$$

$$均方根误差 = \sqrt{\frac{1}{n}\Sigma (d_a - d_f)^2} \quad (13.13)$$

其中，d_a 是实际外汇值，d_f 是预测外汇值，n 是为进行预测测试的样本数。

13.5　结果及讨论

三个预测模型全部都用 80% 的训练数据对每个外汇数据集进行了适当

的模拟及训练,并在模型的测试阶段获得了性能衡量结果,并制成了表格。表 13.1~ 表 13.8 显示了反向传播神经网络、功能链接神经网络和长短期记忆网络 3 种不同模型对 5 种不同货币在不同的短期及长期时间范围内的每日汇率数据集的预测性能。这些模型的性能结果取决于给定数据样本的特性。如果汇率预测数据忽高忽低,需要更多的时间来理解模式及更新权重,并相应地调整模型。预测模型(如反向传播神经网络和自适应函数链人工神经网络)没有内存区块,因此无法存储先前的值,使得学习这些波动数据非常困难。因此,长短期记忆网络模型可以处理此数据集,不会遇到任何复杂性,并且只需较少的迭代次数即可执行。

表 13.1 用 3 种不同模型提前 1 天预测 1 美元兑换 5 种不同货币

币种	反向传播神经网络 平均绝对百分比误差	均方根误差	自适应函数链人工神经网络 平均绝对百分比误差	均方根误差	长短期记忆网络 平均绝对百分比误差	均方根误差
澳元	0.4874	0.0047	0.5123	0.005	0.3724	0.0036
英镑	0.5836	0.0095	0.5209	0.0087	0.4068	0.0068
加元	0.3477	0.0058	0.4215	0.0069	0.3397	0.0058
印度卢比	0.6024	0.4288	0.575	0.4247	0.188	0.1694
日元	0.7647	1.0177	0.6663	0.9135	0.4112	0.6097

表 13.2 使用 3 种不同模型提前 3 天预测 1 美元兑换 5 种不同货币

币种	反向传播神经网络 平均绝对百分比误差	均方根误差	自适应函数链人工神经网络 平均绝对百分比误差	均方根误差	长短期记忆网络 平均绝对百分比误差	均方根误差
澳元	0.8793	0.0085	0.8382	0.008	0.7094	0.0068
英镑	0.9599	0.0158	0.8319	0.0138	0.7274	0.0122
加元	0.6774	0.0109	0.7148	0.0115	0.6299	0.0103
印度卢比	0.7114	0.5222	0.6365	0.4791	0.4202	0.3595
日元	1.0726	1.4522	0.9037	1.2279	0.7265	1.007

表 13.3 使用 3 种不同模型提前 5 天预测 1 美元兑换 5 种不同货币

币种	反向传播神经网络 平均绝对百分比误差	均方根误差	自适应函数链人工神经网络 平均绝对百分比误差	均方根误差	长短期记忆网络 平均绝对百分比误差	均方根误差
澳元	1.2024	0.0116	1.1013	0.0107	0.8951	0.0087
英镑	1.2385	0.0205	1.0651	0.0178	0.9075	0.0149
加元	0.921	0.0147	0.9345	0.0149	0.8952	0.0143
印度卢比	0.8108	0.6003	0.6896	0.5268	0.4434	0.3612
日元	1.3582	1.803	1.1083	1.4746	0.9516	1.3141

表 13.4 使用 3 种不同模型提前 7 天预测 1 美元兑换 5 种不同货币

币种	反向传播神经网络 平均绝对百分比误差	均方根误差	自适应函数链人工神经网络 平均绝对百分比误差	均方根误差	长短期记忆网络 平均绝对百分比误差	均方根误差
澳元	1.4377	0.0139	1.3272	0.0129	1.1948	0.0116
英镑	1.4975	0.025	1.3105	0.0219	1.2086	0.0204
加元	1.1022	0.0178	1.1028	0.0177	1.0274	0.0164
印度卢比	0.911	0.6718	0.7463	0.5669	0.5246	0.436
日元	1.6045	2.1194	1.2959	1.7111	1.077	1.47

表 13.5 使用 3 种不同模型提前 10 天预测 1 美元兑换 5 种不同货币

币种	反向传播神经网络 平均绝对百分比误差	均方根误差	自适应函数链人工神经网络 平均绝对百分比误差	均方根误差	长短期记忆网络 平均绝对百分比误差	均方根误差
澳元	1.7753	0.0173	1.6431	0.0162	1.3444	0.0131
英镑	1.8717	0.0308	1.6495	0.0274	1.419	0.0243
加元	1.3582	0.0222	1.3355	0.0217	1.2609	0.02
印度卢比	1.0476	0.7702	0.821	0.625	0.5997	0.5001
日元	1.985	2.5702	1.5486	2.0214	1.2943	1.7395

表 13.6　使用 3 种不同模型提前 15 天预测 1 美元兑换 5 种不同货币

币种	反向传播神经网络 平均绝对百分比误差	均方根误差	自适应函数链人工神经网络 平均绝对百分比误差	均方根误差	长短期记忆网络 平均绝对百分比误差	均方根误差
澳元	2.1576	0.0213	2.0076	0.0203	1.6717	0.0169
英镑	2.373	0.0385	2.1214	0.035	1.7597	0.0297
加元	1.7032	0.028	1.6432	0.027	1.7325	0.0279
印度卢比	1.2217	0.8943	0.9331	0.7076	0.7066	0.5929
日元	2.5606	3.2738	1.9034	2.5005	1.7073	2.2659

表 13.7　使用 3 种不同模型提前 20 天预测 1 美元兑换 5 种不同货币

币种	反向传播神经网络 平均绝对百分比误差	均方根误差	自适应函数链人工神经网络 平均绝对百分比误差	均方根误差	长短期记忆网络 平均绝对百分比误差	均方根误差
澳元	2.4267	0.024	2.2924	0.0231	1.9468	0.02
英镑	2.7593	0.044	2.5272	0.0405	2.2668	0.0381
加元	1.9765	0.0322	1.923	0.0312	1.7579	0.0289
印度卢比	1.337	0.9968	1.0398	0.801	0.8403	0.6973
日元	3.0083	3.8442	2.1574	2.8907	1.7606	2.3321

表 13.8　使用 3 种不同模型提前 30 天预测 1 美元兑换 5 种不同货币

币种	反向传播神经网络 平均绝对百分比误差	均方根误差	自适应函数链人工神经网络 平均绝对百分比误差	均方根误差	长短期记忆网络 平均绝对百分比误差	均方根误差
澳元	2.8238	0.0278	2.7948	0.0276	2.5193	0.0251
英镑	3.3181	0.0521	3.1564	0.0495	2.8222	0.0466
加元	2.4616	0.0384	2.3773	0.0374	2.3915	0.0375
印度卢比	1.5428	1.1802	1.2608	0.9678	1.2961	1.002
日元	3.6031	4.5334	2.5326	3.4303	2.1865	2.947

第 13 章
基于递归神经网络的外汇预测长短期记忆网络模型

如表 13.1~ 表 13.8 所示，随着预测提前天数的增加，平均绝对百分比误差及均方根误差的值也会增加。在某些情况下，误差会急剧增加，而在另一些情况下，由于在预测不同天数的估值时提取的模式不同，误差会缓慢增加。

在大多数情况下，与其他模型相比，长短期记忆网络的平均绝对百分比误差和均方根误差值较小，但在极少数情况下，自适应函数链人工神经网络的平均绝对百分比误差值和均方根误差数值较小。但在总体性能衡量方面，长短期记忆网络表现更好，而基于未来短期和长期绩效衡量标准（平均绝对百分比误差、均方根误差），自适应函数链人工神经网络表现优于反向传播神经网络。图 13.2~ 图 13.6 描述了长短期记忆网络深度神经网络模型在培训期间以及测试阶段的提前 1 天预测 5 种不同货币兑换外汇价值的数据集。从图 13.2~ 图 13.6 中可以清楚地看到，基于深度学习的模型（长短期记忆网络）几乎预测了 5 种外汇数据集的实际走势。

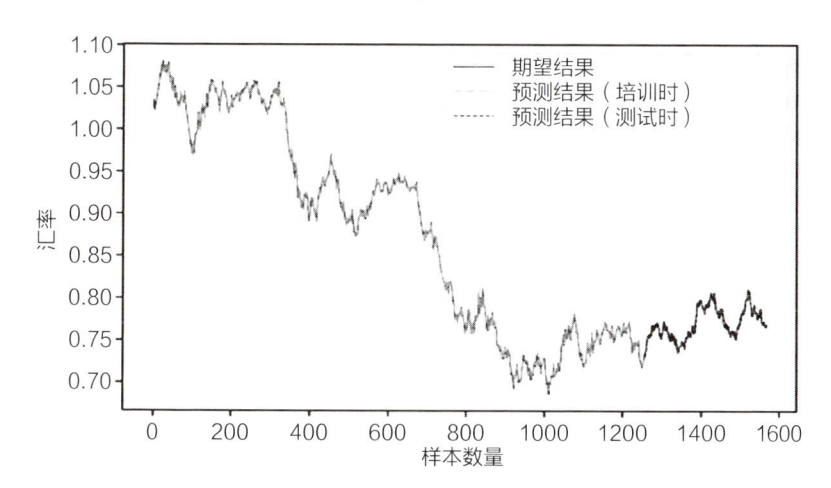

图 13.2 基于深度学习的模型（长短期记忆网络）几乎预测了澳元数据集的实际走势

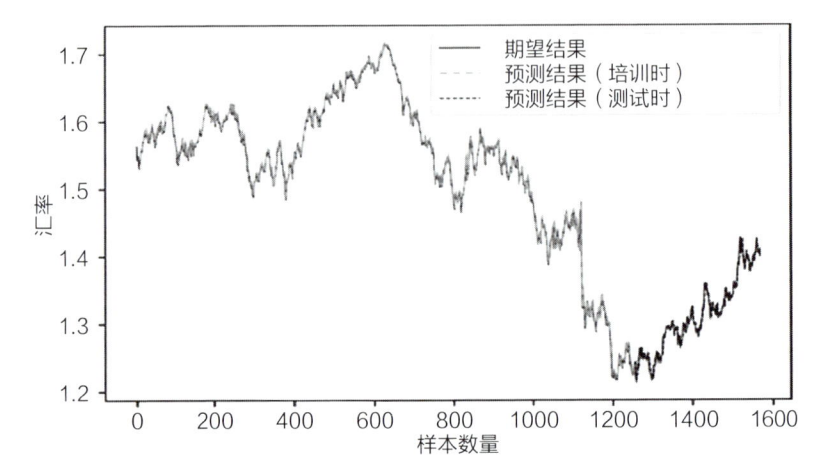

图 13.3 基于深度学习的模型（长短期记忆网络）几乎预测了英镑数据集的实际走势

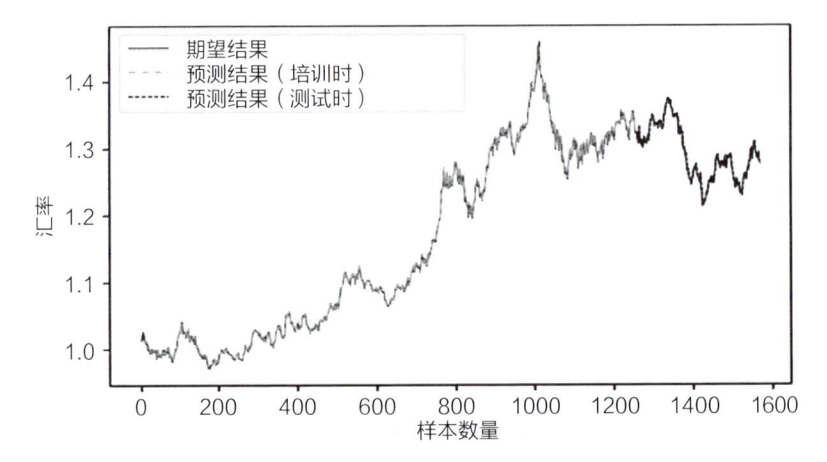

图 13.4 基于深度学习的模型（长短期记忆网络）几乎预测了加元数据集的实际走势

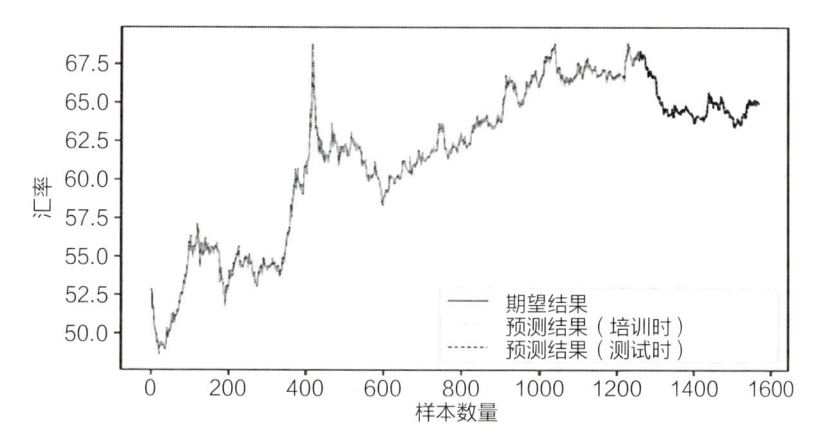

图 13.5　基于深度学习的模型（长短期记忆网络）几乎预测了印度卢比数据集的实际走势

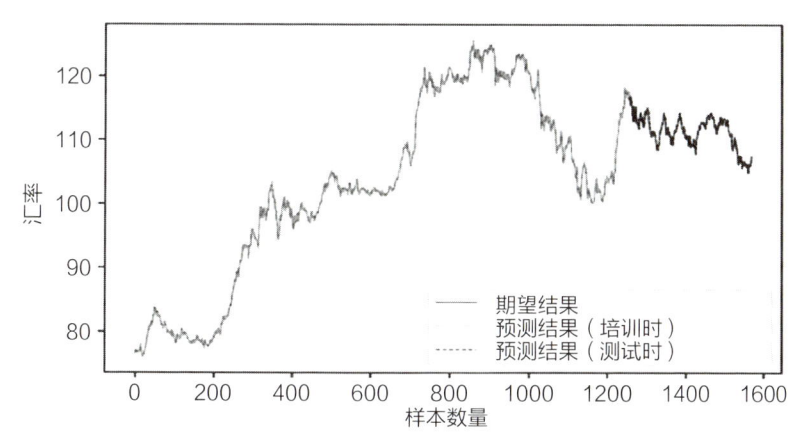

图 13.6　基于深度学习的模型（长短期记忆网络）几乎预测了日元数据集的实际走势

图 13.7~图 13.11 显示了使用反向传播神经网络、自适应函数链人工神经网络和长短期记忆网络 3 种模型对 5 种外汇数据集提前 1 日预测的均方误差收敛图。

这些图表明深度学习神经网络比本研究中使用的其他两个神经网络模型收敛更快，误差最小。

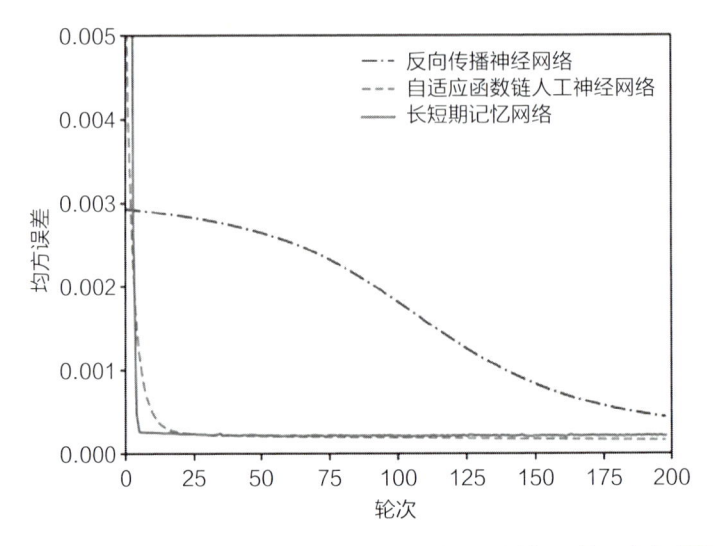

图 13.7 使用反向传播神经网络、自适应函数链人工神经网络和长短期记忆网络 3 种模型对澳元外汇数据集提前 1 日预测的均方误差收敛图

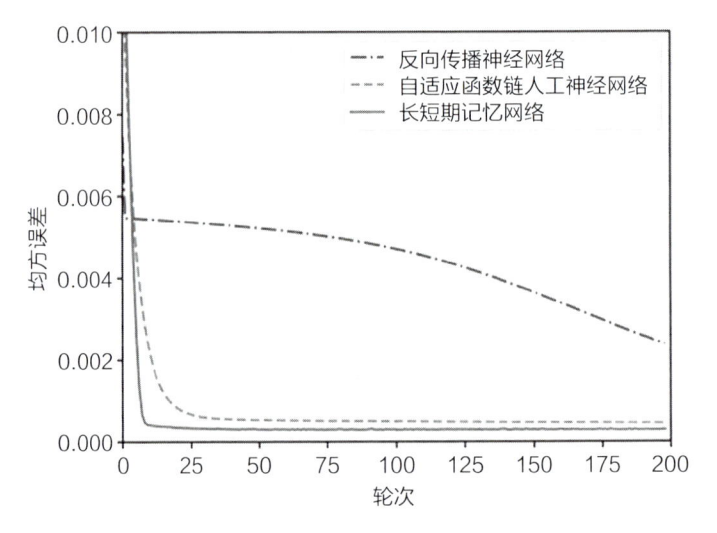

图 13.8 使用向传播神经网络、自适应函数链人工神经网络和长短期记忆网络 3 种模型对英镑外汇数据集提前 1 日预测的均方误差收敛图

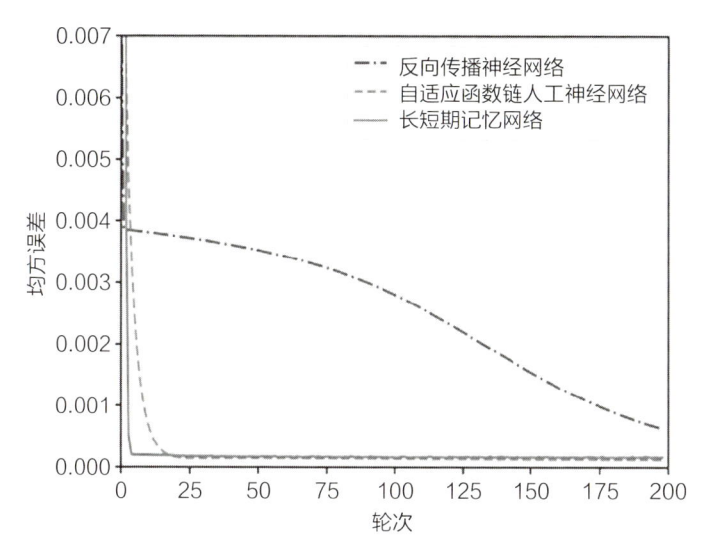

图 13.9　使用反向传播神经网络、自适应函数链人工神经网络和长短期记忆网络

3 种模型对加元外汇数据集提前 1 日预测的均方误差收敛图

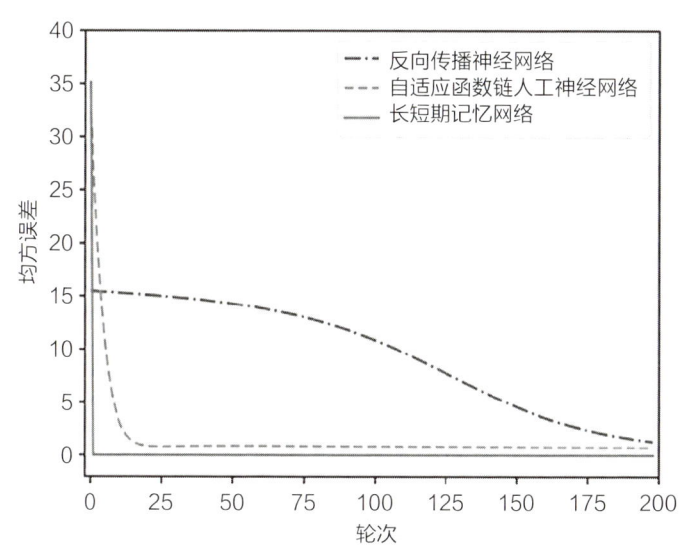

图 13.10　使用反向传播神经网络、自适应函数链人工神经网络和长短期记忆网络

3 种模型对印度卢比外汇数据集提前 1 日预测的均方误差收敛图

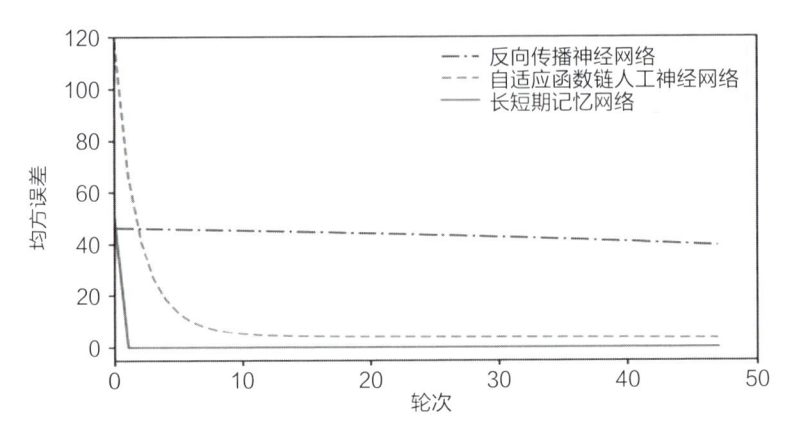

图 13.11　使用反向传播神经网络、自适应函数链人工神经网络和长短期记忆网络 3 种模型对日元外汇数据集提前 1 日预测的均方误差收敛图

13.6　结论

本章详细描述了一种特殊类型的循环神经网络，即用于汇率预测的长短记忆网络的执行情况。由于其独特的门控输入输出及内存块性质，长短期记忆网络模型在时间序列预测中表现良好。门负责选择数据、删除数据及修改数据块。这些门通过存储以前的值并将这些值与即将到来的变量进行比较，从而作为一个存储单元，通过观察输入模式中继承的特征来更新模型。由于长短期记忆网络模型的这种独特工作原理，结合第 13.4 节中的模拟研究，可以清楚地看到，基于深度学习神经网络的长短期记忆网络模型从提前 1 天到提前 30 天的不同时间范围内对 5 种外汇走势的预测具有更好的准确性。此外，这个模型也比其他两种广泛接受的神经网络模型（即反向传播神经网络和自适应函数链人工神经网络）收敛更快。从结果中我们还发现，随着预测时间范围变长，误差也会增加。因此，为了提高模型的长期准确性，我们需要引入影响因子、更多统计特征及技术指标。通过探索基于深度神经网络的模型的其他变体，也可以提高预测精度。

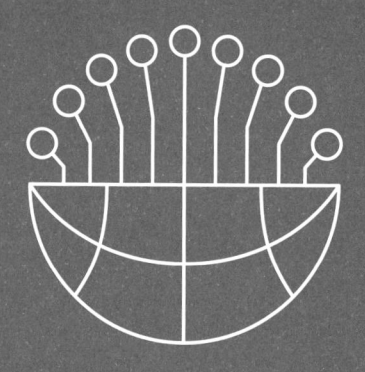

第14章

人工智能应用的道德伦理问题

维杜希·潘迪（Vidushi Pandey）
印度管理学院科泽科德信息系统系

14.1　引言

人工智能和机器学习技术的出现将我们带入了曾经科幻小说中幻想的那个时代。它们解决了很多医药、国防、教育、运输、制造、零售等部门的问题。人工智能在计算机视觉、语音识别、文本分析及模式识别等解决方案中发挥着至关重要的作用，大大提高了我们处理当今传感器世界中产生的大量数据的能力。从这些数据中获得的见解有可能永远改变人类的生活。然而，像其他任何技术一样，人工智能必然会经历一个学习曲线，在这个曲线中，意外的结果可能会对接受者产生负面影响。今天的人工智能社区不仅限于科学家、开发人员和工程师，还包括以某种方式受到这些解决方案影响的所有利益相关者。其中包括公民、行业从业者、政府工作人员、政策制定者、立法者和大多数其他社会成员。为了促进这项技术可靠、全面及负责任地发展，造福社会，所有利益相关者都必须对这项技术的各个道德伦理方面保持敏感。本章旨在强调这些道德伦理问题以及目前正在采取的解决这些问题的方法。

14.2　人工智能应用的道德伦理问题

尽管人工智能是一种非常强大的技术，且有可能会改变游戏规则，但人工智能的应用引发了人们对使用人工智能的严重道德伦理忧虑。目前人工智能应用的水平还没有达到引发机器人起义并危及人类生存的程度。这种担忧可能会构成科幻电影的有趣情节，但不是社会的当务之急。当前的严重关切在于人工智能可能造成的权力失衡及社会分化、劳工问题、用户隐私问题以及虚假信息问题等，如图14.1所示。这些问题将在以下章节中详细讨论。

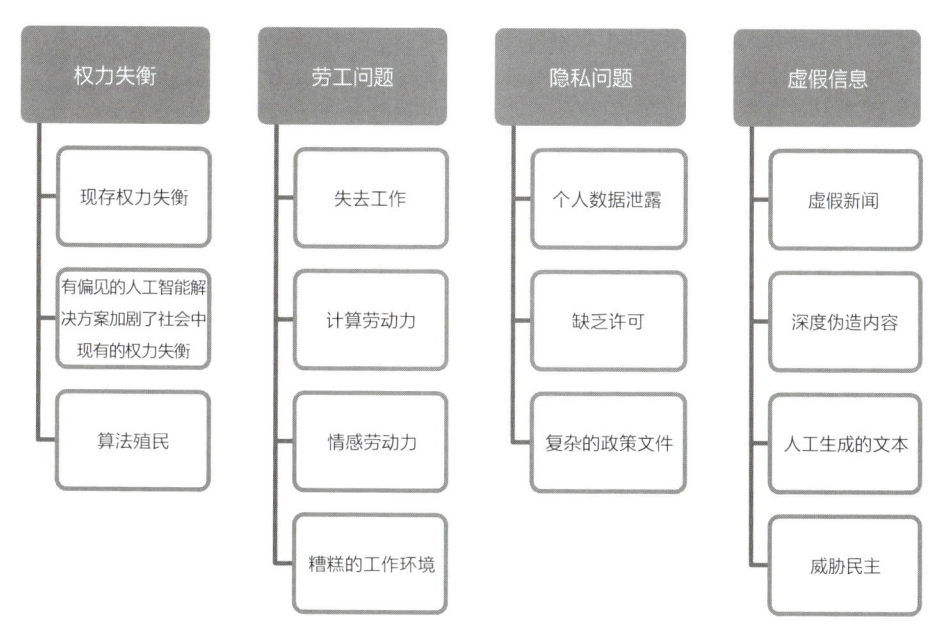

```
权力失衡                劳工问题              隐私问题              虚假信息
├─ 现存权力失衡         ├─ 失去工作           ├─ 个人数据泄露       ├─ 虚假新闻
├─ 有偏见的人工智能解   ├─ 计算劳动力         ├─ 缺乏许可           ├─ 深度伪造内容
│  决方案加剧了社会中   ├─ 情感劳动力         └─ 复杂的政策文件     ├─ 人工生成的文本
│  现有的权力失衡       └─ 糟糕的工作环境                           └─ 威胁民主
└─ 算法殖民
```

图 14.1　人工智能应用的道德伦理问题

14.2.1　权力失衡

人工智能解决方案常常被认为是解决世界上许多问题的一种解决方案，其标签上写着"人工智能有益"。然而，人工智能对社会的影响受到社会中不同权力分配的严重困扰。不经意地使用及部署人工智能应用程序可能会进一步扩大弱势群体及强势群体之间的差距。这个问题可以从以下两个角度看。

14.2.1.1　开发人工智能解决方案融资机构及组织方面的现有权力失衡

复杂人工智能解决方案的概念化、设计、培训和部署的整个过程往往非常昂贵。各个组织需要技能高超的数据科学家、软件工程师、研究人员及用户体验设计师来设计能够满足实际需求的人工智能解决方案。这一人力资源通常为大型、资金充足的组织及公司所利用，这些组织及公司从世界各地吸引这些人力资源。对于较小的公司、非营利组织及发展中国家和欠发达国家来说，在开发人工智能解决方案时，获得人力资源往往很困难。甚至学术界也面临着这个问题，因为高质量的研究人员往往被大型公司招聘，在资源有限的学术研究工作中造成了差距。关键人力资源如此高强度集中在少数强大机构手中，可能会影响到应该得到关注的人工智能解决方案的研发。人工智能的研发日程可能会受到这些强大的资助机构的影响。与对社会影响较大但盈利能力较低的应用程序相比，更具商业意义且能产生更多利润的领域会获得更多的研究资金。谷歌道德伦理研究人员蒂姆尼特·格布鲁（Timnit Gebru）最近因其研究重点与谷歌公司确定的重点不同而被解雇，这就是这种情况的一个例子。

最新的人工智能应用程序采用具有多个神经网络层的深度学习算法并行处理大量数据。为了处理如此繁重的计算需求，可能需要称为 GPU 或图形处理器的专用芯片。这些图形处理器不仅构建和采购成本高昂，而且处理密集型人工智能算法也需要消耗大量的电力。

此外，训练此类算法所需的数据量也非常庞大。收集、预处理及清理这些数据构成了各个组织必须承担的另一层成本。大型公司组织往往能负担得起如此大规模的投资，而小型公司、私营公司或非营利组织可能负担不起这些费用。所有这些成本只能让少数强大的利益相关者获得人工智能技术，增加他们的生产力和利润，进而进一步扩大社会的经济和数字鸿沟。

例如，在农业人工智能干预的情况下，由大公司支持的农民有足够的资金和后盾来试验此类解决方案。即使这些解决方案可能不会立即取得成功，这些农民也能够控制沉没成本，因为他们有来自该行业的足够资金支持。一旦人工智能部署初见成效，这些农民很可能从农场获得成倍的产出。另外，资源有限的小型家庭农场很可能没有足够资金来试验这些技术。

一旦大量农民开始从提高生产力中获益，这种缺乏资源的情况将进一步加剧。

这种差别准入及贫富差距扩大的问题并不新鲜。这种状况已经存在于社会的各个领域，从药品研究到教育、产业化、互联网接入等。然而，一旦确定获取人工智能也存在这一现象，就要建立解决此类问题的机制，这一点非常重要。

14.2.1.2　有偏见的人工智能解决方案加剧了社会中现有的权力失衡

设计拙劣的人工智能系统会无意或故意歧视社会的某些成员，进一步改变社会的权力平衡。人工智能系统的概念化、培训及测试方式决定了其性能和对最终用户的影响。如果这些系统在代表社会各阶层的数据方面没有得到充分培训，并且如果这些系统没有对所有类别的最终用户进行适当的测试，那么系统可能会在其表现中编纂社会偏见。例如，人们发现一种为选择美国医疗计划候选人而设计的预测算法对社区中的非裔美国人有偏见。在另一个例子中，高盛（Goldman Sachs）和苹果（Apple）公司在其苹果支付卡解决方案中在女性的信用评级相同甚至更好的情况下，却为男性设定了更高的信用额度。

即使在应用程序推出后发现了这些偏差，也很难追究某人的责任，因为使用该系统的公司未必了解应用程序背后的代码。在苹果公司的案例中，该公司、开发商和高盛否认了存在算法偏见的指控，但他们无法解释为什么算法会做出这些决定。大多数深度学习人工智能应用程序都是"黑箱"模型，即使是开发人员也不了解算法用于决策的规则。尽管存在偏差，开发人员通常仍会用参数衡量算法的成功与否，比如代码能够提供的精度。例如，聚类算法通常用于通过将大块数据划分为同质数据点块来理解大块数据。然而，除非特别注意，否则算法可能不遵循"个人或群体公平"原则，就可能导致高度扭曲的集群出现，从而就会加剧社会中现有的偏见。

如今，语音识别系统在各个地区得到了广泛应用。但这些系统的培训通常是根据主要来自西方国家的以英语为母语的人的数据进行的。培训缺乏多样性，导致非英语母语者使用这些系统时非常痛苦。事实上，不是机器学习系统适应用户的需求，通常是这些系统的用户会改变他们的语言以适应这些设备。对于有严重语言障碍的用户来说，这个问题可能更严重。这些用户可能完全无法使用语音系统。这里的问题不在于算法本身，而是在于训练数据缺乏多样性，还有输入数据中缺乏对各种终端用户的表达。其他形式的人工智能系统也会出现类似的问题，例如面部识别无法识别特定种族或面部差异的人，计算机视觉系统会因为身体形状、姿势或行为支持发生了变化而无法识别身体残疾的人。内容分析系统可能不会考虑阅读障碍者的拼写状态。

算法殖民（Algorithmic Coloniality）或数据殖民（Data Coloniality）是学者们在提及"当代种族、国家、贫与富及其他群体之间的权力失衡是殖民者与被殖民者之间权力失衡的延伸"这一观点时使用的一个术语。在当前人工智能驱动的世界中，这一状况会以多种方式表现出来。训练数据和算法性能中固有的种族歧视及其他偏见是上面已经讨论过的一个方面。这种形式的"殖民主义"也会以其他方式明显地显现出来，包括发展中国家无法参与人工智能政策和数据协议的讨论，利用这些国家的低成本劳动力完成数据准备的"幽灵工作"（ghost work），在西方市场推出应用程序之前，利用某些弱势群体对其进行beta测试，并在"人工智能利好"倡议中采取"家长式"方法，不允许发展中国家实际建立能力，设计满足其需求的人工智能解决方案。

14.2.2　劳工问题

人工智能应用程序的主要威胁之一，是这些应用程序将完全取代人类，并导致社会大规模失业。确实有许多人工智能系统声称可以将劳动密集型操作自动化，并不需要人类作为协调者进行协调。由于人工智能的干预，呼叫中心、客户服务亭、零售店的结账人员、司机及更多此类角色可能会变得多余。这一威胁需要多方关注。其中有以下两个关键方面。

14.2.2.1　什么样的工作最可能受到人工智能威胁的影响？

作为一种技术，人工智能的关键能力是能够有效地预测事件。用于过滤工作申请的人工智能应用程序努力预测哪个候选人最有可能在工作中表现良好；用于医疗诊断的人工智能申请程序可以努力预测肿瘤是否可能是癌症或良性肿瘤；自动驾驶车辆努力预测道路上车辆和行人的下一步移动，并据此做出驾驶决策。这些和其他许多人工智能系统的例子基本上都依赖算法的效率来预测结果。这些系统对劳动力的影响将取决于这种预测能力在工作中的重要性。完全依赖预测能力的工作，如预测、法律摘要、行政助理的电子邮件回复，被人工智能取代的威胁很大。然而，混合了预测及其他一些技能的工作，如在医学、诊断或教育领域，人工智能也是重要的应用，可以补充现有的工作，但决策技能、从业者的人情味不可取代。

14.2.2.2　人工智能真的可以消除所有人类干预的需要吗？

即使对于声称能够有效地完全替代人类需求的人工智能应用程序，实际情况也可能有所不同。人工智能应用程序仍然在很大程度上依赖人工来平滑其边缘。为了支持人工智能应用程序的性能，创造了许多新类型的工作。通常需要人工收集培训应用程序所需的大量数据。

"计算劳动力"是指公司根据合同雇佣的劳动力，用来帮助完成与人工智能相关的任务。这些人通常工资低，来自发展中国家，花费很多时间为人工智能应用程序收集、分类和清理数据。在某些情况下，应用程序的结果需要平滑，需要人力支持。例如，在脸谱网等平台上的内容审核任务中，尽管使用了复杂的人工智能算法，但在许多情况下仍需人工干预。因此，这些人工智能应用程序尽管定位于减少体力劳动，但也产生了对新形式体力劳动工作的需求。这里的问题是，这些工作对最终用户来说往往是看不见的，所以导致了诸如虐待工人、缺乏公平的工资及指导有限等问题。印度信息产业公司内容审核部门的员工遭受严重的精神压力就是这种情况的一个极端例子。实施人工智能可能产生的其他形式的工作是在客户端辅助人工智能的工作。"情感劳动力"是指受雇帮助客户适应新的人工智能系统并在过渡过程中掌握这些系统的工人。为了迎合普遍存在的女性更适合护理和支持工作的刻板印象，情感劳动的工作往往更倾向于使用女性工作者。

14.2.3　隐私

用户及非用户的隐私会受到人工智能应用程序影响，这是人工智能社区需要解决的另一个重要问题。想象一下，你将假期照片上传到了你的公共照片墙（Instagram）资料中。几天后，你会看到照片被用于广告之中。广告公司未经同意就使用了你的图片，你要求他们将照片删除。但该公司告诉你，如果你不想别人使用你的照片，你就不应该在社交媒体上公开你的个人资料。公司的逻辑合理吗？别人这样使用你的照片，你会觉得没什么吗？你很可能不会。然而，我们公开发布的许多图片、帖子和其他形式的数据正被各种人工智能应用程序用于训练模型。在大多数情况下，用户并不知道他们的公共数据正被用于此目的，而且他们也没有对此表示同意。然而，许多人工智能公司都会逃避责任，将责任推到人们自己身上，说如果人们不想别人使用自己的数据，就不应该公开这些数据。这个解决问题的方法让人无法接受。我们大多数人都不知道我们的数据可以用于这样的目的，因此我们从来没有想过去阻止或者去控制这种现象。人们应该控制自己的数据，他们应该有权随时从这些模型中撤回他们的数据。现在，假设广告公司同意了你的要求，你要求他们把广告撤下来。该公司在后来撤下了你的照片，但到那时，该广告已经通过各种不同的媒体渠道传播开来。即使删除了原始广告，也已创建并共享了多个广告副本。不管你怎么努力，你可能永远也摆脱不了那个广告。同样，如果你的数据已经被用于培训目的，并且不希望你的数据被以这种方式使用，那么该怎么办？你要求公司从他们的培训数据集中删除你的数据点。公司删除了你的数据点。但此时，算法已经对你的数据进行了多次训练，你的数据已经留下了一些无法简单地删除的标记。人们有权随时从任何人工智能培训过程中有效提取数据。

隐私的另一个方面是，人工智能应用程序（如计算机视觉、语音助手及其他监控设备/应用程序）会在你不知情的情况下偷偷收集你的数据。在一个例子中，研究人员进行了实验，发现亚马逊回声（echo）经常在没有官方唤醒的情况下开始记录。这些设备可能会收集、存储你的数据，并将其用于提高性能，但不会向你发出任何通知。公司可能会说，用户接受的"服务条款"中提到了这些内容。然而，我们都知道，从来没有人去读这些协议。科技公司加载这些协议时用了很多复杂的术语，所以普通用户几乎无法解释这些协议。公司需要拿出这个问题的解决方案，而不是让用户承担维护隐私的所有责任。

14.2.4　错误信息、虚假信息及假新闻

2016年美国总统选举后，美国调查发现，被称为"巨魔农场"的互联网研究机构（IRA），发起了社交媒体活动，重点是在美国制造愤怒及分裂的气氛。巨魔农场聘请了工作人员，夜以继日工作，窃取真实美国人的身份来创建虚假的个人资料，与数千名美国人互动，来了解他们的行为，创建虚假信息帖子及谣言，发布的内容与美国民众融为一体，据说对美国选举前后的和谐与稳定气氛产生了严重影响。

为了实现这些成果，巨魔农场投入了数百万美元及数百万小时的人力资

源。如今，由于人工智能技术的进步，要实现类似或更有效的结果，巨魔农场需要投入的人力及资金可能就会少得多。高性能的语言生成器可以在短时间内生成数千条类似于人类真实帖子的文本。人工智能应用程序现在可以让你创建从未存在过的人的真实图片及视频。使用深度伪造技术，任何人都可以创建高度可信的假视频。所有这些事件都会在社交媒体上引发严重的错误信息、虚假信息和虚假问题。错误信息只是信息不准确，是无意造成的，而虚假信息则是故意误导的。这些信息可以是文本（类似于真人发布的帖子）、照片、视频及音频数据。社交媒体平台的热门话题及推荐算法常常会助长此类虚假信息的传播。

社交媒体平台正努力寻求过滤这些帖子的解决方案，但此类谣言活动的复杂程度在不断上升，以躲避检查。事实上核查人员和科学家等相关人员正努力揭穿这些谣言的机构，他们往往面临着更大的压力，要为揭穿这些虚假帖子提供准确的证据。相反，散布此类信息的谣言制造者很少面临提供证据的压力。不仅在政治领域，其他领域也开始利用这些弊端来维护既得利益。脸谱网今年在其平台上发现了几条虚假帖子，这些帖子是南亚电信公司为了诋毁竞争对手而创建的。脸谱删除了一些针对竞争对手的虚假"新闻"和"表情包"。共享这些虚假信息的许多团体及社区都是封闭的团体。如此一来，想要通过过滤及事实检查工具访问这些数据就变得更加困难。因此，目前不可能完全过滤在不同媒体平台上流通的所有内容。

尽管产生恶意传播的虚假信息活动所需的技术投入有所减少，但技术的复杂性已大大增加。这些应用程序大多基于开源人工智能技术，如深度神经网络（DNN）、生成性对抗网络（GAN，人工图像生成器）和生成性预训练转换器（GPT，语言生成器）。任何人都可以免费使用这些技术，它们可以用来构建任何类型的应用程序（不管是好的还是坏的）。这引起了人们对开源发布此类强大人工智能技术的担忧。虽然这些技术确实会最终创建许多具有社会生产力的应用程序，但这些应用程序很容易被用于许多恶意目的，这一事实正日益引起人们的关注。出于这种担忧，GPT 的最新版本实际上并没有完全公开。这又是人工智能社区需要面对的一个道德伦理困境。

14.3　解决人工智能道德伦理问题的方法

上一节强调的是与人工智能在社会应用中相关的各种问题，需要人工智能生态系统中所有利益相关者采取全面的方法来解决。从大型企业到政府、学术研究人员、吹哨人、国际政策制定者、工程师、数据科学家及最终用户，每个利益相关者都需要意识到这些潜在问题，并朝着解决这些问题的方向做出努力。图 14.2 给出了目前解决这些道德伦理问题的主要方法，我们将在下文中详细讨论。

14.3.1　利用算法保护隐私

通常情况下，机器学习算法需要大量详细的用户数据来进行培训及测试。公司出于各种目的可能必须发布或共享此类敏感数据的摘要。恶意滥用此信息的对手可能会努力对此类汇总统计数据进行反向工程并获得访问权限访问详细的用户级数据。将数据匿名可能不足以防止此类隐私攻击。如果攻击者有其他来源的辅助信息，他们可能仍然能够检索到原始用户级数据。为了防止此类攻击，人工智能专家提出了各种算法技术来保护用户数据的隐私。其中一些算法如下：

隐私差异化：指用于分割、修改、隐藏部分敏感数据的算法技术，以使试图滥用该数据的对手无法使用该数据。其中一种方法是在数据中引入噪声。因此，可能不会提供实际值 x，攻击者会收到值 $x+N$，其中 N 是系统引入的噪声。虽然系统内部知道如何从原始数据中过滤出噪声，但攻击者可能

```
                    ┌─────────────────────┐
                    │ 解决与人工智能有关的道德 │
                    │   伦理问题的方法      │
                    └──────────┬──────────┘
                    ┌──────────┴──────────┐
              ┌─────┴─────┐         ┌─────┴─────┐
              │  算法手段  │         │ 非算法手段 │
              └─────┬─────┘         └─────┬─────┘
```

图 14.2　解决 AI 道德伦理问题的方法

算法手段分支：隐私差异化处理、位置信息模糊处理、K-匿名、转化法、内容过滤

非算法手段分支：隐私营养标签、事实核查机构、劳动法、公平操作、政策干预、政策操作、决策人工参与

不知道。这将大大降低数据对攻击者的可用性。然而，如果攻击者可以多次查询数据集，他们可能会在噪声中找到模式并将其过滤掉。

位置信息模糊处理：为了保护用户的位置及跟踪数据，算法可能会在原始数据中按顺序引入距离误差。这将为对手提供不准确的位置，阻止他们识别个人的位置。

K-匿名：这种技术通过混合用户的实际身份与其他用户的数据集来隐藏用户的真实身份。

转化法：利用加密技术来隐藏敏感数据。

14.3.2 保护用户隐私的非算法手段

除了算法干预外，也可在政策层面进行许多非算法干预，改善用户数据的隐私状况。这些领域的一个工作重点是解决"用户条款"的复杂性，用户通常在不理解的情况下就会同意这些条款。对用户的一个主要障碍是这些协议中使用的极其复杂的技术语言。这个问题的一个解决方案是使用"隐私营养标签"（Privacy Nutrition Labels）。卡内基梅隆大学 CyLab 可用隐私与安全实验室（CUPS）开发了隐私营养标签的概念，让隐私政策更易于理解，并可供最终用户比较。就像食品包装上的营养标签一样，隐私营养标签旨在以清晰易懂的语言清楚地列出任何应用的关键方面。苹果最近在其 iOS 14 平台上采用了这一功能，并要求开发人员为其应用程序商店中的所有应用程序提供这些隐私营养标签。需要更多此类干预措施，让用户更好地控制其数据及隐私。

14.3.3 处理虚假消息传播的方法

处理不同级别虚假信息的巨大威胁，需要在算法级别、政策级别及一般意识级别进行干预。为识别机器人生成数据中的模式而构建的算法努力在句子结构、重复性、视觉失真、位置、帖子频率等方面找到不同的模式。此外，还有一些应用程序试图通过添加水印来"毒害"训练数据或利用区块链技术跟踪数据足迹。

然而，这些预防算法在加速改进，而恶意算法也在同样地得到改进，在某些情况下速度更快。

仅使用算法过滤存在一个严重问题，即可能会导致识别错误及阻止真实内容。平台必须在调整其过滤机制的同时进行权衡，以决定是否降低准确率，防止任何真实帖子被标记；或者是否应注重更高的准确率，以删除所有恶意内容，即使在某些情况下它会抑制真实言论的自由。此外，社交媒体平台通常无意阻止所有可疑内容，因为这些内容会推动大量点击，可能为平台带来更多业务。

因此，还需要在政策及意识层面进行干预，来遏制虚假信息。需要更严格的规则来规范社交媒体的使用及盗用。为了控制媒体平台上虚假信息的威胁，需要事实核查机构参与，向这些机构提供足够的资金及支持，识别并标记可靠及不可靠的信息来源。终端用户的媒体素养是另一个必要步骤，要教育用户，让他们认识到并非所有信息都是可靠的，并提高用户识别及标记可疑内容的敏感度。尽管已经作出了所有这些努力，但这是一场持续的战斗，我们仍需要新的解决方案来处理这一问题。

14.3.4　处理人工智能应用中的偏见问题

人工智能系统中固有的偏见最终会导致对社会的某些阶层的歧视，为了解决这一问题，在应用程序的设计及培训阶段必须格外小心。理想情况下，系统设计者应该意识到在给定状态下可能存在的偏差，所以可以避免这些偏差。然而，系统用户自己可能并不总是知道这一点。因此，需要努力选择能够代表各类最终用户的培训数据。算法技术用于预处理及后处理级别，以便减少偏差。要平衡敏感数据、移除敏感属性、转换模型预测，以满足公平约束，用于防止离线系统的偏差在人工智能系统中蔓延开来。

要努力提高深度学习模型的可解释性，以确定导致这些偏差的算法考虑了哪些因素。需要遵循参与式设计方法，确保目标用户参与应用程序设计的所有阶段。

第 14 章
人工智能应用的道德伦理问题

然而，关键的挑战在于定义"公平"。在个人及团体层面上，公平有多种定义。没有哪一个定义堪称详尽，可以涵盖公平的所有方面。因此，选择人工智能系统应遵循的参数是一项相当复杂的任务。如果期望数据科学家及工程师除了扮演他们已经具有挑战性的技术角色外还参与定义复杂度级别的工作，这是不现实的。各个组织需要投资聘请道德伦理专家，这些专家可以与人工智能团队合作，并在此类问题上为人工智能团队提供指导。

14.3.5 解决人工智能应用中的风险及安全问题

与人工智能应用程序的风险及安全相关的一个关键方面是责任分配问题。如果自动驾驶汽车做出了错误的决定，伤害了行人，谁该对此负责？是汽车、代码、代码背后的工程师、汽车公司，还是那个当时在车里的司机？面对这种进退两难的局面，需要深入研究谁可能控制最终决策。根据情况、背景及与之相关的风险，做出最终决定的自主权应保持在人的手中。这会使人类可以推翻人工智能可能做出的潜在有害决策。在诸如教育机构入学、自动驾驶、就业及晋升、支付社会扶持、司法服务及所有此类领域的申请中，如果错误的结果会以某种形式影响人类生活，那么使用人工智能进行推荐并让人类机构做出最终决定可能更有意义。然而，参与决策的人未必更擅长此类决策。为了确保参与该过程的人员拥有足够的专业知识，参与决策者也需要在现实场景中接受广泛的培训，而不仅仅是使用人工智能系统。2009 年法国航空公司（Air France）航班坠毁事件就是一个例子，说明过度依赖自动化系统及缺乏足够的实际培训可能会降低人类机构的决策能力。2009 年，法航 AF447 航班在海上坠毁，机上 228 人丧生。这起事故是由于飞机"失控"造成的。当飞机（大部分时间凭自动驾驶系统运行）由于输入数据不一致而退出自动驾驶模式并将控制权转移给飞行员手动驾驶时，通常会出现失控情况。在法航这次空难中，自动驾驶系统放弃了控制权，飞行员们突然不得已

257

在棘手的高空条件下手动驾驶飞机。飞行员无法正确解读系统读数，导致飞机自由落体坠入大海。这起事故的部分原因是，由于过度依赖自动化系统，飞行员在此类现实场景中缺乏经验。随着自动驾驶系统开始用于商业用途，即使对于车辆驾驶员，也可能出现类似的情况。这需要掌握控制权的人经过适当培训，能够做出正确的决定。

14.3.6 政策及道德伦理框架

随着人们对人工智能解决方案相关道德伦理问题的认识不断提高，独立研究机构、政府、非营利组织及企业都提供了多种政策文件、框架及指南来解决这些问题。经济合作与发展组织（OECD）建议采纳"人工智能原则"来"促进创新、值得信赖并尊重人权及民主价值的人工智能"。2019年，37个成员国采纳了这些原则。除此之外，许多其他国家以及二十国集团（G20）国家都根据经济合作与发展组织的建议采纳了人工智能原则。这些原则由一个由50多名成员组成的专家组制定，成员包括政府、企业、学术界、民间社会、工人及科学界的代表。

经济合作与发展组织人工智能原则

- 人工智能应通过推动包容性增长、可持续发展造福人类和地球。
- 人工智能系统的设计应尊重法治、人权、民主价值观及多样性，并应包括适当的保障措施，例如，必要时允许人为干预，以确保社会公平公正。
- 人工智能系统应具有透明度并负责任地披露信息，以确保人们了解基于人工智能的结果，并能够挑战这些结果。
- 人工智能系统必须在其整个生命周期内以稳健、可靠、安全的方式运行，并应持续评估及管理潜在风险。

第 14 章
人工智能应用的道德伦理问题

> ● 开发、部署或操作人工智能系统的组织及个人应按照上述原则保障人工智能系统正常运行。
>
> 来源：https://www.oecd.org/going-digital/ai/principles/

其他此类政策层面的努力包括英国数据道德伦理框架（UK Data Ethics Frameworks）、新加坡个人数据保护委员会提出的人工智能治理框架模型（A Proposed Model Artificial Intelligence Governance Framework by Singapore Personal Data Protection Commission）、电气与电子工程师协会自治系统全球倡议（The IEEE Global Initiative on Autonomous Systems）、欧盟委员会制定的人工智能和数据保护指南（Data Protection by EU council of Europe）等。甚至像谷歌和思爱普（SAP）这样的私营公司也为实施人工智能设计并发布了道德伦理准则。关注人工智能应用的道德伦理问题是非常必要的。然而，许多这些努力也被批评为只是"伦理洗白"，没有采取任何具体行动。问题在于这些政策指导方针是否得到有效实施。作为一家公司，遵循道德伦理原则说来容易，但公司是否有任何方法来实际执行这些原则，衡量其影响？每个组织都可以自由地以自己的方式解释诸如公平、透明、负责任的人工智能等术语的含义。因此，现在不仅需要政策及指导方针，还需要实际操作。人工智能领域可以从其他领域吸取教训，在这些领域，类似的道德伦理问题发挥着关键作用。长期以来，医学、法律及教育等领域一直在处理此类道德伦理问题，可以提供参考。

此外，公司需要赋予道德伦理委员会决策权，而不是只是让他们勾选道德伦理准则的复选框。开发者及工程师需要对哲学方法及道德伦理价值有全面的认识。这些宣传工作不仅应包括西方文化的道德伦理观，还应包括其他文化的观点。

应设立专家委员会，在整个过程中为员工提供指导。人工智能新闻也扮演着重要角色。为了让终端用户、开发商、公司及政府了解人工智能的技术和道德伦理方面的内容，负责任的新闻报道将发挥关键作用。与散布恐惧及耸人听闻的消息相比，这一领域的新闻报道需要有足够的信息量及广度，以呈现利益相关者的不同观点。

有关人工智能的所有道德伦理问题的讨论似乎给社会描绘了一幅非常悲观的技术画面。然而，必须要理解，每一项新的技术进步都会面临类似的问题。从汽车到工业机器、计算机和信息科技软件，这些问题一直都存在，并且都随着对人与技术之间关系的深入理解而得到解决。人工智能技术也将经历这一学习曲线，通过持续合作及知识共享，所有利益相关者会合力找到更好的解决方案。

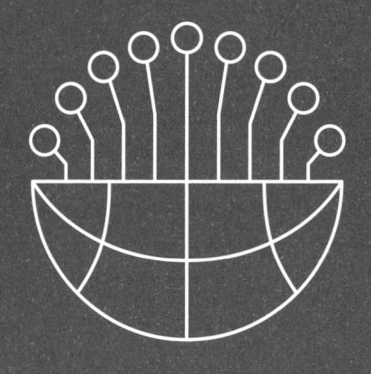

第15章

从人工智能分析视角看使用视频分析提取语义数据

苏巴西·马哈帕特拉（Subasish Mohapatra）、阿迪蒂·班萨尔（Aditi Bansal）、苏巴达什尼·莫汉蒂（Subhadarshini Mohanty）
布巴内斯瓦尔工程技术学院计算机科学与工程系

15.1　引言

当前的技术时代为用户提供了充分的机会来面对强大的数据流,每次点击、划屏、共享、搜索和直播都会涉及大量数据。因此,数字世界正以前所未有的速度膨胀。全球每时每刻都会产生大量数据。现在的数据规模不限于千字节、兆字节、千兆字节甚至太字节。视频数据是导致数据不断升级的主要因素之一。医疗保健、教育、媒体和通信、旅游、食品及文化、地理探索、安全安保、社交媒体及互动平台、卫星生成等是每天生成大量视频数据的关键来源。安防摄像头每天都会记录,捕捉到的监控数据为存储的视频数据增加了很大一部分。

监控视频是非结构化大数据的重要贡献者。来自安保摄像头的视频流,其作用不亚于任何其他视觉数据源,如社交平台数据、农业数据、医疗数据、传感器数据、地理空间数据及空间研究产生的数据。闭路电视摄像机几乎遍布世界各个角落,因为安全是最重要的。这种对安全及安保的需求不断增长,推动了对智能监控系统的需求。

在拥挤的公共场所,监控摄像机是第三只眼睛,监控着所有异常事件,它要求人工操作员全面参与。对这些海量数据的监控、存储、检索及处理在存储空间、时间及人力方面都有很多要求。因此,本章将处理对最常见的视频数据源(监控视频摄像机捕获的视频)执行语义视频分析。我们希望使用这些视频数据进行分析,并从中提取有用的部分,从而在一定程度上使监控过程自动化。

15.2 视频分析

视频分析（VA）是自动处理及分析视频片段以获取所需信息的能力。这是一种更先进的视频监控手段。视频分析有助于切断视频中不相关的部分，使监控系统更智能、更高效，并减少管理工作量。视频分析是计算机视觉的子集，因此也是人工智能的子集。视频分析提供了多种功能，包括物体检测、形状及面部识别、视频跟踪、运动检测、人群分析等。除了这些功能，它还支持多个领域中的无数应用程序。

15.3 视频分析需求

随着安防摄像头数量的迅速增长，视频数据生成率呈指数级增长。为了捕捉人们公共场所的行为，创造性地利用了大量监控摄像机。考虑到随着时间的推移，可用的数据量会很巨大，接下来要关注的是数据存储及数据分析的设施。想象一下我们需要处理的视频数据量，假设一台高清摄像机每天可以产生大约10兆字节的数据。

长期存储大量监控视频对存储空间提出了挑战性。相比存储整个视频数据，存储分析输出会更有益处。这样一来，会减少存储空间，解决存储限制。此外，深度学习技术包括两个主要部分：培训及测试。这两种方法都可以通过大量数据来实现最高的精度。

下面列出了使用大量数据进行培训的主要益处。完整的数据可以平均分为训练集及测试集。通过使用这些可用的海量数据来适应数据表示的多样性也是可行的。在视频分析中，需要对从视频中提取到的帧集执行实际分析。因此，数据集可以由视频及图像数据组成。将提取的帧集和图像数据过滤，只允许有用的帧集进入模型学习阶段。此外，广泛的培训及测试数据集可得出良好的模型，从而增大机会，获得更准确的结果。

15.4　工作流程

使用视频分析提取语义数据旨在利用大量可用视频数据提取有用信息。先使用图像处理及计算机视觉来收集视频或图像数据中有价值的部分，然后使用光学字符识别，从中提取更多信息。换句话说，将视频或图像作为输入，并生成一些文本作为输出。

从监控视频数据中提取的数据可用于人群分析、盗窃检测、暴力检测等多种目的。具体工作流程可能因分析目的而异。为了熟悉视频分析的概念、视频分析所涉及的必要步骤以及在何处使用视频分析，让我们从最简单的示例开始。从监控摄像机捕获的视频中获取车号的整个过程首先分为几个小步骤，该方法包括四个主要阶段：

1.**提取帧**：这是第一个阶段，可能也是最直接的阶段。在这个阶段，提供的视频被转换为一组帧。该阶段的输入是视频，输出是从视频中获得的图像序列。

2.**分割模型**：在此阶段，使用分割模型检测车辆牌照，分割车辆牌照在图像上的位置。分割模型将图像作为输入，并将分割后的车牌作为输出返回。

3.**字符分割**：在此阶段，进一步分割车牌，以获得车牌上每个字符的单独图像。

4.**字符识别**：这是生成最终输出的最后阶段。使用机器学习识别上一步骤中分割的字符。

一般的视频分析工作流程如图 15.1 所示。

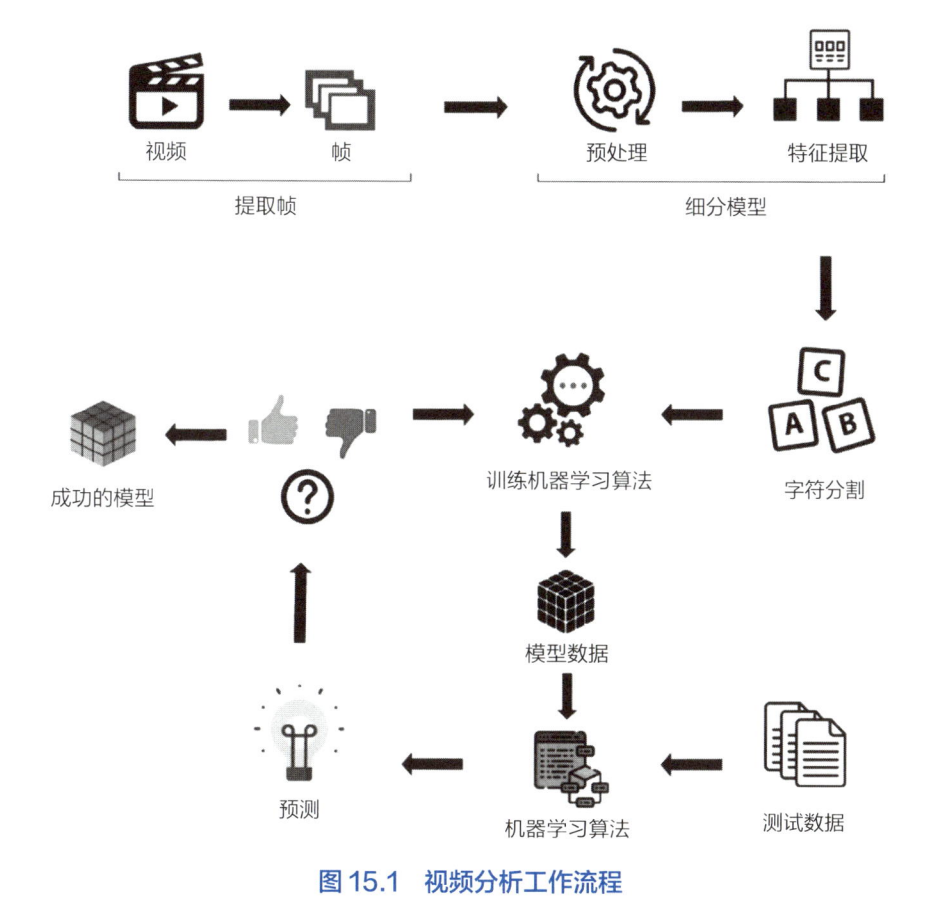

第 15 章
从人工智能分析视角看使用视频分析提取语义数据

图 15.1 视频分析工作流程

15.4.1 提取帧

图像分析是通过一些处理技术从数字图像或视频中提取相关信息。OpenCV 是一个开源机器学习及计算机视觉库，用于对视频及图片进行操作及分析。在这里，我们用它从视频中提取连续图像序列，如图 15.2 所示。安装的摄像机用于全天候捕捉连续的标准化视频。因此，摄像机的位置必须确保能够正确捕捉所需对象。此外，视频应该清晰，并且必须具有适当的分辨率。有时，捕获的视频可能以原始格式显示，因此可能需要转换为可用的视频格式，如 .avi 格式。网络转换工具（如媒体转换器）可用于执行此类转换。

265

视频现在可以开始进行第一步操作了（提取帧）。

图 15.2　从视频中获取图像序列

接下来，必须开发一种编程方式将视频转换为静态图像。使用 OpenCV 和包可以轻松实现此转换。OpenCV 是一个跨平台的库，可以免费为各种计算机视觉任务提供帮助。使用 OpenCV 的一种简单算法可以读取视频并根据需要将其分割成帧。这里最重要的参数是指定每秒要提取的帧数。如果此参数的值很小，则会获得多个重复帧。此外，如果参数值较大，则可能会错过一些帧。因此，必须确保为每秒提取的帧数选择适当的值。

此外，在某些情况下，视频中的对象可能保持不变，视频可能无法捕获任何运动。这就将生成重复的帧，处理这些帧没有用处。因此，必须添加能够删除重复帧的算法。一种方法是计算图像的哈希值并检查重复项。一旦找到副本，算法只保留一张同类图片，其余的副本都会被删除。最后得到一组图像，等待进一步处理。

15.4.2　分割模型

在计算机视觉中，可以把图像分割理解为根据像素特征将数字图像分解为多个片段。图像分割的目标是将图像表示为更有相关性、更有意义、更易于分析的内容。图像分割用于分离前景和背景，提取具有边缘（称为感兴趣范围）的所需对象，或聚类图像中具有相似特征的像素区域。更准确地说，图像分割可以描述为给图像中的每个像素生成标签的过程，从而为具有类似特征（例如强度、颜色或纹理）的像素指定相同的标签。这里，分割的目的是从图像中检测及提取汽车牌照。

15.4.2.1　预处理

分割这一步骤最为重要，因为其余步骤都以这一步为基础。如果分割失败，识别也将无法产生所需的输出。因此，为了确保准确性，有必要在进一步处理之前对数据进行预处理。预处理就是对初始输入数据或前一个过程的输出数据进行初步转换，以便为进一步处理做好准备。预处理可能包括一些图像模糊、颜色变换、几何变换、图像标准化等操作。

图像模糊/平滑是最常用的预处理步骤之一。可以通过用低通滤波器内核卷积图像来实现。图像模糊/平滑对消除噪声很有用。应用此过滤器时，它会从图像中删除高频内容（例如，噪声、边缘），从而使不需要的边界变得模糊。OpenCV 主要提供四种类型的模糊技术。

- 平均化：

平均化是一种通过减少像素之间的强度差来平滑图像的方法，通过将图像与标准化盒子滤波器相结合来实现。先平均化计算内核区域下所有像素的平均值，然后用平均像素值替换中心元素。这一操作在函数 cv.blur（）或 cv.boxFilter（）的帮助下完成。

- 高斯滤波：

高斯滤波是线性操作。在高斯滤波中，通过高斯函数实现模糊。高斯滤波使用高斯内核，而不是像平均化一样使用盒子滤波器。高斯滤波使用函数 cv.GaussianBlur（）完成。高斯模糊在去除图像中的高斯噪声方面效果很好。

- 中值滤波：

中值滤波是一种用于去除图像噪声的非线性滤波技术。中值滤波是改善结果的一个预处理步骤，内核区域及中心元素下所有像素的中值被

cv.medianBlur（ ）函数计算的中值替换。中值滤波主要用于存在盐和胡椒噪声（salt-and-pepper noise）的地方。中值模糊时，中心元素总是被图像中的某些像素值替换，而在上述过滤方法中，中心成本是重新计算的。

● 双边过滤：

单边滤波器是一种降噪平滑滤波器。它在去除噪声方面非常有效，还可同时保持边缘锐利。用于执行此操作的是 cv.bilateralFilter（ ）函数。我们已经看到，高斯滤波器在滤波时采用邻域像素。它不考虑像素是否具有相同的强度，是否为边缘像素。高斯滤波模糊了我们不想要的边缘。双边滤波器使用高斯滤波器，是像素差与空间高斯滤波器的函数。两个过滤器都确保边缘不模糊。

颜色变换也是从图像中提取信息时使用的基本步骤之一。颜色转换包括调整亮度、色调、饱和度或色度、颜色分割、颜色平滑及锐化等。大多数颜色转换（如将 RGB 图像转换为灰度图像或二值图像）在对数字图像执行计算机视觉任务时非常有用，因为我们可以轻松区分前景和背景。此外，在二值图像上应用算法会变得更容易。在诸如目标检测及基于颜色的提取等应用程序中，可以发现大量额外信息，从而简化图像分析过程。

几何变换包括平移、缩放、旋转、图像变形等，以生成图像的修改视图。在扫描图像未正确对齐的各种应用中，此类变换通常用作预处理步骤。几何变换通常用于计算机图形及图像分析，以获得图像的不同视图或消除图像的地理失真。

在分割模型的预处理步骤中，将从帧提取步骤获得的图像转换为灰度图像。在灰度图像中，像素可以从介于 0 到 255 的 256 个值中选取任意值。然后，这些灰度图像被转换为黑色或白色像素的二值图像。为此，选择一个阈值，所有低于该阈值的像素值都被指定为 0 像素值，像素值高于该阈值的则被指定为 255 像素值。对这些图像进行平滑处理，以从对象中删除不相关的线条及边缘。

15.4.2.2 提取特征

提取特征是目标检测及识别系统中第一个组成部分，也是最关键的组成部分。对象由一组特征表示，这些特征可能包括颜色、纹理、形状等。这些特征构成用于识别及分类对象的特征向量。正确提取这些特征对于正确检测目标尤为重要。有各种各样可用的特征提取技术，如方向梯度直方图（HOG）、加速鲁棒特征算法（SURF）、主成分分析技术等。一旦提取了特征，就可以使用这些特征构建机器学习模型，以达到准确的目标识别或检测的目的。

在数据科学中，人们主要关注的问题之一是时间复杂性，这主要取决于特征的数量。在最初几年，特征的数量并不多。但今天，信息的数据量及功能呈指数级增长。因此，有必要找出方便的措施，通过识别及删除最不重要的特征来减少特征的数量。特征映射是一种在图形上表示特征以及这些特征的相关性的过程，它确保了特征可视化，并且确保它们的相应信息可视化。这种方式可删除不相关的特征，只保留相关的特征。

特征提取工作取决于计算机视觉及我们对车牌外观的理解。在特征映射过程中，为了在图像中找到车牌，我们将车牌的特征作为特征向量，包括车牌高度与汽车高度之比、车牌宽度与汽车宽度之比等。一旦特征确定，并且图像的所有部分都满足车牌特征，我们就需要使用目标定位来标记这些区域。

15.4.2.3 目标定位

目标定位是当前流行的计算机视觉任务之一。计算机视觉涉及自动提取、处理、分析及理解数字图像，以便从单个图像或图像序列中获取数字或符号信息。计算机视觉任务包括图像分类、目标定位、目标检测、语义分割、实例分割等。这些任务之间的差异可能会令人困惑、难以理解，计算机视觉任务如图 15.3 所示。

| 分类 | 分类 + 定位 | 目标检测 | 实体分割 |

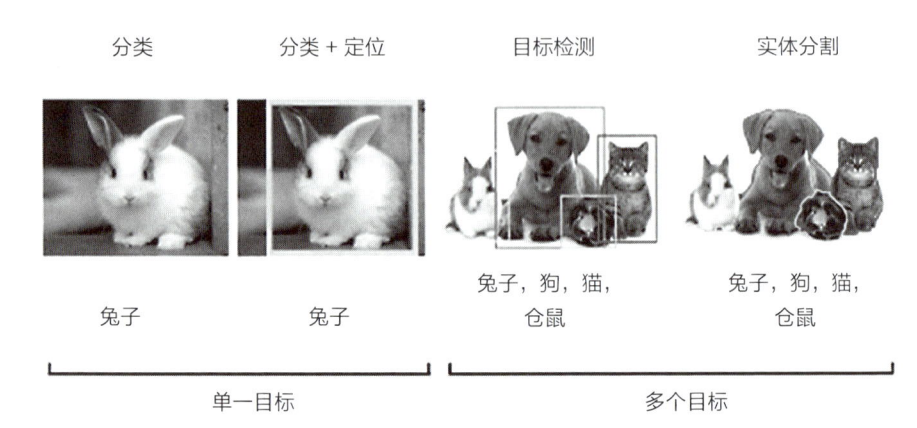

兔子　　兔子　　兔子，狗，猫，仓鼠　　兔子，狗，猫，仓鼠

单一目标　　　　　多个目标

图 15.3　计算机视觉任务

图像分类是根据数字图像的视觉内容为其指定标签的任务。图像分类模型输入的是一幅数字图像，输出的是一个标签，描述它在一组固定类别中所属的类别。计算机视觉中的分割任务大致分为两类：语义分割和实例分割。语义分割与分类不同，它为图像中的每个像素指定一个标签。这时，属于同一类别的所有对象都被视为单个实体，而在实例分割中，每个对象都会被认为是一个不同的实体。

目标检测是一种计算机视觉技术，用于在图像或视频中查找现实世界中的对象实例。它在安全监控、图像检索、光学字符识别、人脸检测、自动泊车系统等方面有着广泛的应用。目标定位可以看作是图像分类和目标检测之间的一项中间任务。目标定位的任务是预测物体在图像中及其周边的确切位置（即物体在图片中的精确位置）。目标定位和目标检测之间的区别很大。目标定位的目的是搜索图片中的主要或最可见的物体，而目标检测的目的是定位所有物体及其边界。

在车牌检测中，在映射所有特征并使用目标定位标记这些特征之后，图像看起来如图 15.4 所示。

第 15 章
从人工智能分析视角看使用视频分析提取语义数据

图 15.4 定位前与定位后

图像中多个区域可能会显示所提供的特征，并被一一标记。根据这些标记区域，对所有这些区域进行垂直投影来区分车牌。在垂直投影中，将在垂直线上对齐的所有像素的所有像素值加在一起。这里的概念是，由于车牌上印有字符，因此投影像素值会有变化，而其他区域则不会。这将确保仅突出显示牌照。在对图像上的像素进行预处理、特征提取、定位及垂直投影之后，我们分割了图像的所需部分，结果如图 15.5 所示。

图 15.5 牌照分割

15.4.3 字符分割

现在我们获得了所需的图像片段，即牌照，接下来要做的就是从图像中分割单个字符。有许多技术可用于字符分割。包括斑点提取、连接成分分析、图像剪切算法、基于投影的方法、基于形态学及分区的方法、模板匹配、涂抹、过滤及形态学算法等。下面是两种最常用且易于实现的方法。

15.4.3.1 利用水平投影与垂直投影提取边界

根据拍摄条件，平面图像的质量可能并不总是合适的。在这种情况下，在进入边界提取步骤之前，需进行噪声去除、照明调整等操作，来提高图像质量。其次，为了增强字符像素，减弱背景及噪声，需采用一些图像增强技术。完成此操作后，使用基于投影的方法提取字符的边界并将其分割。基于投影的方法是大多数系统仍然使用的传统方法之一。

水平投影及垂直投影用于根据获得的信息执行水平分割与垂直分割。水平投影用于查找字符的顶部及底部位置，并删除牌照图像中字符上方和下方不需要的部分。在水平投影中，计算沿水平线中特定线的所有像素的像素值之和。一旦获得沿所有水平线的所有值，就可计算平均值，并将其用作阈值，以获得字符的上下边界。丢弃这些边界之外的区域，边界之间的区域使用垂直投影进行进一步分割。

垂直分割用于检测牌照中字符之间的间隙。在这里，计算位于每条垂直线上的所有白色像素的像素值之和。当根据垂直投影的结果获得每条垂直线的值时，每个字符都会被分割。具有字符的车牌部分将显示零作为投影值。

在某些情况下，一个字符区域会被分割为两个，有时，出于连接的需要，两个字符被组合为一个。因此，要使用细化分割过程来调整分割字符的链接及分隔。最后，得到车牌图像中每个字符的单独分割图像，如图 15.6 所示。

15.4.3.2 连通分量分析

连通分量分析（CCA）是一种基于图论（graph theory）的两步算法，其中连通分量的子集根据给定的启发式进行唯一标记。它是基于遍历方法（traversal methods）的图论算法应用，是一种快速、简单、易于理解及实现的算法，用于查找图像中的所有连接区域。为了检测二值图像，该算法对图

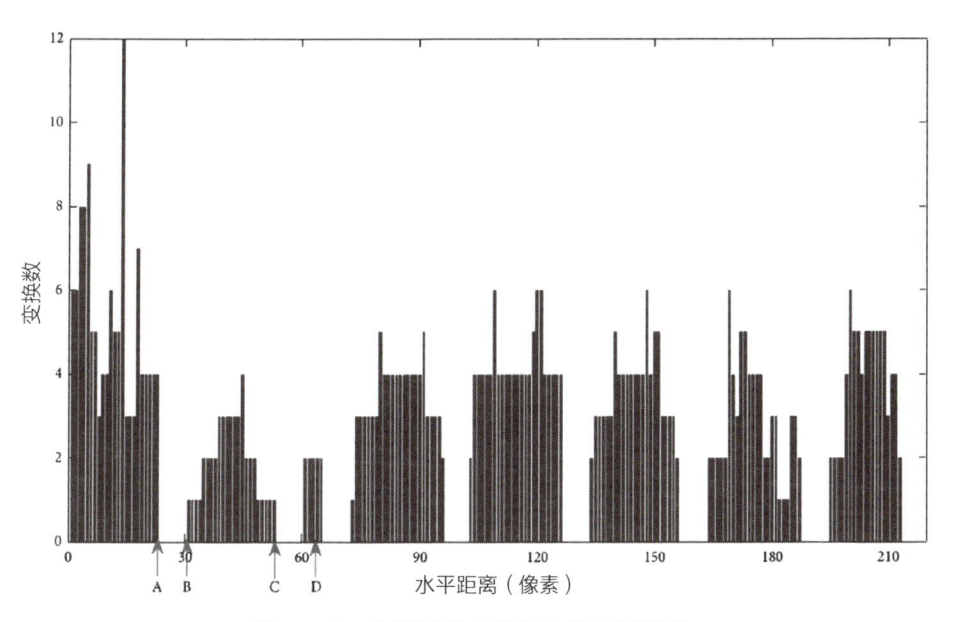

图 15.6　车牌图像上的垂直直方图投影

像进行两次遍历,遍历二值图像数据。从图像中的第一个像素开始,我们为图像中的元素指定二值,为前景(白色)像素指定 1,为背景(黑色)像素指定 0。在第一次遍历中,算法先按列,然后按行遍历数据的每个元素。如果元素位于前景中,它会为前景中的每个像素(即白色像素)指定临时标签。在第二个过程中,它与相邻像素执行连接检查(即如果相邻像素也与当前像素具有相同的值,或者说相邻像素是前景像素)。

假设当前像素与八个连通的相邻像素(位于当前像素的正北、东北、东、东南、南、西南、西和西北的像素)都位于前景中,在这种情况下,当前像素为相邻像素指定相同的标签(两者中最小的临时标签),并移动到下一个像素。它会一直持续到扫描图像数据中的所有元素。在两个过程结束时,确保图像中的每个连接区域都有一个指定给它的唯一标签,并且同一区域中的所有像素都具有相同的标签。

查找连接区域的算法包含以下两个阶段。

第一阶段：

1. 从上到下逐行迭代图像中的每个像素。

2. 如果像素是背景，继续迭代。

3. 如果像素是前景，检查当前像素的相邻前景像素。如果前景中没有相邻像素，为当前像素指定唯一标签并继续。否则，将相邻像素标签的最小标签值指定给当前像素。保存相邻标签之间的等效关系。

第二阶段：

1. 从上到下逐行迭代图像中的每个像素。

2. 如果像素是前景元素，用最小的等效标签重新标记像素。

与连通分量分析一样，我们将白色像素作为前景，将黑色像素作为背景，首先将分割的车牌的二值图像反转，然后对其应用连通分量分析。一旦找到所有连接的区域，用定位来标记图像中的连接部分，即字符。结果如图 15.7 所示。

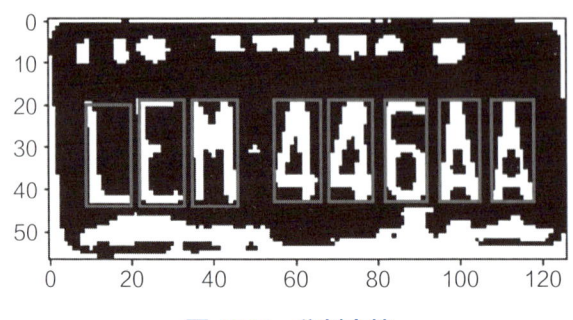

图 15.7 分割字符

15.4.4 识别字符

字符分割后，下一步要做的是正确识别字符。在此之前，从上一阶段分割的每个字符都被调整为 20×20 像素。完成这一步骤，作为字符识别的预处理。

可以用许多方法执行字符识别，例如模板匹配、基于边缘距离的特征提

第 15 章
从人工智能分析视角看使用视频分析提取语义数据

取、机器学习等。我们的方法基于机器学习，因为可以通过改进培训过程来提高系统精度。使用机器学习，将提取的字符图像映射到其实际字符。

机器学习是人工智能的一个子集，用于处理教学系统接受数据的过程，从中自我学习，通过经验改进，然后产生更有用的结果。机器学习可以处理数据、加工数据、发现模式并将其用于未来预测。机器学习分为有监督学习、无监督学习和强化学习。在有监督学习中，机器根据提供的输入-输出进行学习，将输入映射到输出。在这里，我们使用了有监督学习，因为我们知道不同字符的外观，并且可以提供字符图像及其标签的不同输入输出对作为训练数据。

同样，有监督学习被归类为分类及回归。字符识别属于分类范畴，因此要使用机器学习分类器。步骤如下所示：

1. 收集培训数据集。

2. 选择机器学习分类器。

3. 创建培训模型及测试模型。

4. 使用模型进行预测。

15.4.4.1 收集培训数据集

1. 收集每个字符（A-Z 及 0-9）的训练图像。

2. 用 20×20 像素灰度图像数据和相应的标签作为训练集。

3. 进行一些预处理，如扁平化、阈值化等，以使数据为下一步做好准备。培训数据的处理如图 15.8 所示。

图 15.8 预处理训练数据

15.4.4.2 选择机器学习分类器

这里使用的机器学习分类器是支持向量分类器。它将混合数据作为数据的输入类及输出类。支持向量机分类器的目标是在 N 维空间（$N=$ 特征数）中找到一个超平面，该超平面可以清楚地对数据点进行分类，如图 15.9 所示。为了分离这两类数据点，可以选择许多可能的超平面。我们的目标是找到一个具有最大余量的平面，即两类数据点之间的最大距离。边缘距离最大化可以提供一些增强功能，以便对未来的数据点进行更好的分类。

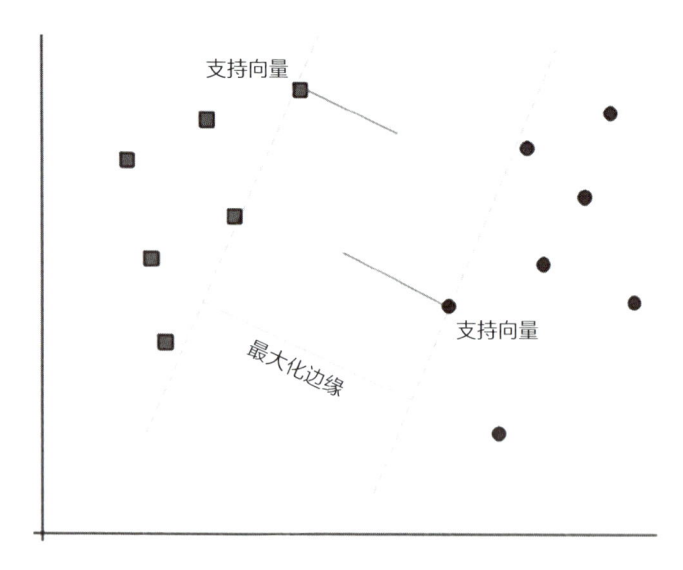

图 15.9　支持向量分类器

超平面是决策边界，有助于对数据点进行分类。位于超平面两侧的数据点可以归于不同类。此外，超平面的尺寸取决于特征的数量。如果输入特征的数量是 2，那么超平面就是一条线。支持向量是更接近超平面的数据点，它决定了超平面的位置和方向。使用这些支持向量，我们将最大化分类器的边缘。

为了评估机器学习模型，我们使用了 4 倍交叉验证。交叉验证是一种评估机器学习模型的过程，在可访问输入数据子集上训练几个机器学习模型，

第 15 章
从人工智能分析视角看使用视频分析提取语义数据

并在数据的互补子集上评估这些模型。交叉验证用来检测过拟合，即未能概括模式。在 k 倍交叉验证中，将输入数据拆分为 k 个子集（也称为倍）。除了一个子集（k-1）之外，可以在所有子集上训练机器学习模型，然后在未用于训练的子集上评估模型。此过程重复 k 次，每次保留一个不同子集供评估（不包括在培训中）。

图 15.10 及图 15.11 显示了在 4 倍交叉验证期间创建及训练的 4 个模型中的每一个模型生成的训练子集及补充评估子集的示例。模型一使用前 25% 的数据进行评估，将余下的 75% 用于培训。模型二使用 25%（25% 至 50%）的第二个子集进行评估，其余 3 个子集用于培训，依此类推。

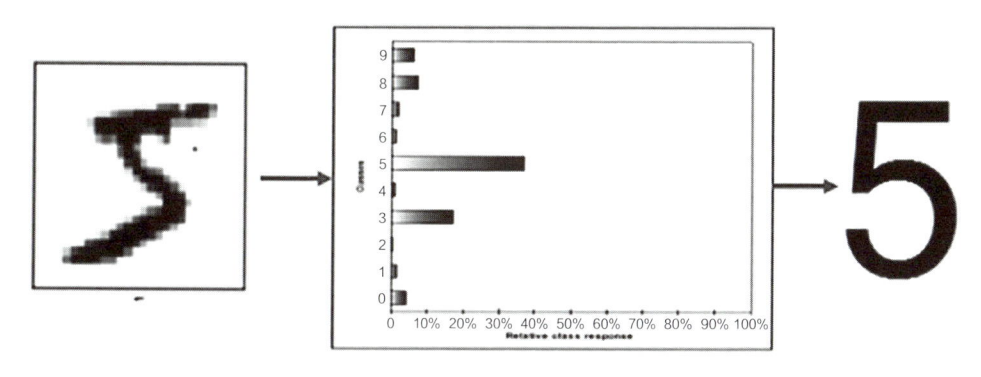

图 15.10　字符分类

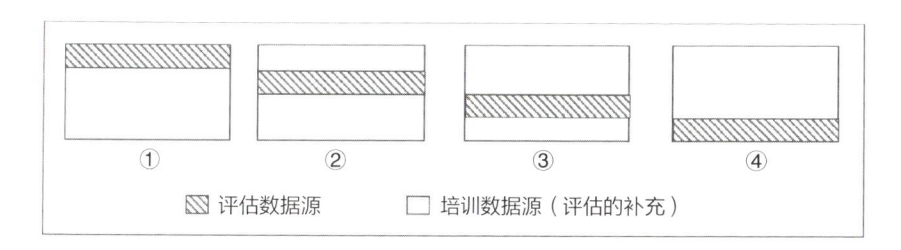

图 15.11　4 倍交叉验证

使用补充数据源对每个模型进行培训和评估——评估数据源中的数据包括且仅限于培训数据源中未包含的所有数据。执行 4 次交叉验证会生成 4 个模型，4个数据源用于培训模型，4个数据源用于评估模型，进行4次评估，每个模型一次。

在支持向量机对所有字符进行分类后，它们的顺序可能正确，也可能不正确，需要重新排列。为了跟踪这些字符的顺序，我们将每个字符的起始索引（x轴）存储在一个数组中。然后根据数组排列字符，获得最终输出。

15.5 应用

视频分析的一些应用广为人知。其中一个领域是视频监控，已经存在了大约50年。从理论上讲，这个概念很简单：在关键部位安装摄像头，让操作员能够管理房间、区域或公共空间中发生的事情。然而，在实践中，这项任务远非那么简单。单个操作员主要负责监控多个摄像头，并且，正如几项研究所显示，增加要监控的摄像头数量会对操作员的表现产生不利影响。换言之，无论是否有超大数量的硬件可用并可生成信号，但由于人为限制，当需要处理这些信号时，都会出现瓶颈。

15.5.1 医疗保健

从历史来看，医疗保健机构在视频监控解决方案上投入了大量资金，确保患者、员工及访客的安全，其级别通常由严格的法律规定。偷窃、绑架婴儿及转移毒品是监控系统解决的常见问题之一。

除了为监控任务提供便利，我们还可以通过视频分析，利用收集的数据实现业务目标。例如，视频分析解决方案可以检测患者什么时候没有根据需要进行检查，并提醒员工对患者进行检查。分析患者及访客流量对于确定缩短等待时间的方法以及确保紧急区域的畅通至关重要。

对老年人或有健康问题的人进行家庭监测是另一应用程序示例，具有很大的价值。例如，跌倒是老年人受伤及死亡的重要原因。虽然个人医疗设备可以检测到跌倒，但需要佩戴才可以，而且客户经常会忽视这些设备。视频分析解决方案可以分析家用摄像机的信号，以实时识别是否有人跌倒。通过适当的设置，这样的系统还可以确定一个人是否服用了药物。

心理健康是另一个视频分析可以做出重大贡献的领域。视频分析可分析面部表情、身体姿势及凝视等动作，用来帮助临床医生对患者进行评估。这样的系统能够从视觉交流及微表情中检测情绪，为临床医生提供客观信息，用来证实他们的假设或为他们提供新的线索。

15.5.2 智慧交通和智慧城市

事实已经证明，视频分析可以为交通领域提供巨大帮助，有助于实现智慧城市。如果不采取适当的交通管理措施，交通量的增加可能会导致事故及交通堵塞的加剧，特别是在城市地区。在这种情况下，智能视频分析解决方案可以发挥重要作用。

交通分析通常能够动态调整交通灯控制系统，查看交通堵塞情况。当车辆停在高速公路上未经授权的地方、有人朝错误的方向行驶、车辆移动不稳定或车辆发生事故时，交通分析还可以用于实时检测危险情况。在发生事故的情况下，这些系统有助于在诉讼中收集证据。

车辆计数（如区分小汽车、卡车、公共汽车、出租车等）程序可以生成用于获取交通信息的高价值统计数据。安装测速摄像头可以完全精确捕捉驾驶员的活动。自动车牌识别可识别违法车辆，或由于实时搜索，识别出被盗车辆或用于刑事犯罪的车辆。

智能泊车系统支持视频分析，不必在每个停车区都使用传感器，可通过分析安全摄像头的图像帮助驾驶员找到空位。这些是视频分析技术为创建更安全、更宜居的城市做出贡献的一些领域。

15.5.3 安保

视频监控的一个主要应用领域是安保。然而，这从系统完全由人类监控到目前支持视频分析的解决方案，经历了很长一段时间。面部识别及车牌识别（LPR）技术可用于实时识别行人及车辆，并帮助人们做出适当的决策。例如，可以在实时视频片段及存储的视频片段中搜索嫌疑人，或者识别授权人员，允许访问安全设施。群体管理是安保系统的另一项重要功能。尖端的视频分析工具可以给购物中心、医院、体育场馆及机场等场所带来巨大的益处。这些工具可以实时提供大致的人群数量，并在达到或超过阈值时触发警报。它们还可以分析人流，以便检测向禁止或不允许的方向上移动的人流。经过训练后，视频监控可检测特定事件。例如尽快探测火灾，或者在机场，当有人进入禁区时，发出警报。另一个很好的用例是在公共场所实时观察无人值守的行李。由于视频监控的算法可以过滤风、雨、雪或动物引起的运动，因此它可以稳健地执行检测入侵者这样的传统任务。

15.6 结论

视频分析解决方案对我们完成日常任务很有帮助。许多部门可以从这项技术中受益，特别是近年来潜在应用的复杂性日益增加。从智慧城市到医院及机场的安全控制，再到零售及购物中心的人员追踪，视频分析领域实现了更有效、更简便的同步流程，同时也降低了公司的成本。

除了上述应用外，视频分析还可以用于其他领域，具体取决于场景，可以最大限度地减少损失，并转化为巨额利润。在视频分析技术的帮助下，可以建设更安全、更宜居的城市。智能视频分析所提供的功能在安全领域的应用越来越广，这种趋势将持续下去。